如何做

你忽视的地方，告诉你改进的办法！

教师如何表扬学生

道德教育中表扬流行现象的反思

李先军 ◎著

华东师范大学出版社

目
录
教师
如何
表扬
学生

自序

每个人都希望得到来自他人的称赞，获得他人的承认与尊重；上至王侯将相，下至村童野老，鲜有人真正愿意聆听谏言逆论。心胸狭窄的人，总是盯着他人的弱点，吹毛求疵，甚至无限地予以放大，试图以此衬托出自己的高明和聪慧。殊不知"金无足赤，人无完人"。能够欣赏他人，发现他人不易觉察的优点和潜能才是大智慧，不仅有利于建立较为和谐的人际关系，还能为自身的发展提供参照。

卡耐基在《人性的弱点》一书中，谈到过他的一次经历：有一天，他去邮局寄挂号信。年复一年从事着同样工作的邮政员，明显表现出不耐烦的神情。卡耐基并未对此表现出不快，而是赞美了他的头发："真希望我也能有你这样的头发。"听到赞美后，邮政员脸上露出了微笑，开始热情地为卡耐基服务。这说明，夸赞较批评或詈骂更易见效。

然而，表扬却是一门艺术。赞美固然有效，谬奖却可能适得其反。近代画家张大千先生，留了一把很漂亮的胡子，人称"美髯公"。由于大家平日只知赞美他的胡子，反而不提他在艺术上的造诣，使他甚感不悦。有一次面对这种赞美时，他终于忍不住讲述了这样一个故事：

三国时期，孔明六出祁山，希望找一位主帅。张飞的儿子张苞与关公的儿子关兴争相为帅。孔明难以决定，便要他们二人各自称赞父亲的功劳作为标准。张苞说："我父亲大喝长坂坡，能斥退曹操的兵将，能义释严颜；在百万大军中取上将首级，更如探囊取物。"关兴因为口吃，一直想说其父关公的事迹，但又说不出来，只有结结巴巴地说："我父亲的胡子很长。"这时关公在云端显灵，生气地大骂："小子，你父亲过五关斩六将，诛文丑，斩颜良，一世的英名，你不知道赞美，只说胡子很长。"①

这则杜撰的故事说明，即使是好心的恭维，也得看时间、地点、对象和具体事件。这诸多要素的有效整合，便要求借助"艺术之手"了。

在教育教学实践中，老师们会因学生的良好表现而欢欣鼓舞，也会因个别学生的违纪行为而大发雷霆。在负面情绪的支配下，教师往往会过多地批评和指责学生，从而使师生关系紧张，影响了学生获得预期的成长。教师要有一双善于发现的眼睛，对学生宜持欣赏的心态，如此才能激发学生自我成长的积极性；如此，也能使自己的教育生涯充满乐趣，真正体会到成功的欣悦。随着我国素质教育思想的提出，以及"以生为本"思想在中小学的普遍落

① 张弘，刘超著：《赞美他人大全》，远方出版社 2004 年版，第 9 页。

实，表扬手段的运用，更是获得了大多数教师的认同。这是因为，学生也与成人一样，总是渴望获得表扬和欣赏。每个人在成长过程中，更是离不开他人的激励。换言之，表扬传递了教师对学生行为的关注，使学生的成长能沐浴“师爱”的阳光。

学校教育中，更为重要的是，如何使学生获得健康发展。教师的表扬，也应以此为标准。学生需要在学校教育中体会到成功。教师的尊重和关爱，可激发学生行为的部分内在动机。如学生的调皮、不合作，有时只是为了获得教师的注意。教师必须了解学生的权利需求，让他们在学校生活中获得“自觉重要”的感觉。

有鉴于此，正面教育原则，在中外教育思想史上不仅获得了高度肯定，而且还予以了充分阐释。然而本书的核心论点是，表扬是一柄双刃剑。因为诸多实例表明，不合时宜的表扬，往往会适得其反；教师过多过滥的表扬，有时甚至会导致“表扬饥渴症”的产生。导致表扬运用不当的原因，主要还是经验主义作祟，缺少理性的审视和反思。本书旨在提醒中小学教师，在教育实践过程中，既不要吝惜表扬，也不可滥用表扬。教师之所以要理解表扬的实质，是为了更好地利用它，以规避它潜在的危险。教育教学的最终目标，在于找到激发学生自我发展意愿的方法。这便需要教师了解学生，并不断提高自身的理论修养，而且能对自己的行为不断进行理论反思。

本书源于笔者对中小学教育理论与实践的思考和探索。我希望，中小学教师能从中获得同感，也希望家长能从中获得启迪。正如书中所一再强调的那样，由于每个学生的个性特点不同，所遭遇的教育场景各异，所以教育者采取的方法也应有所不同。当然，笔者自知，本书的某些观点，或有失之偏颇之处，因而深望读者提出商榷，以助研究的深入和完善。

引言 表扬流行的隐忧

在当前的学校教育中，人们大力提倡“赏识教育”和“快乐教育”。“数子十过，不如赞子一功”，正是这种思想观念的最好说明。表扬无疑是这些教育方式中常用的手段。教师经常被要求在对学生进行教育时要“以表扬为主”。如在一些学校常用的代金券兑换制度就是对“以表扬为主”思想的具体运用。与代金券相类似的还有五角星、小红花、奖状以及分数等。河北涉县中小学实施的“美德储蓄”活动[①]则是“以表扬为主”思想的另一种实践。诚然，旨在给予孩子们更多外在激励的以表扬为主的教育方式，与以往他们很少得到鼓励，经常受到责骂的教育方式相比，有很大进步。如果表扬运用得当，确实能起到一定的积极效果。

我国著名教育家陶行知，是善于运用表扬艺术的大师，常利用批评表扬法来促使学生改正错误。他的“四颗糖”的故事早已广为流传。

---

① 《河北涉县中小学设立“美德储蓄簿”》，新浪网，http://news.sina.com.cn/o/2006-07-20/08549515833s.shtml.

陶行知与四颗糖

一次，陶行知看到学生王友用泥块砸同学，当即制止，让他放学后到校长室。陶行知回到校长室时，王友已等在门口准备挨训了。没想到陶行知却给了他一颗糖，并说："这是奖给你的，因为你很准时，我却迟到了。"王友惊疑地瞪大了眼睛。陶行知又掏出第二颗糖对王友说："这第二颗糖也是奖给你的，因为我不让你再打人时，你立即就停止了。"接着陶行知又掏出了第三颗糖："我调查过了，你砸那些男生，是因为他们不遵守游戏规则，欺负女生；你砸他们，说明你很正直善良，且有跟坏人作斗争的勇气，应该奖励你啊！"王友感动极了，哭着说："陶校长，你打我两下吧！我错了，我砸的不是坏人，是自己的同学……"陶行知这时笑了，马上掏出第四颗糖："因为你正确地认识错误，我再奖励你一颗糖……我的糖分完了，我们的谈话也结束了。"

在充分了解学生的基础上，陶行知的表扬取得了良好的效果。陶行知并没有直接批评王友的错误，但王友从他的谈话中认识到了自己的错误。这是一个运用表扬艺术的经典案例。

然而，以表扬为主的教育方法真能使我们的学生变得更好吗？在北北的小说《请你表扬》中，描写了一对为表扬所累的父子。父亲把获得外界的表扬看得比生命还重要，他所做的一切都是为了得到表扬，只要能够得到表扬就满足了。但儿子由于做了好事后得不到表扬，反而做出不道德的事情来。[①]

《请你表扬》故事梗概

主人公杨红旗在情人节的雨夜里，救下了一个差点遭歹徒强奸的女大学生欧阳花。他的父亲杨胜利是一个把名誉看得比生命还重要的人。他珍藏着1958年的一份报纸，这份报纸的头版头条就是杨胜利的事迹，说他如何带领杨家村群众大干快上，创下亩产超万斤的人间奇迹……虽然自己非常贫穷，但为了名誉仍寻找各种机会做善事，即使借钱也要捐款给希望工程、孤寡老人、洪水灾区、车祸受害者等等。他得了肺癌，在自己仅剩的两个月的生命中，唯一的愿望就是能看到儿子得到一次公开表扬。杨红旗专门找到报社要求表扬他，报社领导派记者古国歌对事情的真实度进行调查，但欧阳花担心自己的名誉受损不肯承认此事。由于得不到报社的表扬，最后，杨红旗强奸了欧阳花。

为什么会产生这样的后果呢？难道道德行为就一定要有回报吗？面对着不绝于耳的响声“棒棒棒，你真棒”，学生是否就得到了激励？或许有人认为可能仅仅是表扬的方式出了问题。真是这样的吗？还是表扬本身就有问题？难道表扬没有潜在的危险吗？表扬的提倡者们似乎忽视了这样一个问题，表扬的流行会导致这样的危险：孩子们担心失败后失去表扬，从而不愿意从事难度较大的事情。与当前流行的表扬文化一致的是，孩子们开始满足于

---

① 北北著：《请你表扬》，文化艺术出版社2006年版。

获得小小的成绩。更为重要的是，学生对表扬的追求并不能使他们真正成为道德高尚的人，反而可能培养出伪君子。在杜威看来，对经常出现的刺激反复做出反应，也许可以使按照某种方式行动的习惯得到固定。但教师通过表扬诱使学生做出某种行为，只是让学生受到了训练，而没有受到教育。他说：

> 我们都有很多习惯，但并不十分理解这些习惯的含义，因为它们是在不知不觉之中形成的。因此，它们支配我们，不是我们支配他们。它们推动我们，控制我们。除非我们认识这些习惯的作用，并且能判断所产生的结果的价值，否则我们就没有控制它们。①

杜威举例说，我们可以压迫一个孩子的颈部肌肉，使他每遇到一个人就鞠躬，到了后来，鞠躬成为一种自动的行动。但在他的鞠躬具有一定的目的和一定的意义以前，他的鞠躬并不是一种敬重的行为。

在当前学校道德教育中，表扬被当作了一种有效的教育方法。它表现在学生做完好事之后，教师给予肯定的评价，以激发学生进一步做出道德的行为。"好孩子是夸出来的"，"道德教育中要常用奖励"，就是这种思想的写照。但我们不难看到，许多经常受到表扬的"好孩子"却缺少道德感。如果表扬具有潜在的危险，我们在使用它时又怎样避免这种潜在的危险呢？这一问题值得我们反思。在当今表扬文化流行的时代，弄清这个问题，以警醒教育者在使用表扬时减少潜在的危险，提高教育的效果，已成为当务之急。

"以表扬为主"的流行确实带来了一些问题，比如表扬制度化、不当表扬

---

① 杜威著：《民主主义与教育》，王承绪译，人民教育出版社 1990 年版，第 32—33 页。

等。下面一所学校的做法就引起了许多争论。在山东省某中学实施的“积小善成大德”方案中，每位同学建立“积德记录本”，教师定期对他们总结评比，进行表扬和奖励。这是将表扬制度化的一种做法。

积小善成大德的方案①

我们的主要做法是：建议每位同学建立“积德记录本”，也就是用一个专门的本子记录自己的操行，也可以叫成长档案。要求每一个同学把做的每一件好事都记录在本子上，不论事的大小，只要是对他人有益、对集体有利、对个人成长有好处的事，都记录在本子上。每一周以小组为单位进行总结归纳，对做得好的同学进行口头表扬。每一月由组长把自己组内成员做的好事向全班进行汇报，全班评比总结。班级一个月总结一次，对于做好事多的同学进行表扬。

一个学期下来，由学校进行评比，学校奖励积德比较多的同学（标准：质量和数量相结合）。学校设有优秀班集体、十佳文明中学生。年级设有优秀个人、最佳儒雅志士、文明女孩，班有先进个人、最佳中学生奖等。

但以上做法难以评价出真正有道德的学生。首先，好人好事的发生具有随时性，评估难度较大。一方面，一些学生可能“做好事而不报”；另一方面，如果不需证明可能会导致学生捏造道德事件，但“报需证明”使得“交易成本”极大，甚至可能出现“做好事前先索要证明”的笑话。而且，有些道德行为根

① 申洪英，林相国：《积小善成大德——促进青少年良好品德行为的方案》，《山东教育》（中学刊），2006 年第 11 期。

本无法得到证明。例如：当一个学生发现学校水龙头没关时，他是否需要等来目击证人再将其关闭？因为只有这样，他关水龙头的行为才可被认定为道德行为。但是，又怎能证明水龙头不是他为了得到表扬而打开的呢？其次，评估制度存在漏洞。什么样的事情可算作好人好事？再次，各种道德行为的评分标准很难确定。道德行为本身没有高下之分，评比规则中关于道德行为质量的评分标准无法正确确定：是学生付出代价的程度，还是社会反响程度，或者是事情结果所带来的利益？这可能导致道德作秀以及小善不为等现象出现。最后，学生参与该活动是自愿的还是被迫的，难以弄清楚。仅是迫于外界的压力，而没有得到行为主体情感上认同的行为，不能被称为道德的行为。

在日常教学中，不当表扬的案例同样举不胜举。下面一个案例很好地说明了这个问题。

一个奇怪的叛逆行为先兆①

布兰登坐在座位上，兢兢业业地在印刷体字母的作业纸上写了10分钟作业。汤姆森太太一直注意抓住机会表扬学生。她来到布兰登的身边，轻轻地把手放在他的肩膀上，弯下腰说："布兰登，印刷体字母写得很好。"布兰登勃然大怒，他折断了铅笔，并撕掉了作业纸。

同一种教育方式，为何在王友和布兰登身上却有截然不同的效果呢？看来，教师需要了解表扬的适用场合，以及何种表扬方式能对学生起到良好的教育效果。不使用表扬，成长中的学生难以获得尊重感和满足感，但错误的

① P·S·霍尔著：《如何教育叛逆学生：教师和家长的指导手册》，林玲译，中国轻工业出版社2006年版，第41页。

表扬方式也不能达到教育的效果。

在这个案例中，表扬是布兰登爆发的导火索。当叛逆学生受到表扬时，他们常常做出消极反应。叛逆学生之所以在受到表扬时出现挑衅的表现，是因为接受表扬预示着接受控制。因此，当受到表扬时，叛逆学生经常会有挑衅的行为。引导叛逆学生接受表扬，必须循序渐进，它的前提是信任。在这个案例中，教师也一直在寻找机会去表扬学生。然而，教师的表扬却适得其反。学生不仅折断了铅笔，撕掉了作业纸，挑战了教师的权威，令教师处于一个非常尴尬的境地，完全没有起到教育的效果。

可见，想要减少表扬的潜在危险并不是容易的事情。教师只有掌握了表扬的基本原理、运用方法、语言艺术，才能使表扬起到教育的作用。教育应是科学的，教师在表扬时必须了解表扬的心理学基础、社会学基础、哲学基础；教育是艺术的，教师在表扬时必须根据学生不同的年龄、个性、场合来对学生进行表扬。总之，教师要养成欣赏学生的心态，发现学生身上的闪光点，将师爱贯彻到自己的教育行为之中，以取得良好的教育效果。

第一章　表扬的心理学基础

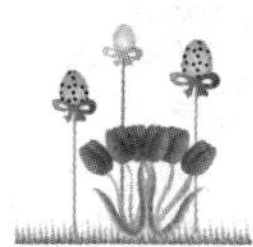

人的活动总是由一定的动机所激发，并指向某种目标的。年幼的儿童和青少年对表扬有着强烈的需求。教师表扬学生的目的，在于满足儿童的这种需求，进而激发或强化他们的积极行动。但表扬作为一种外部动机，只有在满足学生的需要时，才能对其动机起到激发和维持作用。对于表扬，学生都有哪些需要？本章将从表扬对学生动机的激发、强化和维持加以说明。

第一节　表扬传递了教师的期望

表扬表达了教师对学生潜能的信任。教师应充分相信学生具有无限发展的可能性，赏识学生所获得的点滴进步，发现其成长过程的闪光点，并给予及时表扬。在教师信任的目光中，学生将逐渐树立信心，调动自身发展的主动性，逐步实现自我发展。

一、教师的良好期待使学生积极进步

教师的期望效应，又称课堂中的皮格马利翁效应。皮格马利翁是古希腊神话中的一个人物，正是他的热切期望使雕像变成了他深爱的美女。在古希腊神话中，塞浦路斯年轻的国王皮格马利翁擅长雕刻，他性情孤僻，独自一个人居住。有一次，他用象牙精心雕刻了一尊美丽的妙龄少女像。皮格马利翁情不自禁地爱上了她，将她视为心中的女神。他常常用热烈的目光注视着她，用充满柔情的双手轻轻地爱抚着她，向她倾吐爱慕之情。他一度欺骗自己，像小女孩照顾自己钟爱的布娃娃一样来照顾她，给她穿上华丽的衣服，带给她少女喜欢的礼物。日久天长，皮格马利翁的真情感动了爱神阿芙罗狄忒。于是，爱神把生命的种子播撒到这尊雕像上……奇迹出现了，雕像化作了一位美丽多情的姑娘，皮格马利翁遂称她为“伽拉忒亚”，并娶她为妻。历来都有许多艺术家借用这一神话的寓意创造作品。

美国著名心理学家罗森塔尔和他的弟子雅各布森的研究，亦借用了这一神话的寓意。他们的研究讨论的是人际自我实现的预言：“一个人对另外一个人行为的预期怎样会完全无意识地成为这种期望实现的一种比较准确的预示。”①

1968年，美国心理学家罗森塔尔和雅各布森做了一个有趣的试验，

① 罗森塔尔，雅各布森著：《课堂中的皮格马利翁——教师期望与学生智力发展》，唐晓杰等译，人民教育出版社2003年版，序言第1页。

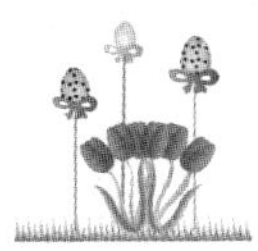

他们对一所小学的6个班的学生成绩发展进行测验，告诉教师他们在对儿童的发展进行预测。他们报告称，这种测验中20%得分最高的儿童将在下一年或更短时间内的学习中表现出比其余80%的儿童更显著的变化或激增，并把他们认为有发展潜力的学生名单用赞赏的口吻告知学校的校长和有关教师，并再三叮嘱对名单保密。实际上，名单上的名字是他们任意选取的。

然而，8个月后，竟出现了令人惊喜的奇迹：名单上的学生个个学业进步，性格开朗活泼，求知欲强，与教师感情甚笃。为什么8个月之后竟会有如此显著的差异呢？原来，这些教师得到权威性预测的暗示后，便开始对这些学生投以赞美和信任的目光，态度亲切温和，即使他们犯了错误也没有严厉地指责他们，在描述他们的行为时使用更有利的措辞，而且通过赞美他们的优点来表示信任他们能改正。实际上，这些教师扮演着皮格马利翁的角色。正是这种暗含的期待和赞美使学生增强了进取心，使他们更加自尊、自爱、自信和自强，奋发向上。这种由于教师的赞美、信任和爱而产生的效应，他们把它命名为“皮格马利翁效应”。①

罗森塔尔和雅各布森的研究表明：教师对学生发自内心的热爱、期望和激励会激活学生积极的动机，产生行为的内驱动力，促进其发展。这一实验的本意是通过提高教师对学生的期望，以影响学生的行为，促进学生道德品质和智商的提升，并改善师生关系。后续也有相关研究证明了期望效应存在

① 陈敏编著：《皮格马利翁效应——用赞美、信任和期待来改变个人和团队的成功法则》，北京工业大学出版社2005年版，第6—7页。

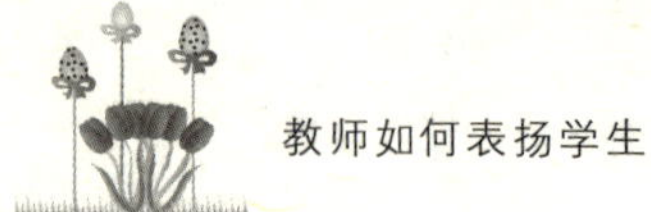

于学校教育中。如有研究表明,教师期望、自我价值感与成就目标三者之间存在显著的正相关,教师期望对自我价值感、成就目标有显著的预测作用,这说明教师期望能够影响学生自我价值感、成就目标的发展。①

罗森塔尔与雅各布森的研究认为,学生的学业成功与其家庭背景的相关也与期望效应有关。"教师预言中产阶级儿童一般在学校里取得成功,而下层社会的儿童一般在学业上落后,并终归失败,他通常是对的。"②教师对高成就的学生的表扬,通常反映了他们的努力,而对低成就的学生的表扬,更多希望控制学生的公开交互作用。"对他们(低成就的学生)来说,充分努力常常得不到承认,而努力不够却常常被承认,因为教师更关注的是使他们不要扰乱上课,而不是强化他们的学习努力。"③随着时间的推移,高成就的学生认识到努力与结果之间的关系,而低成就的学生则难以从中受益。于是一切自然向着教师的预言发展,又反过来巩固了他们对这一观点的赞同。

期望效应也是自我实证预言在教育中的体现。美国著名社会学家默顿最早创造了"自我实证预言"(self-fulfilling prophecy,又称"自我实现预言")一词。它是指,我们对待他人的方式会影响到他们的行为,并最终影响到他们对自己的评价。人们往往喜欢重复他人的期待,不管这种期待是消极的还是积极的。教师对来自不同阶层、智力水平、性别的学生,给予不同的期待,进而对他们的成绩产生影响。而期望效应能使学生的行为发生改变的主要

---

① 郑海燕:《初二学生知觉到的教师期望与自我价值感及成就目标的关系及干预研究》,东北师范大学2003年硕士学位论文,第34页。

② 罗森塔尔,雅各布森著:《课堂中的皮格马利翁——教师期望与学生智力发展》,唐晓杰等译,人民教育出版社2003年版,第50页。

③ 罗森塔尔,雅各布森著:《课堂中的皮格马利翁——教师期望与学生智力发展》,唐晓杰等译,人民教育出版社2003年版,第240页。

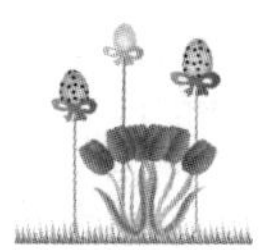

原因在于，教师传递期望的行为对预期的学生行为的唤起，是在师生互动过程中实现的。教师行为被学生所接收和理解后，通过影响学生的自我概念和归因方式，影响学生的行为。教师见到学生的积极反应后，又会更多地把自己的期望及对学生的赞许投射到学生身上，并愈加觉得他们可爱，从而激起更大的教育热情。

期望效应的心理学机制以改善学生自我概念为核心。所谓自我概念，就是对自己的行为、能力或价值所持有的感觉、态度和评价。一个人的自我概念主要是一种“镜子”里的我。人们通过镜子认识形体的自我，而通过别人对自己的行为反映和评价得知社会与心理的自我。自我概念是以他人，尤其是“重要他人”对自己的评价作为镜子。“重要他人”认为他是有用的、有价值的，他就很自然地认为自己是有用的、有价值的，从而形成一种积极的自我概念，反之就形成消极的自我概念。教师正是学生成长中的“重要他人”。教师以各种方式传递积极期望，为学生提供一个积极的“镜中之我”，通过提高学生自我概念来激励其学习动机，开发其内部动力系统。影响期望效应的另一个中介因素是归因推理。归因是个体对自己或他人行动结果的原因知觉或推断。通常，接受高期望的学生倾向于将成功归因于自己的能力和努力，而将失败归因于努力不够，这种解释对个体后续的活动十分有帮助：成功激发了更高的自信心，表明自己的能力强，而失败则是需要努力的信号。①

当然，教师要使自己的期望得以实现，必须使学生了解教师的期望，使学生的反应与期望一致。教师期望效应就是一种情感效应、激励效应和暗示效

---

① 丁蕙，屠国元：《教师期望效应理论研究及对教育的启示》，《教育评论》，2006 年第 1 期。

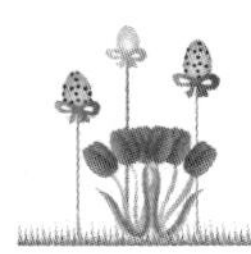

应。教师的期望影响学生的学业成就和成长。教师一旦对学生形成了某种期望，或者学生感受到教师的期望，无论其客观、正确与否，都很难改变，逐渐成为一种定势，而教师和学生两者甚至会把这种定势当成真实的预测。学生一旦感知到教师对自己给予了高期望，就会朝着教师对其产生期望的方向去努力，他们在困难的任务中就表现出坚持不懈，并最终使其变成现实。同时，他们将比低期望的学生选择更具有挑战性的任务，有较高的自我效能感，面对困难时充满信心。

但是，教师的期望要适合学生的发展水平，更要随着学生水平的发展不断调整。教师把期望传递给学生后，学生就会估计目标即教师期望实现的可能性，而这种估计带有强烈的个人主观判断。教师可以通过教育、鼓励等手段调控期望值，使每个学生认识到通过努力可以实现教师的期望值。如果教师对学生的期望值过低，那么学生很容易自暴自弃，导致自己的表现符合教师的低期望。如果教师的期望值过高，学生通过努力也难达到教师的期望，就会使学生产生失败感和习得性无助，致使学生高度焦虑，身心健康受到影响，也很难实现教师的期望。因而教师应为每名学生设定合适的期望值，把期望值设定在学生的“最近发展区”内，使学生“跳一跳，摘得到桃子”。因此，教师对学生的期望应是动态的，通过期望值的变化引导学生健康成长，促使教师期望效应的实现。当然，教师不可能对每个学生都有清楚的期望，更为可惜的是，教师的期望往往具有主观性且难以变化。有证据表明，教师对学生的期望最早产生于开学的头几天，然后几个月一直不变。[①]

表扬的期待效应也为霍桑效应所证实。

---

① 雷·C·里斯特著：《标签理论对理解学校教育过程的贡献》，参见厉以贤主编：《西方教育社会学文选》，台湾五南图书出版公司 1992 年版，第 585 页。

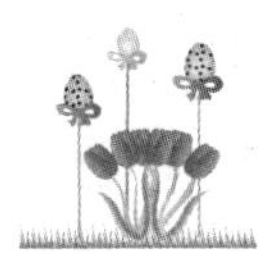

霍桑效应(Hawthorne effect)

霍桑效应是心理学上的一种实验者效应。20世纪20—30年代,美国研究人员在芝加哥西方电力公司霍桑工厂进行工作条件、社会因素和生产效益关系的实验,从中发现了实验者效应,因而称之为“霍桑效应”。

实验的第一阶段从1924年11月开始,研究人员对工作条件和生产效益的关系进行了考察,并设计了实验组和控制组。结果不管增加或减弱照明度,实验组产量都有所上升,而照明度不变的控制组产量也有所增加。另外,对工资报酬、工间休息时间、每日工作长度和每周工作天数等因素的实验,也看不出这些工作条件对生产效益有何直接影响。第二阶段的实验由美国哈佛大学教授梅奥领导,着重研究社会因素与生产效率的关系,结果发现生产效率的提高主要是由于被试在精神方面发生了巨大的变化。参加实验的工人被置于专门的实验室并由研究人员领导,其社会状况发生了变化,受到了各方面的关注,进而形成了参与实验的感觉,觉得自己是公司中重要的一部分,从而使工人从社会角度得到激励,促使产量上升。

霍桑效应告诉我们,当个体受到公众的关注或注视时,学习和交往的效率就会大大增加。因此,在教育教学过程中,教师应加强与学生的交流,使学生感受到教师的期望和关注,努力去提高学习成绩。

美国心理学家弗洛姆于1964年在《工作与激励》一书中提出了期望理论。它是通过考察人们的努力行为与其所获得的最终效果之间的因果关系,来说明激励过程,以选择合理的行为达到目标的一种理论。这种理论认为,

当人们有需要，又有达到目标的可能时，积极性才会高。这个定义具有以下内涵：第一，人们因需要而产生的期望值。首先，人们的期望源自某种现实的需要，这种需要可能是物质的，也可能是精神的，但绝不可能是已经满足了的需要。第二，人们的期望值有大小，即对实现目标可能性的主观估计有所差异。这种主观估计要受到个人的情感、个性、动机的影响，因而人们对实现目标可能性的估计不一样，有人趋向保守，有人趋向冒险。第三，人们努力程度与积极性的提高。人们通过对目标价值的评价和对实现目标可能性的分析，会产生一定的激励水平。弗洛姆把它们的关系归结为：激励水平取决于期望值和效价（人们对目标价值的评价高低）的乘积，并用公式表示为：激励水平＝期望值×效价，即 M＝EV。M 代表行为的动机水平（motivation）；E 代表期望值（expectancy），采取某种行为可能实现目标或满足需要的主观概率，即行为目标得以实现的可能性大小；V 代表效价（value），指行为目标对满足个人需要的价值。根据这种理论，教师在表扬学生时要时刻注意学生的期望值，如果学生觉得教师的表扬难以得到，那么学生做出教师所期望行为的积极性就会降低，表扬的引导作用就无从发挥。其次，如果表扬不是学生所需要的，或者说学生根本上看不上老师的表扬，表扬也起不到激励作用。

对于高成就动机者来说，他们对教师的表扬的需要并不那么迫切，而低成就动机者则更需要来自教师的表扬。对于低期望的学生，教师应该对他们多加鼓励，表扬时引导他们关注、欣赏自身积极的品质，尤其是他们面对困难的勇气，并引入同伴的表扬和肯定。

教师对学生的表扬，更多表现的是教师对学生的良好期望。如果表扬倾注了教师的热情，被学生视为是权威和公正的，就会被学生所接纳，并对他们

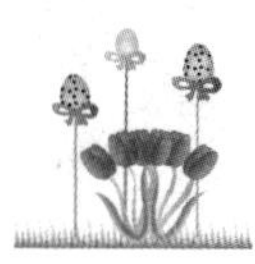

的行为产生积极影响。教师对学生“更进一步”的期望,会成为一种积极的心理暗示,并最终使学生向好的方面发展。

二、教师要赏识学生的点滴进步

赏,有欣赏赞美之意;识,是肯定认可。赏识教育就是发现孩子的闪光点,并通过激励、表扬手段加以强化,使其感受到成功与希望,激励其不断努力,从一个成功快乐地走向另一个成功。每个人都有渴望被尊重、了解与肯定的心理趋向,而且一旦得到肯定与赞扬,被评价者心中就会油然而生一种满足感,并不断进取,积极向上,以期得到更多的肯定与赞扬。因此,赏识能够激发被评价者的内在动力,调动他们的潜能,提高他们学习的积极性。

作为赏识教育的一种主要手段,表扬体现了教师对学生的关注和信任,使学生直接感受到师爱。教师在尊重学生差异的基础上,用欣赏的眼光发现他们身上的闪光点,肯定他们所取得的点滴进步,从这个角度上讲,赏识评价具有强大的激励作用。赏识教育的实践者周弘认为,赏识教育“就是教孩子学说话,学走路的教育”[①]。在我们小的时候,无论说话多么晚,父母总是认为“贵人迟语”,无论走路多么晚,父母从不气馁,最终每个正常的孩子都学会了说话和走路。这无疑证明了,教师只要有足够的耐心和信心,赏识孩子,为孩子取得的点滴进步而喝彩,最后绝大多数学生都能取得成功。

赏识,让学生终身难忘。下面有一则故事很能说明这点:

① 周弘著:《赏识你的孩子》,四川少年儿童出版社 2000 年版,第 2 页。

美国优秀教师海伦·摩尔斯拉的"优点单"①

第二年，我被调去教初中的数学。五年后，马科又出现在我教的八年级的班上。他还是那么活跃，不过已经学会了在课堂上不随便讲话。对他和其他同学来说，数学是一门较难的学科。那是在一个星期五，我敢肯定，学了一周的代数，他们都已筋疲力尽了。这时我突然想到一个主意。因为在把学生的作业本发下去之前，我总要写上几句评语，现在我想知道学生们怎么评价自己的同学，于是我给他们布置了一个即兴的作业。

我叫学生把作业本放在一边，拿出一张白纸，写下每一个同学的名字，在名字的下边，写下他们认为的各个同学的优点。那堂课的其余时间，他们便埋头做这个作业，我也写我给他们的评语。观察他们做这个作业还真有趣。我可以看出他们正写着的是谁，他们常常抬起头来，看着一个同学，寻找灵感，然后眼睛会突然一亮，埋头疾书一阵，接着转向另一个同学。那个周末我为每个孩子写下了评语，先抄下同学写的，再在最后写下我的。我想像着当他们读到别人记下的自己身上的优点时，他们该是多么高兴啊！

星期一我把作业本一发下去，全班都在微笑。"我从来不知道对别人那意味着什么。"我听见一个学生说。"我不知道自己是那么逗人喜欢。"另一个说。

后来再没人提起这堂课。但是这次作业收到了预期的效果——他

① 黄列平：《美国优秀教师海伦·摩尔斯拉的"优点单"》，江西教师网，http://www.jxteacher.com/pengxiang/column52605/065135e0-3291-42e3-9d00-cf6f6f5cc612.html，2013－01－20.

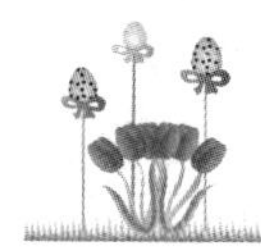

们对自己充满了信心，对同学充满了喜爱，而且更加热爱学习了。

这学期结束后，马科升入了高一年级，我也和他的家庭熟悉起来。他高中毕业后，我们保持着通信联系。越战期间，他从越南写信给我，告诉我他对战争和死亡是多么害怕。他说他常常做噩梦。我回信给他，告诉他我每天都在为他祈祷，我还把我现任班上的趣事写信告诉他。

1971年8月的一天，我休完假回家，父母到机场迎接我。回家的车上，母亲问了我一些旅途上的事以后，大家都沉默下来。我母亲瞥了父亲一眼，父亲清了清喉咙，这是他要宣布重要事情的前奏。“克鲁斯家昨晚来电话，”他开始了，“马科在越南阵亡。明天将举行葬礼，他们希望你能参加。”我现在还能回忆起父亲是在我们的车开到哪里时说出的这段话。

教堂挤满了前来吊唁的人。我排在最后一个，从马科的棺材前走过。我心里的想法只有一个：“马科，只要你能重新说话，我愿意把世界上的所有胶带都清除掉。”到了墓地，一个年轻的士兵走上前来，“您是马科的数学老师吧？”我点了点头，他说：“马科时常谈到您。”

葬礼过后，我们到马科的家去，马科的父亲对我说：“我们想请您看一样东西。”他从口袋里掏出一个钱夹，“他们在马科的身上发现了这个，我们想您一定认得它。”他打开钱夹，从中间抽出一张破旧的纸，看得出来，它曾被重复地打开又折上过无数次。我不用读它，一下就知道了这是那张纸，上面是马科上八年级时同学们列出的他的优点。

“老师，感谢您安排了那次作业，”克鲁斯先生说，“马科一直珍藏着它。”

一大群马科的同学围了上来看那张单子。查理不好意思地笑着说：

“我也保存着那张单子，它在我家书桌的最上边一个抽屉里。”

“我也还保存着，”玛丽莲说，“在我的日记本里。”

薇婕掏出了她的钱袋，把她的那份揉皱的单子拿给大家看。“我到哪儿都带着它。”她说，“我想我们都还保存着自己的那一份。”

我禁不住失声痛哭。

马科小的时候上课调皮，被当时还是实习老师的海伦用胶带封上了嘴巴。但在他获得同学和教师的表扬后，终身难忘这些赞许，并时时以之激励自己成长。

其实，每个孩子心中都有两个小人，一个是好孩子，一个是坏孩子。根据认知失调评价理论，教师对学生的赞誉，会导致学生为了维护自己的良好形象，而加倍努力学习，从而抵御“坏孩子”念头的诱惑。学生的自尊、自信会让他们始终坚持“我是一名好学生”的信念，从而获得上进的持久动力。当教师关注学生的良好行为而非不当行为时，学生会变得自我感觉良好，他们感到自己被欣赏，会尽力维护他们作为“好孩子”的形象。

赏识教育的力量①

我们班的张鹏，由于表达能力极差，刚入班时，写的文章常常前言不搭后语，没有一句完整的话。面对他的作文，语文老师没有批评反而用红笔将他写得好的词语圈出来，当着全班同学的面“大肆”赞扬，表扬他用词的准确，让全班同学都为他喝彩。教师的“赏识”给了他精神上的滋

① 李福华：《赏识教育的力量》，《学校党建与思想教育》，2012 年第 2 期。

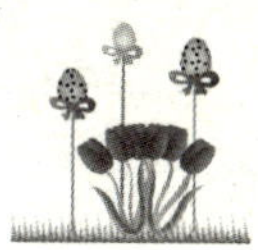

润，使他拥有了自信，此后他每次写作都绞尽脑汁，争取用好更多的词语，写出更优美的句子，作文也越写越好。语文老师不断地鼓励他，在他的作文本上写上这样一段话："你天资聪颖，具有写作天才，真了不起！只要继续努力，你也会成为咱们班又一名'小作家'。"正是在这真诚赏识的氛围中，他对作文产生了浓厚的兴趣，后来，他的一篇习作代表我们学校参加了市级征文大赛，他也成了全班最爱写作的同学。

教师的赏识为学生提供了积极的暗示。斯宾塞指出，"积极的暗示带来积极的效果"①，并且孩子年龄越小，与孩子的关系越亲密，作用越明显。他用爱丁堡大学教育心理学教授马丁的观点来对此进行证实。

马丁教授把一群孩子随机地分成两组，然后告诉老师：A组是优等级组，在智力、意志品质和特长上明显较好；B组则相反。老师收到这种信号后各自开始了相同课程的教学。一个学期后，A组的成绩和各项考评真的优于B组。当他最后把这一实验的意图和真相告诉学生和老师时，他们简直不敢相信这会是真的。后来又经过几组实验，这一原理同样被证明。②

当然，一味地赏识与纵容可能会使学生走向另一个极端，即经受不起任何批评与指责，经受不起小小的失败，有的甚至会发展到自我膨胀的地步。而且，学生也不知道自己学习和行为上存在的具体问题，缺乏改进的机会。

---

① 赫伯特·斯宾塞著：《斯宾塞的快乐教育》，颜真译，海峡文艺出版社2002年版，第127页。
② 赫伯特·斯宾塞著：《斯宾塞的快乐教育》，颜真译，海峡文艺出版社2002年版，第127页。

总之,赏识教育是一种教育艺术,既体现了教师对学生的欣赏,又体现了一种教育爱。因而,表扬要能为学生的发展起到积极作用,也需要体现出这些特点,才能实现教育的目标。

第二节 表扬强化了学生的积极行为

教师的表扬旨在让学生发扬优点,克服缺点。表扬满足了学生追求快乐的心理,使他们体会到成长的幸福。表扬为学生提供了学习的榜样,使他们不断地调整自身行为,努力去掌握社会行为规范。

一、表扬满足了学生追求快乐的心理

表扬是心理学领域探讨的热门话题。在心理学中,表扬作为一种正强化物,意在提供奖赏,促使行为者发生刺激者所期望的行为。在行为主义心理学家看来,这是利用了人趋乐避苦的心理。美国心理学家麦孤独指出:

> 在快乐和痛苦的指引下,几乎所有的动物都能在某种程度上习得如何根据经验对其本能进行修正。……当任何一种这样的活动直接达到目的之后,满足的快感就会强化与特定目标和情境相连的那个特定动作。另一方面,如果第一次做出的动作没有成功,失败的痛苦就会中止该动作;但由于冲动持续着,主体还要尝试其他动作,一而再,再而三,直至成功;此后,满足的快感强化了最后做出成功动作。这使得在任何时候,一旦同样的冲动再度唤起,主体就会凭借曾经成功的动作来达到目

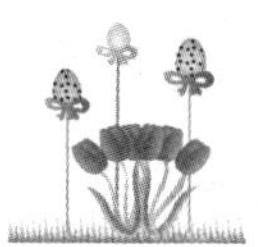

的，而不再尝试别的手段。[①]

有人则认为，“从某种意义上说，现代西方学习心理学，实质上就是一部关于赏罚效果的心理学。”“虽然不同心理学家对此问题的观点各不相同，但仍可归属于联结派和认知派两大范畴之内，只不过两派各自的侧重面不同而已，联结派注重外部奖励或惩罚的效果，认知派则关注内部奖励或惩罚的效果。”[②]

从桑代克、巴甫洛夫到华生，从赫尔到斯金纳，几乎所有联结派学习理论家都强调奖惩（或称强化）在学习中的价值。斯金纳的强化理论、班杜拉（A. Bandura）的社会学习理论，以及海德（F. Heider）和韦纳（B. Weiner）的归因理论，都把奖惩（强化）视为法宝。其中斯金纳的观点最为典型。

行为主义心理学的基本观点是，当主体的行为结果有利时，行为就会重复出现，该结果就对行为起到强化和激励作用；当行为结果对主体不利时，则主体行为会减弱或消失。俄国生物学家和心理学家巴甫洛夫提出的经典条件反射，为行为主义心理学的兴起奠定了生理学基础。条件反射神经机制，是大脑皮层暂时性神经联系接通的过程，即无关刺激在大脑皮层引起的弱兴奋区被非条件刺激在大脑皮层引起的强兴奋区所吸引，两者之间形成了“暂时性神经联系”。巴甫洛夫把无关刺激与非条件刺激的结合过程叫做“强化”。强化的次数越多，条件反射越巩固；长期不予强化，条件反射就会逐步减退，已经建立的暂时性神经联系就会中断。巴氏经典条件反射是一种“刺激性条件反射”。这种反射的特征是，刺激在先，应答行为在后，强化同刺激

① 威廉·麦孤独著：《社会心理学导论》，俞国良等译，浙江教育出版社 1997 年版，第 136—137 页。
② 何先友：《现代西方学习心理学赏罚观探析》，《湘潭师范学院学报》，1997 年第 2 期。

相结合，使无关刺激变成条件刺激。在整个实验过程中，强化作用主要是增强刺激—反应之间的联结。

斯金纳正是在经典条件反射理论的基础上，深入地研究了有机体行为结果对行为的影响，提出了操作条件反射理论，使行为主义的研究和应用进入了一个全新的阶段。在斯金纳看来，强化是指有机体操作行为的加强。人类行为之所以发生变化，是由于强化的作用；强化是塑造和保持个体行为的关键，只要安排好一个强化，就可以塑造有机体的行为。强化分为正强化和负强化。正强化是指某种刺激以满足个体的需要或欲望来强化个体某种行为的强化。斯金纳认为，“好的东西是正强化物。”①当一定的行为带来某种结果时，该行为极可能再次出现。具有这种作用的结果被称为强化物。也就是说，任何刺激只要能增加反应的概率，它就是强化物。强化具有诱因作用。如学生做了一件事情后，得到了老师的表扬，学生表现得更好，它就具有了引导学生行为的作用，其中的表扬可视为正强化物。当然，并非所有的表扬都能构成正强化，只有对行为结果的出现起到强化作用的表扬才能被视为正强化物。

华生认为，行为主义是一门自然科学，这门自然科学把人类适应的整个领域作为它的对象，其中当然也包括教育领域。“行为主义者希冀控制人类的反应。行为主义心理学的事业是去预测和控制人类的活动”②，其目的是为了使训练有素的行为主义者通过提供的刺激来预示将会发生什么反应，或者通过特定的反应来陈述引起这种反应的情境或刺激。

行为主义似乎过于强调外因，华生那句随心所欲的名言，堪称是行为主

① B·F·斯金纳著：《超越自由与尊严》，王映桥等译，贵州人民出版社1988年版，第103页。
② 约翰·布鲁德斯·华生著：《行为主义》，李维译，浙江教育出版社1998年版，第12页。

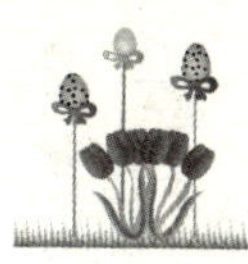

义的纲领。但孩子并不能被随心所欲地进行塑造。在行为主义者看来，人是机械的、被动的，他的一举一动都像木偶一般，受外因控制；人的行为具有联想的功能，人在追忆起过去的事件或经验时，也会同时回忆起和这些事件有某些关系的其他事件和经验。一个刺激的出现会引发早先在那个刺激出现时受到强化的反应。在这里，强化起着关键作用。根据这些主张和见解，行为的控制系统就要围绕强化来进行设计。“外因控制系统就是运用强化、惩罚和消退手段左右着人的行为。一个儿童的成长过程，就是社会需要的行为受到强化，社会不需要的行为受到惩罚或漠视，从而建立起一个适应社会的行为模式的过程。”①

经典条件反射可以解释我们如何习得或改变意见、爱好和目的，因为这些改变是通过与引出好感或反感体验的刺激相联系来实现的。这在现实世界中很常见，大到对不同种族成员的看法，小至对消费品的评价都是条件反射的结果。

Razran在提供给人们免费午餐的同时向他们宣读各种政治口号，结果发现享受免费午餐的人比没享受的人更赞同这些政治口号，尽管解释此现象的原因很多，但这可能是用经典条件反射影响态度的第一次实验尝试。②

研究表明，经典条件反射可形成一个人的内隐态度。“内隐态度是指过

① 心理学百科全书编辑委员会：《心理学百科全书》(第一卷)，浙江教育出版社1995年版，第49—50页。

② 陈朝霞：《内隐态度形成过程中的经典条件反射机制研究》，山东师范大学2003年硕士学位论文，第4页。

去经验和已有态度积淀下来的一种无意识痕迹，这种痕迹或其影响是个体在意识水平上无从知觉的，但这种痕迹又潜在地影响个体对态度对象的情感取向、认知和行为。”[①]当个体内隐地或外显地表现出一定的态度倾向，但他本身又不明了这种态度倾向的根源时，个体就形成了内隐态度。在教育中，教师的表扬作为一种社会性强化，可以帮助学生形成对良好行为的内隐态度。

斯金纳研究人的行为的最终目的，在于把心理学问题和社会问题结合起来，实现对人的行为的预测和控制，解决当今世界面临的许多难以用其他学科知识加以解决的社会问题。也就是说，他要把“行为技术学”应用到解决一些重大的社会问题之中，他要设计的是一项社会改造的大工程，并提出了社会改造的形式和手段。而教育控制，包括正强化和惩罚，是其中的一种控制手段。这样，行为主义者将正强化当作了一种社会控制的手段。在行为主义者看来，实施正强化控制是为了人的尊严。换句话说，表扬是与人的尊严相联系的。在斯金纳看来，人的尊严与正强化作用有关，即行为者的行为因对他人有益而受到他人的赞赏，这种赞赏具有正强化作用，行为者本人因而具有了尊严感。他说，当人们发现某人的行为有强化意义时，人们就表扬和奖励他，使他可能重复发出这种行为。表扬和赞许具有间接性强化作用：拍拍肩膀可能是一种抚爱，而奖品则是物理性的实实在在的强化物。由于受到这类对待，他便有了“尊严感”。这是斯金纳对“尊严感与正强化作用有关”的一种解释。另一种解释是：由于人们都有“强化那些强化了人们自己的人”的倾向，因而人们之所以会去赞赏那些为大众利益而工作的人，是因为那些人继续那样工作会使人们自身得到强化。也就是说，人们因为某人做了某事而赞

---

① 陈朝霞：《内隐态度形成过程中的经典条件反射机制研究》，山东师范大学2003年硕士学位论文，第1页。

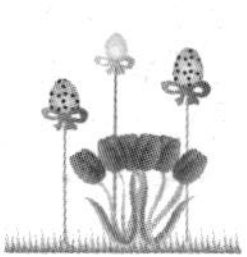

扬他，是因为人们从这件事中得到了强化的后果。总之，在斯金纳看来，人的尊严感都是产生于别人对自己的赞许和奖赏。他还揭示了一个人获得褒奖的数量，与他行为原因的可预见性高低呈负相关关系。① 在他看来，奖励良好的行为比惩罚不好的行为能够达到更好的结果。例如，在训练鸽子表演某些行为的实验中，当鸽子啄出一个正方形时，就用食物来奖励它；当不给予这个行为奖励时，它可能还会延续一小段时间，但是最终会消失。一些行为主义者用撞击或类似的策略来惩罚鸽子，斯金纳主张最有效的办法就是取消奖励。也就是说，取消对有机体作特定任务的奖励实际上就是一种惩罚。②

在斯金纳看来，教育和训练没有什么区别。在教育上，表扬或赞许具有强化作用，是因为如果赞扬一个人或赞许他的行为，往往会间接强化他。他认为，当学生在情绪上受到困扰时，训练就是一种可以发展出一套按部就班的程序的方式，而这套程序就是依靠奖励（或惩罚）来使他们形成复杂的行为模式。学生做出批评或是接受的意见依据的都是他们之前所受的训练。他将“自由”定义为“人在非反感控制下行为的境况”③，认为人要完全摆脱控制是不可能的。控制不可避免，他反对那种认为一切控制都是错误的观点。对环境进行控制，可以改变人的行为，他的目的就在于寻找一种非反感控制的手段。他认为，只要强化安排得当，很少的强化就可换来大量的行为。随着社会的发展，各种强化手段不断改进，如有经验的家长学会了奖赏孩子的良好行为，而非惩罚他的坏行为；宗教机构摒弃了要让人受地狱之火煎熬的威

① 乐国安著：《从行为研究到社会改造——斯金纳的新行为主义》，湖北教育出版社 1999 年版，第 261 页。

② Howard A. Ozmon，Samuel M. Craver 著：《教育的哲学基础》，石中英等译，中国轻工业出版社 2006 年版，第 210—211 页。

③ B·F·斯金纳著：《超越自由与尊严》，王映桥等译，贵州人民出版社 1988 年版，第 31 页。

胁手段，转而强调上帝的仁爱，等等。

斯金纳认为外在的强化手段可以用来代替内在的奖励。根据行为主义的观点，教师有很多奖励及强化的方法可以任意使用，包括赞扬、微笑、抚摸、给小星星或糖果。这些只是被用来代替内在的奖励，而内在的奖励就会在其后产生鼓励的效果。批评者认为，对孩子们来说，对他们的每个行为都施以外部的奖赏是不适宜的。斯金纳回应道："当其他的方法都不起作用或效果不明显的时候，外部的奖励是必要的，随后这种外部的奖励应该逐渐地被更为内在的奖励所代替。"①

斯金纳关于强化的观点对表扬的运用有很多启发意义。

第一，强化要及时。这是基于"人需要得到回报，且这种回报应及时施行"的原则。② 其核心问题在于必须系统且及时地进行奖励。斯金纳认为也要适当地采用间歇强化的原则。当目标行为的发生频率达到满意程度后，就不必采用持续强化，也不能完全中止，而改为间歇强化，采用时断时续的方式，渐渐减少强化的次数，直至养成牢固的习惯。间隙的奖励有时比连续的奖励产生的效果更为强烈。斯金纳指出，这就是为什么赌徒或一些钓鱼的人会如此狂热地从事他们的活动(因为他们受到了间歇的强化)。③

第二，慎用物质奖励。物质奖励常常在一些特殊的教育情况下才使用。例如，针对那些需要形成特定行为习惯或完成特定工作的学生，如对一些行

① Howard A. Ozmon, Samuel M. Craver 著：《教育的哲学基础》，石中英等译，中国轻工业出版社 2006 年版，第 209 页。

② Howard A. Ozmon, Samuel M. Craver 著：《教育的哲学基础》，石中英等译，中国轻工业出版社 2006 年版，第 209—210 页。

③ Howard A. Ozmon, Samuel M. Craver 著：《教育的哲学基础》，石中英等译，中国轻工业出版社 2006 年版，第 211 页。

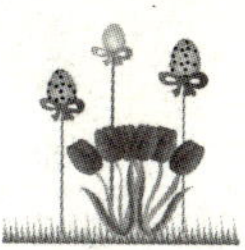

为自制能力差的学生使用行为科学的方法。教师针对一些缺少自我控制能力而经常违反纪律的中学生，承诺遵守纪律就给予奖励，逐渐让他们养成良好的习惯。但奖励不能随意给予，否则学生容易对奖励失去兴趣。

第三，对儿童进行表扬要考虑到行为的动机。斯金纳指出了哪些东西值得强化，哪些不值得强化。良好行为动机是这个行为是否值得强化的关键。他指出，一个人是否应该获得表扬以及受表扬的程度与他行为原因的可见性有奇特的关系。当原因显而易见时，我们往往不予夸奖。我们不会表扬一个人的本能反应，也不会过多地赞扬受明显的厌恶性控制作用而产生的行为。但当一个行为没有明显的原因时，我们通常慷慨地给予嘉许。如不求报答的爱情，不合时尚的艺术、音乐和文学作品，更值得赞许。[①] 我们赞扬得更多的是不需他人监督而自会行为良好的人，而不是需要别人监督的人。[②] 我们不会嘉奖碰巧做出的事情，也不会奖励那些将受到其他人嘉奖的事情。例如我们不会赞扬那些事先敲锣打鼓大肆张扬，然后才施舍的人，因为他们已经获得了“自己的奖赏”。[③]

此外，斯金纳认为正面强化比负面强化意义更大。他从人的自由和尊严的角度指出，惩罚使人失去自由和尊严。在他看来，“除开肉体受限以外，一个人受到惩罚的威胁时，他也根本享受不到自由或尊严。”[④]因此，要朝着建立没有惩罚的世界而努力。我们的任务是使生活中少一些惩罚，这样就能使人们把原来耗费在逃避惩罚方面的时间和精力解放出来，以便能从事更多的强化性活动。对于年龄很小的孩子来说，斯金纳的观点无疑是正确的，因为他

---

① B·F·斯金纳著：《超越自由与尊严》，王映桥等译，贵州人民出版社 1988 年版，第 48 页。
② B·F·斯金纳著：《超越自由与尊严》，王映桥等译，贵州人民出版社 1988 年版，第 51 页。
③ B·F·斯金纳著：《超越自由与尊严》，王映桥等译，贵州人民出版社 1988 年版，第 46 页。
④ B·F·斯金纳著：《超越自由与尊严》，王映桥等译，贵州人民出版社 1988 年版，第 60 页。

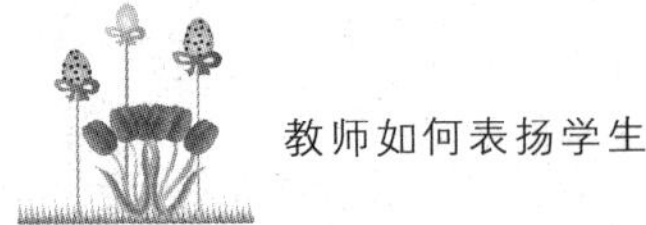

们不知道什么是正确的或错误的，这要诉诸规则。表扬能培养孩子采取积极行动的意愿。但是，当学生为了得到外在的表扬而表现得更加虚伪时，正面强化也会使人失去自由和尊严。而且正如科恩批评的那样，道德的观点是讨论人是否需要通过奖励来形成他们本应该做的事情。这种理论将会破坏人对自我的认识、个体责任感和自力更生的品格。

总之，行为主义关于奖励或表扬的研究，为我们利用表扬或批评等强化手段来培养学生的行为习惯提供了启示，虽然学生拥有良好行为习惯不等于学生具备了优良的道德品质，但有些良好行为习惯如礼貌，却是学校道德教育必须加以注意培养的。尤其在学校正常的教学秩序都难以维持的情况下，行为主义方法的运用，可为学校如何使学生成为“四有新人”提供借鉴，进而为他们成为“有道德的人”打下基础。

二、表扬为学生提供了模仿的对象

（一）学生成长需要学习的榜样

人的品德是在社会环境中习得的。在儿童成长的过程中，模仿是一种重要的学习方式，因而他们需要学习的榜样。榜样对人的感染教育作用是多方面的，它既影响人的认识、情感，又可成为行动的动力和效法的楷模。在特定的情境中，在其他同学良好行为的影响下，在榜样模范行为的示范、启发和鼓舞下，学生能更好地习得新的行为习惯。因此教师经常公开表扬学生，目的在于为学生树立学习的榜样。

根据班杜拉的社会学习理论，人的行为习得有两种不同的过程，一种是直接的经验学习，另一种是通过观察示范者的行为而习得行为的过程。通过观察，发现一种行为方式如果产生积极的结果，它就会被择取；反之，一种行

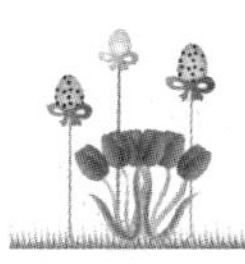

为方式如果会产生消极的后果，它就会被抛弃。反应影响结果的主要原因在于：第一，它具有信息的功能。人们通过观察各种行为所产生的不同结果，形成在不同的场合做出适当反应的假设，而这些假设将指导下一步的行动。第二，它具有动机的功能。过去行动结果的经验使人能预料某种行动可能产生什么样的结果，这种对将来结果的预期会转变成为现在行动的动机。班杜拉认为，几乎所有的行为都受预期的控制。第三，它具有强化的功能。这种强化表现在人受到观察对象行为结果的调节。在班杜拉看来，如果人们只是通过自己行为的结果来学习，就会非常吃力，而且要靠运气。幸好大部分行为都是通过对榜样的观察而习得的，人们在行动前可以向榜样学习，从而避免一些错误。班杜拉尤其强调强化在观察学习中的调控和促进作用，认为强化不仅能够激发和维持行为动机，调控人的行为，还能通过认知形成期望，成为决定行为的先行因素。班杜拉将强化分为以下几种不同的类型：外部强化、替代强化和自我强化。

外部强化(External Reinforcement)。班杜拉所指的外部强化，是通过直接经验而得到的。外部强化可以是物质的，或是符号的；可以是固有的(产生于自然结果)，或是外在的(产生于人为结果)；可以是积极的(奖赏)，或是消极的(惩罚)。

替代强化(Vicarious Reinforcement)。替代强化是指人因他人行为受到奖惩而相应调整自身行为的过程。通常，替代强化具有向观察者传递何种行为将受奖励(或惩罚)的信息、激发观察者的行为动机、唤起观察者的情绪、形成和改变观察者的价值观进而影响观察者反应等功能。强化不一定是直接感受到的。通过观察别人接受奖惩，人们也可认识到某种行为的结果。当通过替代经验与直接强化的相互作用来获得行为时，这种行为就更不容易消除。例如当教师经常表扬学生的助人行为时，班上的其他人也许会花更多时间互帮互助。

因此，在教育中教师通过树立榜样，可以激励学生做出道德行为。美国的社会学习论者沃尔特斯等人(Waiters, Leat & Mezei, 1963)研究表明：通过观看榜样接受表扬情况，可以提高儿童的抗诱惑能力。榜样具有替代强化作用，无论是受奖励的好榜样还是受指责的坏榜样都可能显著地影响着儿童对诱惑的抗拒，而接受奖励的坏榜样则可能使他们更快地屈从于诱惑和长时间地从事被禁止的活动。① 由于道德问题都是一些两难问题，学生抗诱惑行为与道德行为的发生有较大相关性，他们的研究对道德教育具有借鉴意义。

（二）表扬能为学生提供良好的学习榜样

教师通过表扬树立榜样，可以培养良好的班集体舆论，有助于提升学生的道德品质。根据社会学习理论的观点，人类的大多数行为通过榜样作用而习得：个体通过观察他人行为，会形成怎样从事某些新行为的观念，并在以后用这种编码信息指导行动。因此，观察者获得的实质上是榜样活动的符号表征(symbolic representation)，并以此作为以后适当行为表现的指南。班杜拉认为，观察学习受注意、保持、动作再现以及动机等心理过程支配。班杜拉通过两个实验来证明教师对榜样的表扬能影响到观察者的行为。

班杜拉的榜样实验

实验一是让儿童观看录像里一个女性成年人对一个充气娃娃的攻

---

① 李洪玉，何一粟著：《学习动力》，湖北教育出版社 1999 年版，第 289—290 页。

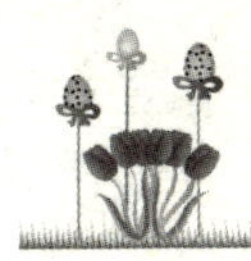

击性行为，然后让他们再现。结果是所有儿童都能较准确地显示出榜样的攻击行为。实验二是把4—6岁的儿童分成两组，他们都看到录像中一个成年男子演示四种不同的攻击性行为。但在录像快结束时，甲组儿童看到这个成人榜样受到奖励，乙组儿童看到的则是这个成人榜样受到惩罚。接下来，让儿童进入一间游戏室，里面放有一个同样的充气娃娃及成人榜样使用过的其他物件。结果甲组儿童比乙组儿童表现出更多的攻击性行为。再组织两组儿童看完录像，回到游戏室后以糖果作为奖励，要求儿童尽可能回想榜样行为，班杜拉鼓励两组儿童学录像里成人的样子打充气娃娃，谁学得像就给谁糖吃，结果两组儿童都争先恐后地使劲打充气娃娃。这表明通过看录像，两组儿童都已经学会了攻击行为，并付诸行动。并且，两组儿童的表现无任何差异。班杜拉为了证明社会学习理论的正确性，还专门进行了实验的第二阶段，结果显示第一阶段中，乙组儿童之所以没有人敢打玩具娃娃，只不过是因为他们害怕会受到惩罚，从而暂时抑制了攻击行为，而当条件许可时，他们也会像甲组儿童一样把学习到的攻击行为表现出来。

在这两个实验的基础上，班杜拉认为，人们可以只通过观察他人行为而习得新的反应。班杜拉的社会学习理论对习得(acquisition)和表现(performance)作了区分，因为人们并不会实施他们学到的每一件事情。首先，如果按照榜样行为导致有价值的结果，而不具有无奖励或惩罚的结果，人们便倾向于展示这种行为。这是一种外部强化。其次，观察到的榜样行为的结果，与自己直接体验到的结果，是以同样方式影响榜样行为的表现的。也就是说，学习者的行为表现受替代强化的影响。事实上，在通过观察习得的无数反应中，看到他人获得积极效果的那些行为，比看到他人获得消极效果的那些行为，更容易表现出来。最后，人们对自己行为产生的自我评价，也会影响人们对通过观察习得的行为的表现。他们倾向于作出感到自我满足的反应，拒绝作出自己不赞成的行为。这是一种自我强化。班杜拉认为，榜样具有替代强化作用，在儿童品德的形成与发展中具有极其重要的作用。他曾举例说，许多父母在孩子打架时，用打骂的方式阻止儿童的错误行为，而这种行为恰恰强化了儿童的格斗动机与行为，这种“以毒攻毒”的错误方法恰恰给儿童以不良的示范影响。这个例子提醒我们，在对儿童进行品德教育时，举止应符合道德规范，要注重言传身教，多给予正面的、积极的榜样教育，不要提供不良的行为示范。此外，不同个体表现同一行为却得不到同一的结果，其中有的受到惩罚，有的受到表扬，那么观察到的奖赏就不会提高观察者对这一行为的模仿水平。

表扬作为强化的一种手段，帮助学生选择行为，进而习得社会行为。表扬能为学生树立身边的“活的榜样”，为他们提供一个模仿的对象。如某位学生上课总是坐姿不正，教师不直接批评该生，而是去表扬那些坐得端正、上课认真听讲的学生。当坐姿不正的学生听见老师不断表扬做得好的学生时，他会感到一种压力，自觉地模仿那些做得好的学生，从而改正自己的行为。

三、表扬激励学生学会社会行为规范

美国著名心理学家斯蒂芬斯(Thomas M. Stephens)依据行为主义心理学的成果，提出了社会行为的三种教学策略，即社会示范策略、社会强化策略和社会契约策略。运用社会强化策略的关键环节包括：“教师寻找和筛选出奖励学生表现的某一行为的事和物；教师开列和把握住上述事和物成

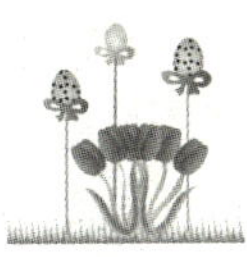

为奖励的条件；当学生表现出期望行为时，及时采取适当方式进行强化。"①社会契约策略是指，如果学生表现出期望行为，他们会根据特定的条件得到奖励。其实施步骤为：

> 教师先向学生简要交待所期望的行为；教师同学生一起制定出学生愿为之努力的奖赏。奖赏的有效性，来自它们的获得是表现出期望行为的结果；教师提出明确的契约条件，特别要明确期望行为的质和量，奖赏的种类和数量；教师既应留心行为的自然发生，也应设置行为可能发生的情境，然后根据契约条件强化学生的表现。②

斯蒂芬斯还指出了教师应该如何奖励或表扬学生：

> 在实施社会示范策略的每一步骤中，教师应伺机给适当的反应，特别是学生有意识的确定反应以强化和反馈。学生首次学习某一行为时，往往表现得不完美。不应只奖励完美表现，还应奖励学生的努力以正确导向。教师应格外注意和留心行为需要分解成若干小步学习的情境。③

在实施社会强化策略中，重要的是教师应做好充分准备，包括看望学生、

---

① 北京师联教育科学研究所编译：《[当代]学校德育思想流派与德育论著选读》(上)，中国环境科学出版社，学苑音像出版社2006年版，第97页。

② 北京师联教育科学研究所编译：《[当代]学校德育思想流派与德育论著选读》(上)，中国环境科学出版社，学苑音像出版社2006年版，第97—98页。

③ 北京师联教育科学研究所编译：《[当代]学校德育思想流派与德育论著选读》(上)，中国环境科学出版社，学苑音像出版社2006年版，第99页。

口头表扬、微笑，以及采用各种方式与学生交流。在进行口头表扬时，教师应提及其姓名。教师通过强化暗示学生模仿他人，既可以是口头的，也可以是书面的或其他形式的。若暗示没有导致期望行为的增加，就应在对其实施表扬时换之以学生注重的诸如圆章、星章之类的纪念品。需强调的是，应慎重考虑使用物质奖励，继续社会强化以促使学生保持行为。

第二节 表扬为学生提供了学习的外部动机

表扬提供了学生成功的信息，能提高学生的自我效能感。外界的承认能促进学生不断进步。在教育过程中，教师及时表扬学生所取得的点滴进步，使学生获得成功的体验，增强对自身能力的信心。

一、表扬提高了学生的自我效能感

教师的评价对学生的自我评价有很大影响，尤其是儿童自我意识的发展还不成熟，他们的自我意识受外界的干扰很大，外部评价往往左右着他们的自我评价。

个体的自我画像从何而来呢？显然个体不是一出生就带着这一已完成的画像。“儿童最初的自我画像是学习的，它依赖于别人提供的描述。这一画像，可能是公正的，也可能不公正。问题是它是完全从别人那里拿来的一个现成的，内化的，用以对自我的定义。”[①]比如说，如果儿童经常听别人说他

① 戴维·冯塔纳著：《教师心理学》，王新超译，北京大学出版社2000年版，第295页。

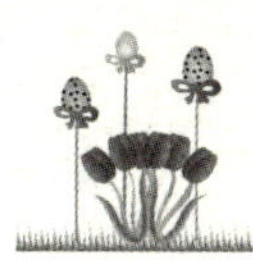

们是淘气的，他们就认为自己是淘气的；如果人们总是说他们好，他们也认为自己是好的。米歇尔（Walter Mischel）指出，对年幼的几乎毫无言语能力的儿童，讲普遍道德原则的抽象规则没有用处。在儿童生活的早期，道德的和不道德的行为的各种特定后果，易于被人们用一种具体的、确定的和直接的方式来规定和描述。① 当某个母亲正在使她刚刚学步的孩子社会化又不伤害他的兄弟姐妹时，她很可能说出这样的话："不要这样，那是不好的！如果你再这样做，我就不得不……（特殊的威胁）。"或者，她也可以这样奖赏好的行为："好，丽丽是好孩子，丽丽真乖。"如果对他们的点滴进步多加鼓励和表扬，他们就会形成积极的自我概念和自我评价，并会为维护良好的自我形象而不懈地努力。

教师通过表扬积极鼓励学生，可以提高学生的自我效能感。自我效能感是指为了达到预定的行为模式，人们对自己组织和实施行为的能力的判断。班杜拉通过实验证明了自我效能感是行动的充分决定因素。他指出，自我效能感影响人们的行为选择，使他们有信心承担和完成自己认为能处理的活动。自我效能感还决定着人们的努力程度和持续时间，并影响人们的思维方式和归因方式，以及人们对待困难的态度。班杜拉认为，"即使人们已充分认识到该做什么，他们也经常不去最大限度地做出这种行为。这是因为，有关自我的思维在知识和行动的关系中起中介作用。"②自我效能感是一种期望结构，具有动机的性质。学生自我效能感的高低，影响他对任务的选择、投入、努力的大小及遇到困难时的坚持性。学生的自我效能感与其学习的积极性、

---

① 北京师联教育科学研究所编译：《[当代]学校德育思想流派与德育论著选读》（上），中国环境科学出版社，学苑音像出版社 2006 年版，第 202 页。

② A·班杜拉著：《思想和行为的社会基础——社会认知论》（下册），林颖等译，华东师范大学出版社 2001 年版，第 551 页。

主动性有关。较强的自我效能感可使学生积极投入学习中，有利于优秀道德品质和行为的养成。一个人的自我概念与自我认识水平往往决定一个人能否走向成功。根据认知失调理论，学生总是要避免与自己良好形象相冲突的行为。当他们认为自己是一个好学生时，可能表现出一些良好的道德行为，以维护自己积极的自我形象，即便在没有人看见时也会如此。

二、教师的认可是学生进步的动力

根据美国心理学家奥苏伯尔(D. P. AuSube)的理论，儿童早期的成长需要更多的外界承认。这是由儿童身上具有的附属内驱力所决定的。因此，表扬对于年幼的儿童来说是必不可少的。奥苏伯尔将学习动机分为认知的内驱力、自我提高的内驱力和附属内驱力。认知的内驱力是掌握知识、解决问题的需要。这种内驱力从好奇心中派生出来，但也依赖于经验。认知的内驱力是最重要的学习动机，它指向学习本身，奖励由学习本身提供。自我提高的内驱力是个体因胜任能力而赢得相应地位的需要。它将成就视为赢得地位与自尊心的根源。由于失败对自尊有威胁，因而它能促使人在学业上做长期艰巨的努力。附属内驱力是人为了保持长者(家长、教师)的赞许或认可而表现出来的把工作做好的需要。

奥苏伯尔认为，以上所列举的成就动机的三个组成部分在学生身上普遍存在。但这三种成分的比重则随着年龄、性别、社会阶层、种族起源以及人格结构而不同。就年龄阶段而言，附属内驱力在儿童早期最突出。在此期间，他们主要是寻求以父母的赞许、认可为基础的派生地位，享受其间的乐趣。他们努力学习以求得好成绩，只是为了满足家长的要求，从而得到父母的赞许。教师基本上被看作家长的代理人，因此他们具有类似于家长的“权威”。

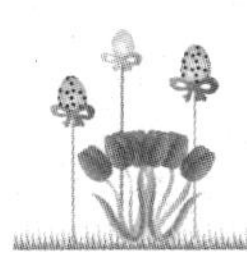

到儿童后期，这种附属内驱力在强度上减弱，且其焦点从父母转向同伴。因此，在这段时期，来自同伴、同学的赞许是一个强有力的动机因素。很明显，附属内驱力是一种外部动机。具有附属内驱力的学生，因有高度的附属感，即从其所依附的长者方面获得赞许的意向，能取得较好的成绩，反之亦然。因此，为了激励学生，附属内驱力的引发与培养也是必要的。

但随着儿童年龄的增长，教师应提高学生认知的内驱力和自我提高的内驱力。因此，(教师表扬学生时，把重视和赞赏儿童的情感传递给学生，学生把它看成是教师的积极评价。这种评价可能鼓舞儿童表现得更好，以期进一步获得赞赏。这就形成了一个良性循环。学习成绩好、表现好的学生一定会使老师感到高兴，教师进而又把这种积极的情感传递给学生，强化了他们成为好学生的愿望。)当然，在这一过程中，教师的表扬和学生如何看待表扬是至关重要的。如果学生不在乎教师的表扬，表扬的效果就会受到影响。

教师对学生要多鼓励，不要吝啬

山西有一个非常闭塞的小山村，恢复高考制度后考出了好多大学生，方圆几里称这个村为“状元村”。开始时人们说这个村出大学生是风水好，后来人们终于弄清楚了这一切都与一个老教授有关。这位老教授是一个“右派”，下放到这个村，教小学三、四年级。刚来时，学生们不学习、不做作业，老打架，老教授会哄孩子，会鼓励。如数学好的就说你将来能成为数学家，语文好的就说你将来能当作家，画画好的就说你将来能成为画家……人们发现，自从老教授来了，孩子们都变了，都变得肯学习了，都说这个教授了不起，有能力。过了些年，这些孩子考上了大学，村里人说这个老教授会算命，纷纷请他看风水，他却说，我只会看孩子。后来老教授走了，换了个小青年，老教授又把这一办法教给了他，告诉他："我这个办法不要对别人讲，你要对学生多表扬，多鼓励。"

三、表扬让学生信心百倍

学生有体验成功感觉的需要。格拉瑟的选择理论认为，"我们所有的行为，都是为了以最好的方式，满足植根于我们基因结构的五大基本需求。"① 这五大基本需求包括，生理上最重要的生存和繁殖的需求，以及心理上的四大需求：归属感（包含爱）、权力、自由和乐趣。他将一所好学校定义为："在那里，几乎所有的学生都相信，如果他们下工夫来学习，就能使他们的内在需求得到应有的满足，而让他们的持续学习变得有意义。"②因此，当学生获得教师的表扬时，他们获得了心理的满足，会自信地投入到行动中去，以取得成功。

表扬在学生的成长中还具有一些具体的实际意义。表扬最明显的作用是提高了学生的自尊，使其自信心得到满足。自尊心促使个体不甘人后，行为有毅力。更重要的是，自尊心会使人注意发展创造性行为，因为要使自己始终成为公众尊重的对象，不进行创造性的学习和劳动，就难以维持它。在斯金纳看来，人类的尊严与正强化有关。"当我们发现一个人的行为有了强化意义时，我们表扬和鼓励他，使他可能重复自己的行为。"③"我们奖励一个

① 威廉·格拉瑟著：《了解你的学生：选择理论下的师生双赢》，杨诚译，首都师范大学出版社 2011 年版，第 14 页。

② 威廉·格拉瑟著：《了解你的学生：选择理论下的师生双赢》，杨诚译，首都师范大学出版社 2011 年版，第 16 页。

③ B·F·斯金纳著：《超越自由与尊严》，王映桥等译，贵州人民出版社 1988 年版，第 43 页。

人的所作所为，是因为我们认识到了他的尊严或价值，我们的褒奖与他的行为的原因的明显性成反比。”①

教师的表扬也可能为学生带来高峰体验，这种体验无疑可以提高学生的自信心。马斯洛说：“我可以设想高峰体验，敬畏、神秘、惊奇，或完美成就的体验都是学习的目标和奖赏，既是它的开端也是它的结局。”②斯宾塞认为，“培养自信，最好的方法莫过于得到肯定和赞赏，即使同时指出不足也不要紧；消灭自信，最好的办法也莫过于经常性的否定和指责。”③

表扬的魅力④

我班的揭杰同学就是这样一个似乎没有什么特色的学生。很长一段时间里，我几乎没注意到他的存在。直到有一天，一件微不足道的小事改变了我对他的看法，好像也改变了他自己。那是一个中午，我站在班级门口，看着走廊里来回走动的学生，无意中发现走廊里撒了一些饭菜，许多同学说着笑着绕着而过，好像没有注意到地上撒的饭菜。这时，揭杰同学走了过来，告诉大家不要踩了，然后急忙跑回教室拿来清扫工具，将饭菜扫净，又用拖布拖了一遍。我被这一幕感动了，回教室后，立刻在班里表扬了揭杰同学，并尽力赞美了他关心集体，为他人着想的好品质。

此后，我又从几件小事里发现了揭杰性格中闪光的地方，并及时给

---

① B·F·斯金纳著：《超越自由与尊严》，王映桥等译，贵州人民出版社 1988 年版，第 58 页。

② 马斯洛著：《人性能达的境界》，林方译，云南人民出版社 1987 年版，第 190 页。

③ 赫伯特·斯宾塞著：《斯宾塞的快乐教育》，颜真译，海峡文艺出版社 2002 年版，第 244 页。

④《表扬的魅力》，江西教师网，http://www.jxteacher.com/wxy29/column13009/0f251654-06ad-44ad-983a-9e12d6ea71c4.html.

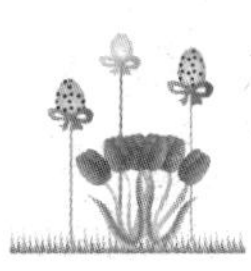

予表扬，使真善美的精神得以激发和升华。渐渐地，我发现他变了，上课特别认真，作业完成得尤其好，学习成绩也有了很大的提高。这件事给我启示颇深，在工作中，我开始注重以人为本，面向全体，细心观察，捕捉他们身上的每一个闪光点，及时把赞美送给每一个学生，使之发扬光大，使每个学生都感到“我能行”，“我会成功”。

自信是对自身能力包括潜能有正确的认识和客观的评价，是学生从以往成功的生活经验中得到的一种体会。自信可以成为人生重要的精神支柱，成为人们行为的内在动力，使人自强不息、勇于拼搏。倘若个体缺乏自信，就没有面对困难与挫折的勇气和积极进取的动力。在学习的过程中，学生会遇到各种各样的困难与挫折，要想获得成长，就必须自信地面对并克服这些困难和挫折。但学生的自信也受到外在评价的影响。每个学生都有自己的长处，作为教师应努力去发现学生的闪光点，对之加以承认和肯定。这是对学生最大、最好的激励，也会使学生充满信心，获得自信。在罗森塔尔的实验中，教师对学生的期待信息通过教师的态度和行为等各种渠道，传递给学生。学生的自我意识在这种刺激下迅速增长。由于教师是学生心目中的权威，学生从教师的言行中体验到权威对自己的评价很高，就会促使学生相应提高对自己的评价，同时提高对自己的期待要求。学生将教师的积极评价逐步内化成自己的自我评价，对自己产生荣誉感，进而会产生自爱感和自爱行为。为了保护和发展这种自我形象，学生需要做出种种努力。教师的信心传递给了学生，久而久之，学生将这种判断内化为自己的观念。学生感到自己的努力是有希望的，自己是有力量的，就对前途充满了信心。

“007 超级营地”提出的充满信心和快乐的口号“你真棒、我真棒，大家都

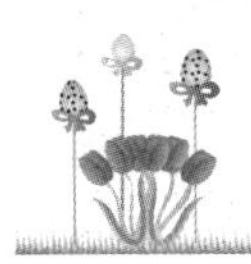

很棒!”,就是通过“真诚的拥抱、打开心扉的对话、听他人赞美自己”来让孩子们进入自己的内心世界,学会爱自己,来建立自信。情商训练营,也是通过别人赞美自己和自己赞美自己来获得自信。它们的成功说明,适当的表扬对人的自信能起到积极作用。卡尔·威特认为,信心“来源于父母有效的夸奖。孩子需要夸奖,需要鼓励”。[①] 从这个意义上讲,教师的表扬可为学生树立一个积极的自我形象。有时候老师一句表扬的话,一个赞美的目光,可能是孩子成功的起点,可能会鼓起他们理想的风帆。

年幼的学生对教师的表扬非常在乎。有研究者向小学生调查老师表扬的意义时,学生回答各不相同:“受到老师表扬能给我带来愉快的心情,因为别人都没有这个荣誉;能在同学中提高威信;同学们都看着我;爸妈脸上有面子;受到老师的表扬,也会受到父母的表扬;老师表扬我就会有信心;同学们向我投来赞赏的目光;我会在同学们面前立下威信;可以让其他同学认为我是一名好同学;同学会心服口服;老师的鼓励会让我继续努力学习;父母高兴。”[②]有研究者认为,学生渴望表扬,体现了他们“渴望被看见(存在的需要);渴望被肯定(承认的需要);渴望被重视(身份的需要);渴望被关爱(亲密的需要)”。[③] 绝大多数学生看重老师的表扬,主要是为了提高自己在他人面前的威信,以及在同学中的地位。因为地位不同,他们与其他同学关系是不一样的。有些被老师认为是差生的学生,很难融入整个班级,而优等生却经常能受到同学的接纳和信任,有更多的伙伴。

总之,“表扬是孩子们成长过程中应有的体验。这些体验构成了他们

① 崔学鸿著:《赏识教育初论》,安徽大学出版社 2003 年版,第 62 页。

② 郭华著:《静悄悄的革命:日常教学生活的社会建构》,北京师范大学出版社 2003 年版,第 167 页。

③ 朱光明:《表扬的意义——一种解释现象学的视角》,《全球教育展望》,2011 年第 8 期。

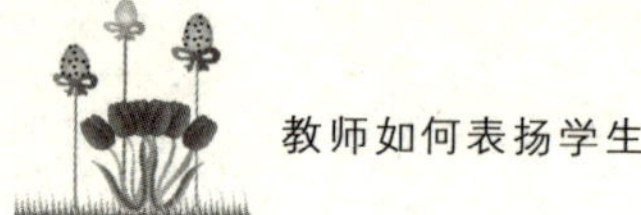

的成长经历，是他们成长意义的展示形式，也是他们发现自我、形成自我的过程。"①表扬增强了儿童的内部动机。从认知评价的角度来看，能力和独立是个体基本的心理需要，当个体这些基本需要被满足时，就会引发个体的内在动机。根据这一理论，表扬会使儿童认为自己能力强，并促使儿童进行内部归因，使他们对自己的行为和成绩负责，进而增强他们的内部动机。② 表扬让学生沉浸于发展自己积极行为的过程中，克服缺点，提高发展的积极性和主动性。

---

① 朱光明：《表扬的意义——一种解释现象学的视角》，《全球教育展望》，2011 年第 8 期。

② 郈倩：《表扬、儿童的能力理论与其失败后反应的关系》，山东师范大学 2004 年硕士学位论文，第 2 页。

第二章　表扬的伦理学基础

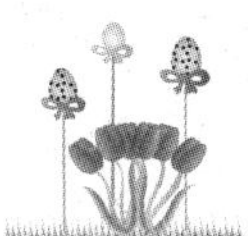

表扬的广泛运用，与当前教育界提倡的快乐教育、成功教育、赏识教育有关。表扬具有超时空、非科学和无规律的特点。教师的表扬要取得成效，必须遵循伦理学标准。表扬是对学生良好行为的一种回报，体现对学生主体地位的尊重。表扬也给学生带来了快乐和幸福，并发挥着一种对学生的价值引导作用。

第一节　表扬表明教师关注学生的成长

表扬表达了教师对学生的关心和爱护，让学生认识到教师时刻在关注自身的成长，为学生的成长过程带来快乐。表扬表达了对学生成功的认可，引导学生走上成功之路。表扬还能融洽师生关系，让学生乐于接受教师的教诲。

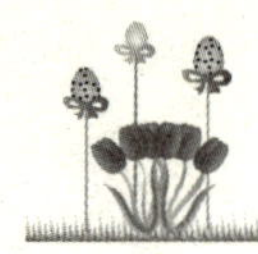

一、表扬让学生获得快乐

在我国，随着素质教育的提出，表扬逐渐受到人们的重视。受凯洛夫教育学的影响，我国在教育实践中非常强调教师的主导作用和对学生的严格管教。这种思想充满了对学生的不信任，将学生视为“被教育”、“被塑造”、“被改造”的对象。在这种思想的指导下，教师对学生的惩罚甚至体罚盛行，引起了学生的极大反感。针对这些弊端和困扰基础教育的其他诸多问题，在20世纪80年代后期，我国提出了素质教育思想。20世纪90年代，我国基础教育领域对素质教育的研究成为热潮。随后，教育部印发的《2003—2007年教育振兴行动计划》提出的一个重要任务就是“全面贯彻党的教育方针，以培养德智体美等全面发展的一代新人为根本宗旨，以培养学生的创新精神和实践能力为重点，继续全面实施素质教育”。《国家中长期教育改革和发展规划纲要(2010—2020年)》则提出，“探索促进学生发展的多种评价方式，激励学生乐观向上、自主自立、努力成才。”这对当前学生的道德评价提出了新的要求。

而对于当前道德教育实践中遇到的难题，只有创新道德教育方法，重视培养德性，才是问题解决之道。亚里士多德认为，“关于德性，我们既要确定何为德性，也要确定德性由何发生。因为我们如果不能知道获得德性的方法和途径，那么仅认识德性，并没有什么用处。因为我们不但要探讨德性是什么，还要探讨怎样获得它。但是我们空有愿望也不能明悉这一层，除非我们明悉它由何而来，如何获得。”①培根也赞成这个观点，认为“道德教育学说如果只局限在描述什么是善德，而不去深入研究如何培养善德，则前者似乎是美丽的画像或塑像，玩味起来秀美，可是没有生命和运动”②。

---

① 于钦波等著：《外国德育思想史》，四川教育出版社2000年版，第285—286页。

② 于钦波等著：《外国德育思想史》，四川教育出版社2000年版，第285页。

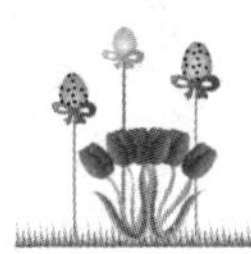

于是，许多人进行了改进道德教育方法的尝试，提出了诸如愉快教育、赏识教育、成功教育等教育模式，一些中小学还创设了“学雷锋”奖励制度和“道德银行”①。在河北涉县，为了培养学生良好的道德品质，全县中小学开展了“美德储蓄”活动。这一方面是受到“道德银行”活动的影响，另一方面也暗含了“以表扬为主”的思想影子。具体做法是：全县各班都建立“美德储蓄簿”，成立美德存录小组4—6个，每组推荐一名组长，由组长负责将本小组成员在学校、社会、家庭等各个方面的美德表现记录下来。存录在簿的美德可由本人自述，也可由其他同学、家长推荐。“美德储蓄”实行积分制，如捐款献爱心、见义勇为等事件记10分；帮父母干活、按时完成作业等事件记5分；捡到东西上交等事件记1分。对违反校规校纪等不文明行为，扣除相应分值。储蓄簿每记录一页，须由班主任签字核准。储蓄簿记录满后，将“美德储蓄簿”积分情况报学校德育处。经核实后，由学校德育处统一向学生家长发放喜报。② 这些做法旨在通过表扬，来提升学生的道德品质。在这些教育方法的创新中，表扬无疑被赋予了极高的地位，在总结这些经验的著作中，也都大力提倡使用表扬③。看起来，在学校道德教育实践中，表扬似乎成了教师的法宝。

20世纪80年代，为改变小学教育中存在的学生课业负担过重、校园生活

---

① “道德银行”的通常做法为：做好事的人到道德银行开立账户，每年提供一定的志愿时间；需要道德帮助的人到道德银行去申请帮助，曾经提供志愿时间的人可优先获得帮助。实际上它也是寄希望对做好事的人进行及时的表扬或事后的回报来提高人们的道德水平。

② 《河北涉县中小学设立“美德储蓄簿”》，新浪网，http://news.sina.com.cn/o/2006-07-20/08549515833s.shtml.

③ 如“愉快教育”中要求在实际教学中，“以奖励为主，慎用惩罚”。参见向玉琴主编：《愉快教育理论与实践的探索》，高等教育出版社1996年版，第138页。崔学鸿认为，赏识教育就是“戴高帽子教育”。参见崔学鸿著：《赏识教育初论》，安徽大学出版社2003年版，第319页。成功教育中“评价的主要方式就是鼓励、表扬”。参见陈德华著：《刘京海与成功教育》，国际文化出版公司2003年版，第77页。

单调、师生关系紧张的“三苦”现象，北京、上海、浙江、江苏、广州等教育发达地区的一些中小学推出了“愉快教育”改革试验。1986年，北京一师附小从“愉快教学”单项改革做起，逐步扩展到全校的整体改革，并确立了鲜明的主题——实施快乐教育。“快乐教育”是“以儿童愉快发展为本”的教育。① 20世纪90年代后，原国家教委将快乐教育向全国推广，其目的在于让学生愉快学习，培养学生自主学习精神。表扬学生无疑是快乐教育的主要法宝之一。许多研究者要求在教育教学中“以评优为主”，通过表扬使学生“收获愉快”。与此同时，我国一些有代表性的教育著作，也要求教师在进行教育时要“以表扬为主”。② 在这些著作中，表扬和鼓励属于积极的道德评价，批评和惩罚属于消极的道德评价。它们都是对学生道德行为进行外部强化的手段，是儿童进行道德行为的外在动机。

伦理学中的快乐主义、功利主义理论为表扬的实施提供了理论依据。作为达到目的的表扬既然能给学生带来快乐，那么它就是道德的，也是值得追求的。正如英国功利主义哲学家边沁(Jeremy Bentham)所言：“快乐在量相等的情况下，儿童的针戏和诗，无分好坏。”③他在《道德立法原理导论》开篇就谈到：“自然把人类置于两位主公——快乐和痛苦——主宰之下。只有它们才指示我们应当干什么，决定我们将要干什么。是非标准，因果联系，俱由其定夺。”④边沁用快乐和痛苦给表扬和批评的功效做出了统一的解释。表扬

---

① 张忠萍：《快乐教育的思考与实践》，《北京教育学院学报》，2008年第1期。

② 参见王道俊、王汉澜主编：《教育学》，人民教育出版社1989年版，第256页；魏青主编：《教育学》，西南交通大学出版社2006年版，第125页；唐斌主编：《教育学教程》，苏州大学出版社2007年版，第338页；等等。

③ 梯利著，伍德增补：《西方哲学史》，葛力译，商务印书馆1995年版，第110页。

④ 边沁著：《道德与立法原理导论》，时殷弘译，商务印书馆2000年版，第57页。

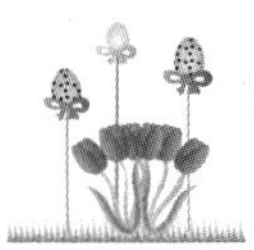

和奖励的作用在于它能给人带来快乐，而批评和惩罚的效用在于它可以带来痛苦。

人类生来就偏爱关注某些刺激，如新奇和快乐。快乐主义自古希腊以来就是西方一个重要的伦理学派别。在快乐主义者看来，当一个行为的后果是给人带来快乐，那么这个行为就是道德的，也是值得去做的。更具体地说，如果一个行为会产生快乐的后果，那么这个行为将来就可能发生。反之，如果一个行为会产生一个不愿预见的结果，那么这个行为将来发生的可能性就小。快乐主义主张，“快乐是最高的善，人们追求的最终目的就是快乐”。尽管不同的人追求的快乐不同，如有人向往肉体的快乐，有人向往心灵的宁静，但快乐主义者都同意，追求快乐是人们行为的唯一动机。快乐主义以心理学作为伦理学的基础，用行为的动机来证明善的观念。伊壁鸠鲁的快乐主义认为，感觉是最可靠的，是真理的标准，感觉是人认识的起点和来源，一切认识都始于感觉。而快乐与痛苦是人们的主观感受，是一种体己的真实情感的体验，那么，把快乐作为人们选择和判断行为的标准就是非常恰当的，只要有利于增进人们快乐的情感体验，就可以被选择，也是有利于幸福生活的。快乐是幸福生活的标准，也是人生追求的最高目标。但精神上的快乐高于物质上的快乐，因为它使人的灵魂得到安宁。伊壁鸠鲁认为，“一个人不在生活中谨慎、诚实和正直，不能快乐。德性或道德是达到快乐或精神宁静的目的的一种手段。”[①]幸福与德性不可分离，只有受德性的指导，符合德性要求的生活才是幸福的，不顾德性去追求快乐是不幸福的。德性本身不是目的，而是一种手段。愉快的生活与明智、美好和正义的生活是一致的。伊壁鸠鲁坚

① 梯利著，伍德增补：《西方哲学史》，葛力译，商务印书馆1995年版，第109页。

决反对把快乐与享乐等同，认为每一种快乐由于其自然吸引力，都是某种善，但并不是每一种快乐都值得选择。在这里，伊壁鸠鲁将快乐主义与纵欲主义划清了界限。快乐并非与德性对立，两者是不可分离的。伊壁鸠鲁要求人们要明智和审慎，判断人的欲望是否符合快乐的标准，是否增进身体的健康和灵魂的宁静，“把自己调整到满足于简单的生活所需”①。快乐不能靠肉体享受和恣情纵欲来实现，要谨慎地追求和避免快乐，也就是要具有德性，快乐与聪慧、勇敢、节制和正直联系在一起。伊壁鸠鲁因此认为表扬和批评只能针对人自由的行为，理想的人能看到“必然性消除了我们的责任，偶然性或运气则变化无常，而我们的行为是自由的，一切批评和赞扬都必须与此关联”②。

霍布斯在《利维坦》中指出，“高兴或愉快，它似乎是生命运动的一种加强和辅助。因此，引起高兴的事物，由于辅助或加强生命运动而被恰当地称为高兴和辅助；相反，那些阻挠和干扰生命运动的事物则被称为不高兴和烦恼。于是，愉快或高兴便是善的表象或感觉，烦恼或不高兴便是恶的表象或感觉。因此，一切欲望、心愿和爱好都或多或少地伴随一些喜悦，而一切憎恨和嫌恶则或多或少地伴随一些不愉快和烦恼。”③在他看来，人是受外部刺激控制的，无论这种刺激是快乐还是痛苦。从教师评价可能给学生带来痛苦和快乐的角度来看，表扬带来的快乐确实对学生的行为起到促进作用。

---

① 伊壁鸠鲁，卢克来修著：《自然与快乐——伊壁鸠鲁的哲学》，包利民等译，中国社会科学出版社2004年版，第47页。

② 伊壁鸠鲁，卢克来修著：《自然与快乐——伊壁鸠鲁的哲学》，包利民等译，中国社会科学出版社2004年版，第34页。

③ Howard A. Ozmon，Samuel M. Craver著：《教育的哲学基础》，石中英等译，中国轻工业出版社2006年版，第222页。

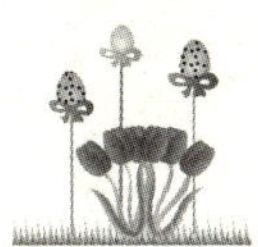

二、表扬让学生体会到成功

表扬的广泛运用，与目前教育界推广的成功教育有关。在这些教育模式中，都主张对学生进行正面评价和引导，重视激励性评价。表扬在这些教育模式中占有重要地位。

所谓成功教育，是“旨在使学习困难的学生获得诸方面成功的一种教育”①。成功教育“评价的基本出发点是找优点，找到孩子的优点就找到了孩子的生长点。评价的主要方式是鼓励、表扬”②。表扬主要针对成绩好的学生，而鼓励也包括思困生③。鼓励是展望性质的，更多地是针对将来，而表扬是总结性的，主要针对学生已经取得的成绩。

闸北八中原本是一所薄弱学校，不少学生学习成绩较差或行为不良。在《新约·马太福音》中，马太曾说：这个世界是“穷者越来越穷，富者越来越富”。马太说的这种现象被后人称作“马太效应”。成败之间也存在“马太效应”，成功的永远都只是少数人，“成功才是成功之母”更具有说服力。一个人在学校生活中的成败将影响其一生。一个人不论其社会背景如何，如果他不能在生活中获得成功的经验，他将无法拥有成功的生活。学生如果在学校里经常获得成功，他的人生也将有更大的成功机会；反之，若在学校中屡尝失败的滋味，则其在未来的人生中，成功的希望也将降低。用成功的体验激发学生的兴趣，激励学生继续走向成功，有着极为显著的积极作用。

1987 年，上海市闸北区成立了薄弱初中实施“成功教育”课题组，并以闸

---

① 陈德华著：《刘京海与成功教育》，国际文化出版公司 2003 年版，第 24 页。

② 陈德华著：《刘京海与成功教育》，国际文化出版公司 2003 年版，第 76—77 页。

③ 思困生有很多称呼，如后进生、学困生、双差生、暂时发展落后的学生等等。此处主要是指行为不良的学生。这些学生一般会表现出较多的行为问题，学习成绩也较差，如经常违反学校的校纪校规，包括迟到、早退、甚至打架斗殴。他们是学校管理者和教师觉得较难管理的学生。

北八中为试验学校，开展以成功教育为主题、以帮助每一个学生成功为目标的教育改革。他们的做法有许多可取之处，如在面对困难学生时，教师在选择评价方式时，要考虑学生的心理特点和心理需要，更多地采用鼓励、表扬的方式，使学生易于接受、理解，收到积极的效果。一些很少得到表扬的学生，在得到表扬后也获得了成功的体会，激发了内在的前进动力。但同时，闸北八中成功教育的实践者也意识到，“鼓励比表扬更有效，不能一味地以表扬为手段来改善自我概念，而必须帮助学生客观地分析自己，寻找对策，否则，自我概念的发展势必走向另一极端，同样经受不住失败的打击”①。这也是闸北八中的成功教育取得成功的原因之一。

但成功教育的成功经验并不能被其他学校完全照搬。正如顾明远给《刘京海与成功教育》这套丛书作序中指出：“我想提醒读者一句。任何经验都具有个性，尤其是教育，教育的对象是生动活泼的儿童少年，教师本身又有不同的个性和条件，因而各个教师都有各自不同的教学风格。我们学习这些优秀教师的先进经验，切不可停留在操作层面上，重要的是要学习他们的精神，然后来反思自己的教育，从中得出有益的启发。这样的学习才能达到根本的提高。”②也就是说，这些理论都有其使用的具体情境，它们能够为人们提供反思的思想和素材。但如果认为它们是普适性的真理，把它们照搬到其他具体场景中，就会导致很多问题的出现。这些教育模式多在小学或者薄弱中学实施，而在优质中学反应冷淡。这充分说明了，以表扬为主的评价方式是有年龄或个性限制的。随着学生年龄的增长，他们具有了一定的自觉性，表扬需要逐渐减少。

---

① 陈德华著：《成功教育理论与实践》，上海教育出版社 2002 年版，第 111 页。

② 陈德华著：《刘京海与成功教育》，国际文化出版公司 2003 年版，序第 3 页。

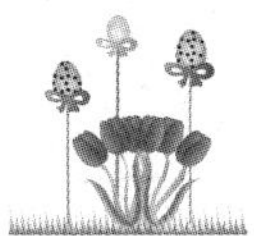

三、表扬融洽了师生关系

表扬的流行在于人们认识到了，表扬可以活跃师生关系。教师通过表扬能创造一种热烈的教育教学气氛，拉近师生间的心理距离，促进学生的健康成长。俗话说："良言一句三冬暖，恶语伤人六月寒。"人人都希望得到别人的赞美，赞美是良好人际关系的法则。

赞美的力量

卡耐基小时候是一个公认的坏男孩。

在他 9 岁的时候，父亲把继母娶进家门。当时他们还是居住在乡下的贫苦人家，而继母则来自富有的家庭。

父亲一边向继母介绍卡耐基，一边说："亲爱的，希望你注意这个全郡最坏的男孩，他已经让我无可奈何。说不定明天早晨以前，他就会拿石头扔向你，或者做出你完全想不到的坏事。"

出乎卡耐基意料的是，继母微笑着走到他面前，托起他的头认真地看着他。接着她回头对丈夫说："你错了，他不是全郡最坏的男孩，而是全郡最聪明最有创造力的男孩。只不过，他还没有找到发泄热情的地方。"

继母的话说得卡耐基心里热乎乎的，眼泪几乎滚落下来。就是凭着这一句话，他和继母开始建立友谊。也就是这一句话，成为激励他一生的动力，使他日后创造了成功的 28 项黄金法则，帮助千千万万的普通人走上成功和致富的道路。

在继母到来之前，没有一个人称赞过他聪明，他的父亲和邻居认定

他就是坏男孩。但是，继母就只说了一句话，便改变了他一生的命运。

卡耐基 14 岁时，继母给他买了一部二手打字机，并且对他说，相信你会成为一名作家。卡耐基接受了继母的礼物和期望，并开始向当地的一家报纸投稿。他了解继母的热忱，也很欣赏她的那股热忱，他亲眼看到她用自己的热忱，如何改变了他们的家庭。所以，他不愿意辜负她。

来自继母的这股力量，激发了卡耐基的想象力，激励了他的创造力，帮助他和无穷的智慧发生联系，使他成为美国的富豪和著名作家，成为 20 世纪最有影响的人物之一。

卡耐基建议在交往中要“慷慨地赞扬”；里奇在礼貌准则中提出“要尽量赞扬他人”。可见待人处世，与人交往，适度赞美他人是很重要的。

表扬有利于维持良好的师生关系，是师生交往的润滑剂。表扬对儿童来说是很高的奖励，有助于在教师和其班级之间形成温暖而有建设性的人际关系。良好的师生关系有利于促进学生道德的成长，它是教师对学生道德产生影响的前提。教师是学生成长中的重要他人，其一言一行都对学生产生影响。学校的师生关系过于紧张，会妨碍学生的发展。师生之间如果建立了一种温暖、体谅和关心的人际关系，学生便无需专注于自己的失败，而能把有限的精力集中于自身发展之上。

表扬体现了教师对学生真诚的欣赏。亲其师，信其道。学生对教师的信任，使得教师能对学生的道德教育起到积极作用。表扬所带来的赞赏、喜悦、激励的情感，促使学生继续保持良好的道德行为，进而内化为他的道德观念。由于儿童处于道德他律阶段，所以，快乐的天然驱使以及“做好孩子”的强烈

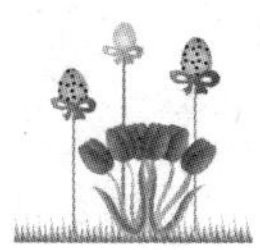

愿望，可以在一定条件下推动他进一步去了解、去思考，从而带动学生的学习。

在帕夫雷什中学校园的花房里，开出了一朵硕大的玫瑰花，全校师生都非常惊讶，每天都有许多同学来看。这天早晨，苏霍姆林斯基在校园里散步，看到幼儿园的一个4岁女孩在花房里摘下了那朵玫瑰花，抓在手中，从容地往外走。苏霍姆林斯基很想知道这个小女孩为什么摘花，他弯下腰，亲切地问："孩子，你摘这朵花是送给谁的？能告诉我吗？"小女孩害羞地说："奶奶病得很重，我告诉她学校里有这样一朵大玫瑰花，奶奶有点不相信，我现在摘下来送给她看，看过我就把花送回来。"听了孩子天真的回答，苏霍姆林斯基的心颤动了，他搀着小女孩，在花房里又摘下了两朵大玫瑰花，对孩子说："这一朵是奖给你的，你是一个懂得爱的孩子；这一朵是送给妈妈的，感谢她养育了你这样好的孩子。"

该案例成功表明，教师首先要有同情心和爱心，还要具有耐心，以及道德敏感性，才能及时发现儿童身上的闪光点，抓住教育的契机，对孩子进行正确地引导。苏霍姆林斯基如果不具有这些教育者必备的素养，可能会远远地吼叫学生，先批评学生一顿，即使事后知道自己错怪了学生，再进行纠正，恐怕也错过了良好的教育契机。苏霍姆林斯基的表扬，能使学生产生自豪感，进一步地发扬她的孝心。因此，教师在表扬时，先要作深入细致地调查研究，发现儿童的闪光之处，一分为二地分析问题，做到表扬时恰如其分，批评时一语中的。

由此可见,教师要对学生进行人性的关怀,努力发现学生行为问题背后的原因,从他们身上找到闪光点,然后再进行引导。这种做法所取得的效果,是空洞的说教无法做到的。

赞美是一种巧妙的谈话技巧,能够帮助学生克服逆反心理,维护了他们的面子,从而维持良好师生关系,进而让学生接受教师的批评建议。教师在教育过程中,把对学生的批评与对学生的表扬结合起来,可以提高批评的效果。对犯了错误的学生,为避免造成学生的逆反心理,让学生接受批评意见,教师先对学生其他方面的优点进行表扬,肯定其进步和成绩,然后对其缺点进行批评,提出要求。这样,既保护了学生的自尊心,还让学生感受到教师评价的客观、公正。这种批评最容易让人接受。事实上,这种做法可以削弱教师批评言语中所含有的某种损害面子的成分,让学生认识到教师的批评针对的是具体事例,而不是他本人。它保护了学生的面子和自尊,同时激励他们做得更好。当然,对于犯了严重错误的学生,不太适用批评表扬法,否则会使批评的效果减弱。

有一次,卡耐基请一位室内设计师为他家布置一些窗帘。当账单送来时,他大吃一惊。过了几天,一位朋友来看他,看到了那些窗帘,并问了价格,而后面有愠色地说:“太过分了,我看他明显是在占你的便宜。”

他说的是实话,但是没有人肯听别人羞辱自己判断力的实话。因此,卡耐基开始为自己的行为辩护,他说贵的东西终究是有贵的价值,你不可能以便宜的价钱买到高品质又有艺术品位的东西。

第二天,另外一位朋友也来拜访,开始赞美那些窗帘,表现得很热

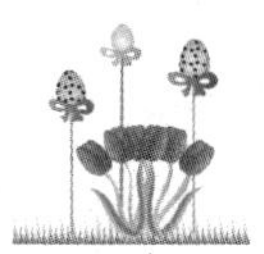

心，说他希望家里也能买得起那些精美的窗帘。这时候卡耐基的反应完全不一样了。他说："说句老实话，我自己也负担不起，我付的价钱太高，我后悔买了它们。"①

由于儿童正处在社会化过程中，道德观念、道德情感、道德品质都没有成熟，因而对他们的表扬要特别注意，否则，将适得其反，造成不良后果。学生有时主动来寻求表扬，也是为了与教师建立良好关系，提高自己在教师心目中的地位。了解了这一点，学生偷偷向老师打小报告，捡到东西不是去寻找失主而是交给老师等行为，也就不难理解了。当然，学生经常打小报告的行为不应鼓励，因为这容易使学生养成依赖教师，而非靠自身努力去解决存在的问题的习惯，且易导致学生之间人际关系紧张。教师应对学生加强引导，教会他们正确地处理问题的方式。

第二节　表扬满足了学生获得尊重和认可的需要

随着人本主义教育思想的流行，表扬逐渐受到了人们的重视。它体现了教师以生为本的理念以及对学生人格的尊重。学生的成长过程体现在他们日常的点滴进步中。这是一个不断成熟的动态发展过程。在这一过程中，他人的肯定和承认是其持续进步的动力。尤其在学生年龄较小时，需要通过表扬来不断强化其良好的行为。

① 陈敏编著：《皮格马利翁效应——用赞美、信任和期待来改变个人和团队的成功法则》，北京工业大学出版社2005年版，第10页。

一、表扬使学生体会到老师的尊重

改革开放以来，西方教育思想的引进，尤其是加德纳的多元智力理论、罗森塔尔的期望理论，对改变我国学校道德教育中单一的评价方法起到了积极作用。此外，表扬的流行还受到前苏联教育家阿莫纳什维利的合作教育学，以及美国教育家罗森塔尔的研究的影响。罗森塔尔提出期望效应后，其研究成果获得了美国乃至世界的关注，关于表扬的研究成为热点之一。艾德蒙兹、布鲁克欧沃和洛扎特等人的有效学校理论，也要求教师向所有学生传递教师的高度期望和评价。①

20 世纪 80 年代以来，在对"应试教育"弊端反思的基础上，我国教育界提出要重视儿童的尊严，尊重学生的主体地位。随着我国哲学界对"主体"、"主体性"、"主体间性"等主体性哲学问题研究的深化，主体教育在我国应运而生。它是现代工业社会发展的需要，是改革传统教育的需要，是培育有个性、主体性的全面发展的人的需要，是人心之所向。② 在这种思想的影响下，教师对学生充满信任、充满期望，相信学生，给学生以自主学习、自主选择的空间。具体表现在：相信学生有积极向上、向美的愿望，有自主学习、自主选择的能力，有自觉改正错误的心向和能力。主体教育思想对教育的最大影响是，它从根本上改变了人们的学生观。它明确提出"诚心诚意地把学生当主人"，并认为在教学中应时时处处把学生当作主体来看待，提倡在教学中发扬民主，提高学生的主体意识，使学生逐步认识到自己的主体地位，发挥他们的主体性。伴随着人们对儿童主体性地位的承认，表扬在当代学校教育中得到了大

① 毕淑芝，王义高主编：《当代外国教育思想研究》，人民教育出版社 2002 年版，第 341 页。
② 郭文安：《主体教育思想发展的回顾与前瞻》，《教育研究与实验》，2006 年第 5 期。

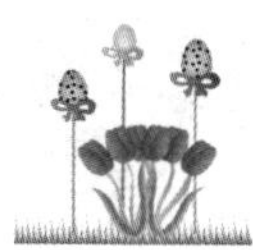

力提倡。

表扬的流行还是对教育中体罚盛行的反抗。新课程改革以前，由于一些教师的不当惩罚，酿成严重后果的事件层出不穷，一些恶性惩罚事件屡见报端。这引起了人们对批评和惩罚方法的反思。惩罚造成了孩子自尊心的损害。被惩罚的学生，在日后往往还会不断地被同学有意无意地取笑和挖苦。体罚还会对人的身体健康造成影响，其对儿童造成的更具危害性的隐性伤害更不能忽略。相对于显性伤害而言，隐性伤害以一种比较隐蔽的形式出现，往往不易被人察觉，或不被人们认为是伤害。隐性伤害的后果是严重的，其后果一时并不显现，其影响在少年儿童的成长过程中会一点一滴地逐渐显露出来。在儿童表现出悲观、自卑、冷漠、不能与人友好相处、反社会、拥有暴力倾向等心理障碍时，人们才觉察到不可逆转的精神性伤害已经造成。

针对这些问题，新课程改革提倡激励式评价，主张采用激励式的语言、荣誉等对学生进行评价，表扬在其中获得了更多人的重视。新课程改革强调："要改变课程评价过分强调评价的甄别与选拔的功能，发挥评价促进学生发展、教师提高和改进教学实践的功能。"①"要建立促进学生全面发展的课程体系。评价不仅要关注学生的学业成绩，而且要发现和发展学生多方面的潜能，了解学生发展中的需求，帮助学生认识自我，建立自信。发挥评价的教育功能，促进学生在原有水平上的发展。"②为改变以往鉴定、甄别、选拔的评价倾向，贯彻素质教育的精神和"以学生发展为本"的思想，促进学生发展，评价要贯彻发展性原则。"评价者要用发展的观点，正确对待学生发展过程中的

① 朱慕菊主编：《走进新课程——与课程实施者对话》，北京师范大学出版社 2002 年版，序言第 2 页。

②《基础教育课程改革纲要(试行)》，教育部 2001 年 6 月 8 日颁发。

成功和失败，要杜绝评价中经常出现的‘贬抑性’评价，绝不能伤害学生自尊心；评价要尊重学生，对学生要满怀期望，要善于发现学生的闪光点，只要学生有点滴进步，就要给予鼓励。”①

表扬代表了教师对学生良好的学习成绩和行为的承认。人类渴望别人的认可和赞许。不管评分是否客观，孩子仍然会认为高分意味着你会对他赞许，而低分意味着你会唾弃他。在学校里表现良好的学生，其最常见的目标是获得他人的赞许或承认。不经教育而真正完全具有内在动机的学生毕竟是少数。因此，教师的职责是有针对性地提供这方面的有效诱因。教师先提供外在诱因，逐渐让其产生内在诱因。

正面教育原则也要求教师在教育过程中，以表扬、鼓励为主。教师在对学生进行教育时，其最终目的是为了学生更好地发展，增进学生的受尊重感和责任感。教师对学生做出道德评价的本质就是促进学生的发展，促进学生潜能、个性和创造力的发挥，使学生具有自信和持续发展的能力。教师在评价中，应设身处地地为学生着想，力求让评价过程充满人文关怀，渗透阳光和爱意，敬重学生的生命尊严，尊重学生的人格。

二、学生的道德发展离不开表扬

（一）表扬有助于他律的道德

瑞士著名儿童心理学家皮亚杰（Jean Piaget）认为，儿童的道德发展是一个从低到高、阶段性的发展过程。表扬能在儿童道德发展的他律阶段起到积极作用，而在其他阶段收效甚微。在儿童成长的不同阶段，教师应采取不同

① 李志宏等主编：《新课程学生发展性评价》（下），新华出版社2003年版，第795页。

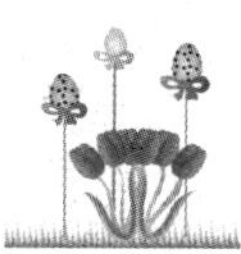

的教育方法。皮亚杰对儿童道德判断类型的划分，主要是通过对儿童理解规则、责任、公正的惩罚等道德规范进行实证研究，从理论上概括出来的。他将儿童的道德发展分为四个阶段：前道德阶段、他律道德阶段、自律道德阶段、公正阶段。他的研究发现，早期儿童的道德判断是根据外在道德法则作出的，具有客体性，是一种他律水平的道德；后期的儿童已能从主观动机的角度去做出道德判断，具有主体性，是一种自律水平的道德。他说："对于游戏规则的研究使我们得出下列结论：存在着两种类型的尊重，因而也有两种道德——一种是约束的或他律的道德，另一种是协作的或自律的道德。"①在他律阶段，儿童是道德实在论者。他们认为无论成人的命令是怎么回事，任何服从于规则或成人的行动都是好的。规则决不是由内心精心制作、判断或解释的某种东西；它本身是给定的、现成的和外在于心灵的。它也被想象为是成人所揭示和强加的，所以，"好"就被严格地定义为服从。从自律道德阶段开始，儿童不再绝对服从成人的命令或把规则看成不可改变的。

皮亚杰还区分了社会关系的两个极端类型，"一个是约束的关系，它的特色是从外边给个人一个系统的规则和强制性的内容；另一个是协作的关系，它的特色是在人们心里创造在一切规则背后的理想模式的意识"②。权威和单方面的尊重而造成的约束关系标志着大多数现存的社会特点，特别是儿童与其周围成人的关系。而协作关系是以尊重和平等为特征的。约束主要存在于成人和儿童之间，是"一代人对另一代人所施加的压力"，是理智与道德上的控制，具有强制儿童和单向度依从的特征。但这还不足以形成真正的道德。儿童的道德发展过程就是从他律道德向自律道德的转化过程，促使这种

---

① 皮亚杰著：《儿童的道德判断》，傅统先，陆有铨译，山东教育出版社1984年版，第235页。
② 皮亚杰著：《儿童的道德判断》，傅统先，陆有铨译，山东教育出版社1984年版，第478—479页。

转变的关键是儿童的交往。儿童通过社会交往和社会合作形成真正意义上的道德观念。儿童之间良好的同伴交往关系能够促进儿童社会性的发展。儿童自律发展的特征表明，成人在与儿童交往时应把他们当作有感情的人来对待、来尊重；单纯的约束或压制充其量只能迫使儿童表面上服从，决不能达到促进儿童智力和道德发展的目的，也无助于建立教师的威信，应通情达理，以理服人。根据皮亚杰的认知发展理论，小学低年级学生的道德思维水平处于他律阶段，他们认为对的就是遵守规则。在这一阶段，教师的表扬就能对学生的道德发展起到一定作用。当然，随着年龄的增长，学生道德水平逐渐走向自律阶段，他们开始认识到行为规则是可改变的。在公正阶段的儿童，已能根据自己的价值标准对一些道德问题作出判断，开始把公正的原则作为其道德判断的内在基础，表扬的作用逐渐减弱。

（二）表扬有助于社团的道德[①]

根据美国哈佛大学教授罗尔斯(John Rawls)的观点，表扬仅在道德发展的早期阶段是有效的，当发展到第三阶段即“原则的道德”阶段，表扬不起任何作用。他依据儿童在成长过程中逐渐获得的正义感，将儿童道德发展分为三个阶段：“权威的道德”、“社团的道德”和“原则的道德”。儿童道德心理发展的第一个阶段是“权威的道德”，它的某些方面可能由于一些特殊的原因，会保留到后面一些道德发展阶段。在这一阶段里，儿童没有能力去评估那些有权威的人们(比如他们父母)告诉他们的准则和命令的正当性。一旦他违反了父母的准则，他就会按照他父母的态度来责备自己的越轨举动，就会存在一种负罪感。在权威的道德阶段，遵守准则是他们的责任，而考虑后果则

① 约翰·罗尔斯著：《正义论》，何怀宏等译，中国社会科学出版社1988年版，第465—481页。

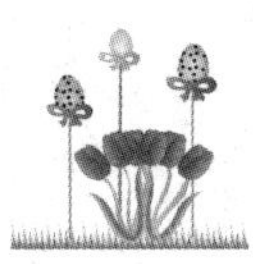

是有权威的人的事。儿童“权威的道德”只是一种暂时的道德，是他的特殊境况和有限的理解力的必然产物。[①]

道德发展的第二个阶段是“社团的道德”。在这一阶段教师对儿童的表扬也能起到一定作用。儿童“权威的道德”是由许多准则构成的，而“社团的道德”则是一些道德标准，它适合于个人在不同社团中的角色。这时期儿童道德的形成，是来源于有权威的人们或团体其他成员的赞许或责难。当父母通过赞许和非难来表达他们的期待时，儿童就了解了作为一个好孩子的德性。同样，儿童在学校或与同伴的游戏中也懂得了作为一个好学生或好同学的德性。随着儿童交往的不断扩大，以及他理解力的不断增长，他了解到作为一个好邻居、好妻子、好丈夫等的德性。

道德发展的第三个阶段是“原则的道德”。在这一阶段，儿童会产生一种根据正当和正义的观点去行动的欲望。这种正义感引导人们赞同正义的制度，使人们拥有在维护正义制度中发挥自己的力量，以及当正义要求时为改革现存制度而工作的愿望。正义感使人们不仅仅追求个人的善，也追求共同体的善。这种以正义感为核心的道德就是“原则的道德”。儿童不再依赖于外界的任何表扬。

（三）表扬满足“好孩子”的期望

在美国心理学家柯尔伯格（L. Kohlberg）看来，个体道德判断从低级阶段向高级阶段发展。学生的道德水平不同，他们对待表扬的态度也不相同。儿童的道德发展过程，实际上就是不断地从他律道德向自律道德的发展过程，或者说是道德他律的逐渐减少过程和道德自律的逐渐增加过程。柯尔伯

① 约翰·罗尔斯著：《正义论》，何怀宏等译，中国社会科学出版社 1988 年版，第 469 页。

格主张道德教育的根本目的就是促进儿童的道德发展，使他们达到最高的原则或自律水平。这一过程具体体现在他将儿童的道德发展分为三个水平六个阶段上。在这六个阶段中，对于前三个阶段的儿童来说，表扬能够起到一定的作用。如他认为前习俗水平的道德判断大约出现在幼儿园及小学低中年级阶段。这一水平的主要特点是，儿童们遵守规范，但尚未形成自己的主见，着眼于人物行为的具体结果与关心自身的利害，他们认为道德的价值不决定于人及准则，而是由外在的要求而定。它包括两个阶段：第一阶段是以惩罚和服从为取向的阶段。儿童的道德观念来自对行为后果好坏的判断，认为免受处罚的行为都是好的，遭到批评指责的事都是坏的。第二阶段是以工具性的相对主义为取向的阶段。所谓对的是遵守会给人即时利益的规则。行动是满足自己的利益和需要，并允许别人也这样做。对的也是公平的，即是一种公平的交易、交换和协定。[①] 在习俗水平的第一个阶段，即道德发展的第三阶段——以人际和谐为取向的阶段，儿童的道德观念来自助人或取悦他人，认为大多数人的意见或习俗的观点是正确的，他们在进行道德评价时，总是考虑到他人及社会对一个"好孩子"的期望和要求。就是以"好孩子"为定向，获得所在团体奖赏。[②] 到了后三个阶段，表扬已起不到激励作用。

加拿大道德教育理论家克里夫·贝克(Clive Beck)也认为，表扬只在儿童中期到儿童晚期(大约8—11岁)有效。他将道德发展分为儿童期和青春期。儿童期是探索和发现的时期，这个年龄的儿童常常重视服从、奖励和惩罚(保持柯尔伯格的阶段一)。他们倾向于从外部看"道德"(那是成人的道

① 柯尔伯格著：《道德发展心理学：道德阶段的本质和确证》，郭本禹等译，华东师范大学出版社2004年版，第165页。

② 柯尔伯格著：《道德教育的哲学》，魏贤超，柯森等译，浙江教育出版社2000年版，第6页。

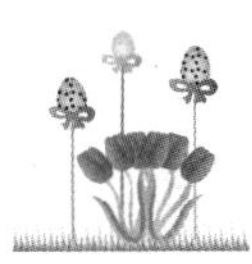

德);对这些道德准则的理由和督促他们的那些人的动机,他们几乎没有了解。

此外,麦独孤将儿童的道德发展划分成行为的四级水平与连续的阶段,而且每一个体都必须依序经过各个阶段。其中第二阶段是“本能冲动行为受奖惩制约阶段,而激励与惩罚由社会环境系统实施”。第三阶段是“行为受社会称许或责难的预期所控制的阶段”。第四阶段,行为由“理想行为”调控,个体以他自己认为正确的方式行动,而不计较周围社会环境的称许或责难。①在儿童道德发展的后两个阶段,表扬不再起到作用。

因此,表扬对于培养小学低年级学生的行为习惯是必要而有效的。当然,表扬应和其他的教育方法结合起来,才可能对学生的道德发展起到作用。因为用认知结构论的话来说,道德发展是依存于激励的,但这种激励必须是社会性激励,即那种源自社会相互作用、道德决策、道德对话以及道德相互作用的激励。“纯粹认知性”的激励是道德发展必不可少的基础,但它不能直接引起道德发展。正如,要达到某一道德阶段,就需有认知的发展,但认知发展并不能直接导致道德发展。另一方面,缺乏形式逻辑推理能力发展所需的认知激励,也许就是儿童道德水平考试不及格的重要原因。②

总之,儿童的道德发展具有阶段性,表扬只在儿童道德发展的低级阶段起到积极作用。而在较高的阶段,对学生的表扬不再对其道德发展有明显的效果。对于学校道德教育来说,应设法促进学生的道德判断能力向较高阶段提升,而不能使其道德发展一直停留在较低水平。

---

① 威廉·麦独孤著:《社会心理学导论》,俞国良等译,浙江教育出版社 1997 年版,第 140—141 页。
② 柯尔伯格著:《道德教育的哲学》,魏贤超,柯森等译,浙江教育出版社 2000 年版,第 126—127 页。

第二节 表扬教会学生明辨是非

我国正进入一个价值多元的时代，西方价值澄清理论提倡教师不应对学生的价值观加以干涉的思想，已对我国教育实践产生了一定的消极影响。在这种背景下，教师作为社会的代言人，有责任和义务对中小学生进行价值引导，以应对当代道德相对主义或道德虚无主义思想的不良影响。每个人都希望自己的行为能获得某种回报，表扬作为对学生道德行为的一种回报，能引导学生做出更多良好的道德行为。

一、学生的成长需要价值引导

在网络时代和后喻文化时代，教师不再是学生知识的唯一传播者，但对学生进行价值引导仍是教师永远不可推卸的责任。价值引导在道德教育中具有重要意义。在涂尔干看来，“就像牧师是上帝的诠释者一样，教师是他的时代和国家伟大的道德观念的诠释者。凡是与这些观念有关的东西，凡是被赋予重要性和权威性的东西，都必然会传递给他，传递给来自他的所有一切。”[①]朱小蔓等人认为，“教育是一种价值引导活动”，意味着“教育是投射着、蕴含着教育者主观意趣的引导活动”。这种主观意趣内含着教育者的价值选择和价值预设，诸如：什么是理想的社会？什么是美好的人生？什么是幸福的生活？什么生命境界值得追求？什么知识最有价值？等等。教育者的意

---

① 爱弥尔·涂尔干著：《道德教育》，陈光金等译，上海人民出版社 2006 年版，第 115 页。

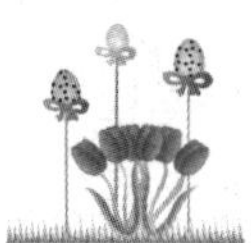

趣虽然是主观的，但又不是完全随意的、任意和纯粹个人的，而是体现着社会的意志。①

道德相对主义的主要代表，价值澄清学派的基础是这样一种假定："在考虑价值问题时，没有单一的正确答案，使学生对他们自己的价值观有明确的认识，这一点对学生来说是非常重要的。"②正如道德相对主义者指出的："受到赞扬和谴责的具体行为和动机，在一种文化中与在另一种文化中又极不相同。"③"教师的任务仅仅是教'我们的价值是各不相同的'。"④他们认为人们关于"什么是善恶"的看法完全由个人的好恶决定。对此，杜威批评道：

> 好恶是如此完全地私有和个人的，或用哲学的词语来说，是如此"主观的"，以致不可能用"客观的"根据予以判断。因为好恶存在不能接近的私密性中，好恶不能为知识所改变。"外在的"或"工具的"价值，可由理性予以估价。因为它们仅是工具，不是真正的目标。⑤

而且，伦理争议可以通过反思性平衡来解决。我们首先要挖掘出构成我们不同是非感的道德准则。当我们看到了我们的道德直觉所依赖的、暗含的前提假设时，也许有人就会改变他的想法。如果别人没有改变，那我们必须通过审视他们的观点的适当性，来反思或检验我们坚持的道德准则。⑥ 形成反思性平衡虽非易事，但并非不可能。因为我们的社会是由具有共同的生理

---

① 朱小蔓等著：《教育职场：教师的道德成长》，教育科学出版社 2004 年版，第 42 页。

② 柯尔伯格著：《道德教育的哲学》，魏贤超等译，浙江教育出版社 2003 年版，第 27 页。

③ 彼彻姆·汤姆著：《哲学的伦理学——道德哲学引论》，中国社会科学出版社 1990 年版，第 52 页。

④ 柯尔伯格著：《道德教育的哲学》，魏贤超等译，浙江教育出版社 2003 年版，第 28 页。

⑤ 杜威著：《人的问题》，傅统先，邱椿译，上海人民出版社 1965 年版，第 5—6 页。

⑥ 斯特赖克，索尔蒂斯著：《教学伦理》，洪成文等译，教育科学出版社 2007 年版，第 119 页。

构造、共同基本需要、共同物质环境和共同欲望的人所组成的。而且,人们正日益团结起来,去解决共同面临的问题。这些共性是我们探讨人类道德直觉来源的基础和前提。

伦理相对主义的积极意义在于,能够使我们采取开放的、灵活的态度,形成相互尊重、相互理解和相互宽容的氛围,有助于不同文化之间的平等交流。对人类道德生活的历史相对性的充分认识有助于促进相互理解,相互理解的加深促进相互宽容。① 但主张理解和宽容,决不意味着抛弃本民族和社会的价值立场和价值主导。柯尔伯格认为,接受所有的价值都是相对的这一命题,必然会导致"反复灌输式的"教学。所以,"伦理相对论无论从科学上或从逻辑上讲都是不正确的,伦理相对论充其量只是混杂着部分的事实"②。道德发展的最高境界是以正义、公平的道德原则为判断尺度,来规范自己的道德行为。最高境界的道德,应是超越了任何形式的相对主义道德,即超越了狭隘的团体道德准则,超越了个人偏执的价值观。

学生对世界的认识还不成熟,他们判断正误、善恶的能力还有待提高,需要教师对他们进行引导。当学生犯了错误之后,缺少教师的正确引导,会导致学生越来越放纵自己的行为。在我国,它也是教师职业道德的要求。对学生进行价值引导是教师道德责任感的体现。而教师的责任感是教师职业道德的核心。③ 在多元价值观取向并存的现实中,学校作为社会化的机构,教师作为这一机构的代表,必须按照社会主流文化的要求,选择与社会相一致的信仰价值和行为规范来要求学生。教师是以社会立场而非私人价值观影响

---

① 聂文军:《西方伦理相对主义的层次和类型》,《伦理学研究》,2008 年第 2 期。

② 柯尔伯格著:《道德教育的哲学》,魏贤超等译,浙江教育出版社 2003 年版,第 29 页。

③ 李先军:《试论教师的道德责任感——基于对汶川大地震中师德表现的思考》,《教育科学研究》,2008 年第 12 期。

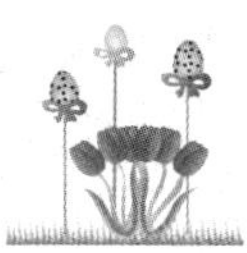

学生的。在教育教学，尤其是课堂教学过程中，教师是社会“主导价值”的代言人，对学生的发展起着引导作用。

英国教育家怀特海指出，教育是一种很难掌握的艺术，“在教育这个领域，和其他任何领域一样，宽广的享乐之路，往往通往一个糟糕的结局”[①]。他说：“学生是有血有肉的人，教育的目的是为了激发和引导他们的自我发展之路。”[②]每个人身上都存在着优点，也存在着缺点。教育的力量就是使人的优点被激发出来，进而使其恶的一面被慢慢地消解。

二、表扬对学生进行价值引导的可能性

（一）美德是可教的

教师对学生的价值引导，还涉及另外一个问题，即道德是否可教。如果道德不可教，那这种引导就没有任何意义。道德是否可教，是伦理学长期探讨的一个问题。[③] 西方学者特雷安塔费勒斯站在政治哲学的立场认为，美德可教是悖论。“所谓悖论，我指不可相信之物，或者与我们的感觉相悖，或者与我们平时的实践相悖，但依然可以是真的。倘若真者本性亦为真，意指某物的真理，并不将其存在或本质特征归因为人类行为，那么，任何基于自然的美德将使美德为真，但却是悖谬之真。美德之所以成为悖谬之真，乃因为它非同一般，不合习俗，与人们惯常的过活方式背道而驰，以致政治哲人正确地推论：人们决不情愿依从这种美德。”[④]“如果美德证明是知识，按照苏格拉底

① 怀特海著：《教育的目的》，庄莲平，王立中译注，文汇出版社 2012 年版，第 6 页。

② 怀特海著：《教育的目的》，庄莲平，王立中译注，文汇出版社 2012 年版，前言。

③ 余玉花：《解析道德教育的时代困境》，《伦理学研究》，2008 年第 4 期。

④ 特雷安塔费勒斯著：《美德可教吗：政治哲学的悖论》，肖新建译，刘小枫主编：《美德可教吗》，华夏出版社 2005 年版，第 3 页。

的著名论述，它应当可以教授；如果不是知识，则不可教授。假如我们断定，美德不是知识，却依然可教，或者美德是知识，但根本不可教，那么，无论哪一种情况，我们便面临一个难解之谜，而非某一自明的事实，并且无论哪种情况，都需要做大量的解释。柏拉图《普罗塔戈拉》的结论告诫我们，这是我们无法逃脱的人类困境，既是道德的亦是政治的。”①虽然特雷安塔费勒斯的观点具有某种程度的道德相对主义倾向，但毕竟他最后认为道德是可教的，只是有些道德能教，有些不能教。他说，“倘若我们既是认知动物，又是政治动物，或者，至少是社会动物，那么我们应当发现，美德是可教的，政治是教授美德的最高技艺或最高科学。政治社会充其量不过是人的设置，通过它，能够支配举足轻重的少数人的自然或理智美德。补充、强化，甚或取代了仅仅支配无足轻重的少数人的自然或理智美德。那些用以引发并促成这种转化的手段，我们所以倾向于称作教授美德。当然，这是因为我们相信，并且有充分证据相信，美德事实上是可教的，而且对某些现代人来说，倘若不是一门技艺，那必定是一门科学。”②

正如华东师范大学教育学系黄向阳先生所说，

> 道德可教的信念之所以成立，首先是因为知识可教，而知识可以赋予人的情感和行为以理性，而理性恰恰是现代道德生活的基本精神；其次是因为在知识和技能的教学中，可以间接地渗透道德影响。道德可以

① 特雷安塔费勒斯著：《美德可教吗：政治哲学的悖论》，肖新建译，刘小枫主编：《美德可教吗》，华夏出版社2005年版，第4页。

② 特雷安塔费勒斯著：《美德可教吗：政治哲学的悖论》，肖新建译，刘小枫主编：《美德可教吗》，华夏出版社2005年版，第12页。

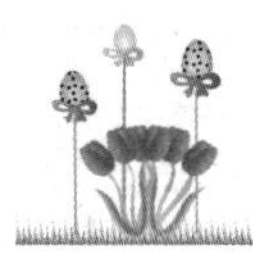

间接地教。"①

(二) 表扬向学生传递一种积极向上的价值观

表扬，必然对个体的道德认识产生一定的影响。它使学生明了什么是应当的、什么是不应当的，什么是好的、什么是坏的。它往往能激起学生对某种行为或品性的向往之情。恰当的表扬可以起到激励作用。对于学生来说，教师的形象、态度以及教师的教诲，都是来自外部有关预期的信息。教师正向的、积极的、肯定的语言，作用于大脑的情感中枢，开启"好"的基因，脑内吗啡分泌增多，引起学生愉快的情感，能增强学生对自己的信心，挑战自己的潜能。这些来自外部奖赏的期望，会诱发学生的良好行为，使他们的人格向优良方面发展。表扬实际上也是一种心理暗示。教师把"你一定行"的信息暗示给学生，学生就会认为自己真的行，从而产生积极的行为。它可以通过教师的言语和非言语行为表现出来，如教师在学生行为之前的鼓励，或者教师对学生良好行为的接纳。相反，缺少反馈和表扬可能会让学生认为，教师不相信他的能力，或者教师不在乎他，从而失去自信心和积极性。对那些优秀学生来说，他们会把教师纠正性的反馈看成积极的鼓励。因为反馈暗示着教师认为学生有能力完成难度更大的任务，它表达了教师对学生潜能的正面期待。同时，纠正和反馈能帮助问题学生自我概念的培养和增强，而且能够表现出教师对学生的关注和爱护。

在日常的学校场景中，教师很容易对符合教师期望和社会期望的课堂行为传递表扬，从而表现出教师对学生的积极期望，相应地使学生的课堂行为

① 黄向阳著：《德育原理》，华东师范大学出版社2000年版，第93页。

和学习态度也向教师期望的方向发展。教师期望每个学生都成为有作为的人，或者说每个人都成为栋梁之材，这可能难以做到。但每个人是否能成为有道德的人，却取决于个人主观的努力。期望意味着不失望、不放弃、不漠视。教师的期望主要体现在：一是教师对儿童的成长要始终满怀期望，并通过肯定、信任的语言，满意、喜悦的神情来传达这种期望，给儿童带来巨大的力量。二是创造性等待。“创造性等待”一词来源于伯格森的生命哲学，他认为自我经验方案更多的是“创造性等待”的思想在起主导作用。所谓创造性等待是指要给个体生命的成长“留有时间”，并在这一时间中，不断地给生命提供有效能量。也就是说，教育不能无条件地追求立竿见影，不能以确定性的态度对待生命的成长。时间是生命的一个特性，时间会带来量变，量变会带来质变，所以教育需要“等待”，而且是“创造性等待”。①

（三）表扬可以对学生进行价值引导

学校道德教育中的表扬，使教师对学生进行价值引导成为可能。教师作为社会的代表，具有合法的权威。教师使用他对学生进行道德评价的权力，通过外部的强化手段，来引导学生形成他所希望的品德。道德是通过社会舆论来实现其对人们行为的调控功能的。道德规范的遵守，一方面需要人们具有内在的道德信念，即道德义务感，另一方面需要通过外在的道德赏罚，作为一种强制性的手段才能得以实现。教师的表扬既体现了对社会道德规范的维护，也体现了对教师自身道德权威的维护。② 社会道德规范的权威，需要包括教师在内的社会各界人士的大力维护，对遵从或者违反这些道德规范的行为进行表扬或批评。否则，会从根本上对社会道德造成冲击。

① 朱小蔓等著：《教育职场：教师的道德成长》，教育科学出版社 2004 年版，第 63 页。
② 曾小五：《道德赏罚的功能》，《吉首大学学报(社会科学版)》，2003 年第 2 期。

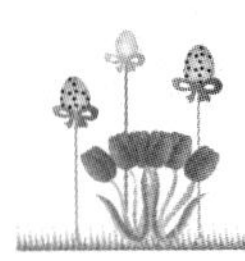

表扬作为一种强化学生良好行为的手段，起到了扬善的作用。教师的表扬必然依赖于一定的标准，这种标准就是既定的道德规范。它是对学生合乎道德规范行为的承认，体现了教师期望学生遵守他所认可的道德行为规范，并内化在他们的思想和行动中。表扬总是支持着一定的道德观念，提倡着一定的社会道德风尚。它总是伴随着教师的赞赏、欣喜、鼓舞的情感。它对学生既有观念方面的影响，也有情感方面的影响。正是这种强有力的情感与相对应的道德观念的结合，成为学校道德风尚有效的舆论支持，贬抑了低级的道德趣味，倡扬了高尚的社会道德风尚。

表扬还体现了教师对学生潜能的信任。在美国哲学家谢弗勒看来，人类的潜能是不断发展变化的，而不是稳定的。教师为学生制订合适的学习计划，提供适当的训练和经验，激发他们学习和实践的意愿，就能帮助他们实现其潜能，乃至极大地增强他们的潜能。他说：

> 人们潜在地能成为什么以及他们事实上成为什么，都是非常偶然的，受制于人们的意图（包括个人的和社会的）、可能的资源以及理智的限度的。[①] 通过对动机的重视，即通过相关信息的提供和在相关价值取向方面的引导，教育就促进了人的能动性的提高。[②]

谢弗勒认为人的潜能的实现是有价值导向的，一些潜能的实现，会限制另外一些潜能的实现。教育者不能逃避在开发学生潜能方面进行价值判断

---

① 伊斯雷尔·谢弗勒著：《人类的潜能——一项教育哲学的研究》，石中英等译，华东师范大学出版社 2006 年版，第 11 页。

② 伊斯雷尔·谢弗勒著：《人类的潜能——一项教育哲学的研究》，石中英等译，华东师范大学出版社 2006 年版，第 65 页。

的责任，即决定选择对哪些潜能加以培养、对哪些潜能加以忽视、对哪些潜能加以抑制与排斥的责任。因此，教育不再被视为一种简单的事实性或机械性的工作，它要求教育者具有良好的道德与实践判断力。每一位教育者、家长乃至所有的社会公民都应该对此有一种沉甸甸的责任感。①

教师的表扬可能培养学生行事的动机。教师在引导学生做出道德行为之后，会使学生由衷地感到喜悦，也可能为自己所做的事情感到自豪，从而认识到自己行为的意义。这时，教师适时对学生加以表扬，能激发他们行事的动机，使他们的行为能够继续保持。动机一方面是行事的动机，另一方面也是行事的结果。对于没有行事动机的孩子，教师应该对他们进行积极的引导，这能使学生通过做事得到的最初满足开始，逐渐真正显示出做出道德行为的动机。从这个意义上讲，应该依靠学生成功的实例去激发学生动机。学生在成长过程中必须获得成功的体验，每个学生都应该获得教师的表扬，以增强他们不断前行的勇气和动力。

总之，教师对学生的表扬必须针对学生行为的动机。教师必须把学生看作是具有自由意志，能承担道德责任的人。教师赞扬或者责备一些学生，一方面是为了改善他们的道德品质；一方面是为了遵守一些规则，而这些规则的设置有利于改善学生未来的道德品质。

三、表扬强化了学生的对错认知

在伦理学中，探讨一种道德行为是否需要报偿，即是探讨道德是否需要回报的问题。表扬是对学生良好行为的一种回报。道德回报是"一种道德行

① 伊斯雷尔·谢弗勒著：《人类的潜能——一项教育哲学的研究》，石中英等译，华东师范大学出版社 2006 年版，中文版前言第 2 页。

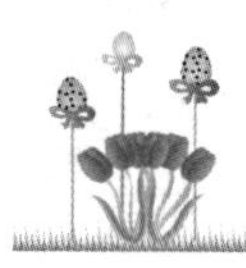

为的实际结果或补偿”。[①] 亚当·斯密在《道德情操论》中明确提出：“对我们来说，下述行为显然要给予报答——它表现为合宜而又公认的感激对象；另一方面，下述行为显然要受到惩罚——它表现为合宜而又公认的愤恨对象。报答，就是为了所得的好处而给予报答、偿还，报之以德。惩罚也是一种报答和偿还，虽然它是以不同的方式进行的；这是以恶报恶。”[②]在斯密看来，道德回报是行为主体因其道德行为而应该得到的报偿或是惩罚。社会公共利益的增进离不开个人利己的追求。我们要从两个不同的角度来考察个人的道德品质：“第一，它对那个人自己的幸福所能产生的影响；第二，它对其他人的幸福所能产生的影响。”[③]在这里，斯密既没有拿自利来反对利他，也没有拿利他来反对自利，而是试图寻求一种统一。也就是说，斯密认为人正常的经济活动不能用道德与否来评价，它属于一种非道德的活动。当然，如果一个人在市场交换中弄虚作假，就与道德挂上了关系，但其买卖行为本身不是与道德有关的活动。

任何道德行为都具有回报性。可以想象，在古代，如果善行的领受者不报恩，那么行善者就得不到他人的回报；如果恶行的受害者不报仇，那行恶者也终将逍遥自在而得不到必要的惩罚。[④] 忽视道德回报可能带来消极影响：可能使道德建设一定程度上出现空泛化、原则化甚至口号化的倾向；使社会的道德建设陷入某种道德驱动乏力、道德约束失灵的恶性循环之中；使道德发展走上一条远离现实缺乏社会共鸣的发展道路。在我国，由于以往道德建设中缺少道德奉献的回报机制，使许多人一度对集体主义道德产生了怀疑和

① 高健生：《道德回报与市场经济下的道德建设》，《社会科学》，1999 年第 9 期。
② 亚当·斯密著：《道德情操论》，蒋自强等译，商务印书馆 1997 年版，第 82 页。
③ 亚当·斯密著：《道德情操论》，蒋自强等译，商务印书馆 1997 年版，第 271 页。
④ 郑光才：《论道德回报及其对道德教育的启示》，江西师范大学 2006 年硕士学位论文，第 10 页。

逆反心理。在社会生活中，如果只承认道德义务，不承认道德权利，或者说道德权利没有取得合理的地位，即道德只要求人们履行义务，却不强调如何回报这种德行奉献，就必然导致道德评价与道德赏罚的不公，导致义务与权利、奉献与报偿、德行与幸福的二律背反。久而久之，在社会道德生活中就会形成一种恶性循环状态，德行成了有德之人的重负，缺德倒成了无德之人的通行证。有些人不履行道德义务，甚至见死不救，而见义勇为的人却会因为住院治伤费用而大伤脑筋。①

德福统一问题以及与此密切相关的赏善罚恶问题，自古以来为人们所关注，成为评价社会制度、社会秩序、社会道德生活等优劣的重要尺度或标准。现代西方伦理学对“道德回报”、“社会正义”、“道德权利”越来越关注，如美国思想家莱茵霍尔德·尼布尔认为，如果一个好人得不到好报，恶人受不到惩罚，却仍然要求人要无条件地讲道德，把道德的本性看作自我牺牲，就会造成个体道德与社会伦理的悖论——“道德的人与不道德的社会”。一个公正合理的社会，应当是善有善报、恶有恶报的社会，应当是一个德福统一的社会，一个具有伦理权威的社会，这样，社会一定是一个善恶因果性有效运行的社会。如果情况恰恰相反，那么，伦理道德的感召力乃至其合理性就会丧失，道德信仰危机在部分人身上出现也就不足为奇了。道德回报的基本特点是不以道德施予者意志为转移（表现为施予者的受动性、领受者的主动性），但可以为施予者所关注。②

社会应在提倡奉献精神的同时，对那些经常做好事的人给予一定的精神奖赏，并应建立一种社会的道德回报的机制，不能出现让英雄流血又流泪的

① 康化椿：《论道德回报》，《社会科学研究》，2004 年第 2 期。

② 康化椿：《论道德回报》，《社会科学研究》，2004 年第 2 期。

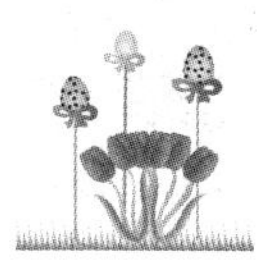

现象。这种道德回报机制，能让人们在履行自己的义务或责任后能尽快地得到社会的承认和嘉许，或者自己付出了财产或生命后能及时地得到来自社会或政府的帮助；而让作恶的人及时得到社会的批评或惩罚。因此，我们应为学生树立一种公平的教育环境，以有利于学生道德品质的提升。这也说明，虽然学生不应索取教师的表扬，但教师对学生良好表现进行赞赏却具有必要性。

第三章　表扬是柄“双刃剑”

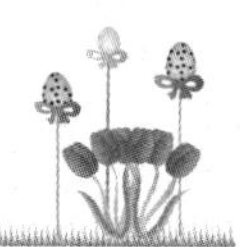

教师的表扬必须符合儿童的心理特点，对他们进行价值引导时，也必须遵守一定的教育伦理原则。这样表扬才能起到教育意义。但表扬不是万能的。作为一种外部动机，它本身就具有一定的局限性。如若使用不当，甚至滥用，表扬就沦为了控制学生的一种手段，使这种局限性更加突现出来，将会对学生的发展产生消极的影响。表扬的错误运用，尤其是以表扬为主的做法，会导致许多不良后果，比如影响儿童内部动机，使学生失去对行动的兴趣，甚至使道德教育走向道德的反面，培养伪君子和缺少对道德敬畏的人。

第一节　表扬可能导致的严重后果

教师恰如其分的表扬能激发学生进步的积极性，相反，不当的表扬会对

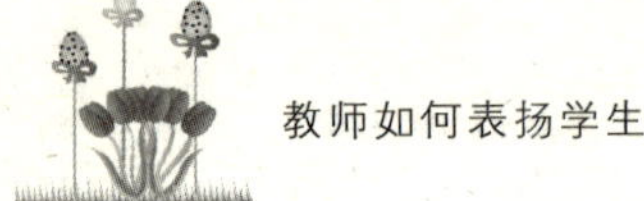

学生产生负面影响。它可能会让学生对表扬产生依赖心理，当其行为难以引起教师的关注，并得不到教师的表扬时，就会丧失行动的主动性；有的学生为了得到表扬，不惜做出虚假的道德行为。而当表扬不能达到学生的期望时，学生会对表扬感到麻木、不满，甚至出现逆反的行为。

一、表扬容易使学生产生依赖

由于恰当的表扬能够对人的发展起到积极作用，表扬受到了人们的青睐。教育理论工作者与教育行政部门提倡教师要对学生多一些表扬，少一些批评，甚至纷纷提出“以表扬为主”的口号。受其影响，一些教育管理者和教师迷信表扬的作用，将表扬制度化。实践中的具体表现在三个方面。第一，表扬标准化。教师事先将表扬的标准予以公布，对达到标准的学生进行表扬。我们常用的“代金券兑换制度”，实际上就是一种表扬标准化的做法。当学生按照教师的要求做时，他就可以获得一个代金券，当这些代金券达到一定的数量时，他可以换取他想要的东西。问题在于，标准往往仅是日常行为规范的分解与细化，奖惩的设立缺乏科学依据，过分细致的标准不但不能成为对学生行为的规范、价值的引导，反而会严重束缚其思想，第二个实践困境也随之产生——表扬的泛化。不科学的标准带来两个结果：一方面，学生可能很容易得到表扬，但若奖励不能满足学生的需要，奖励就不能起到作用。而且当学生觉得他通过努力也不能获得代金券时，也不能激发他行为的动机。另一方面，教师表扬时不注意表扬的时机与场合和表扬所针对的内容，也忽视了学生的年龄、性别和个性的差异。学生表现平平，却评价“很好”；学生做了一件小事，却称赞“棒极了”。第三，教师很少甚至不敢批评学生。老师们忌讳对学生使用任何批评的字眼，更不敢稍有责罚，生怕被人责以“伤害

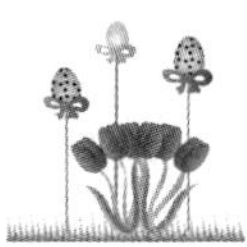

孩子的自尊心，不尊重学生的人格”。即使发现学生的错误，也是睁一只眼，闭一只眼，担心对学生的处理导致学生难以接受，大事化小，小事化了。然而，这些做法显然是有害无益的。

（一）过度表扬不利于学生正确对待挫折

“以表扬为主”的做法虽然可能在学生某些行为习惯的养成方面具有一定的作用。但它容易使学生产生对表扬的依赖。它表现在两点：一是听不得批评，二是缺少表扬就不去做正确的事情。不管是不当的奖励，还是教师的许愿，在某种程度上可以称得上是教师对学生的一种贿赂。学生好话听得过多，就听不进反面意见，经不起打击。但是，没有挫折的教育算不上是完整的教育。如果孩子从小就不懂得尊重事实、不懂得尊重别人的真实感受，就不会有真正的自尊可言。近年来，学生受到小小的批评或者挫折就离家出走甚至自杀的事例屡见报端。如 2008 年 3 月枝江市就发生了 14 岁女孩看课外书遭老师批评后跳池塘自杀的事件。谭瑶从小到大一直非常优秀，她两岁上学，12 岁就以全校第二名的成绩保送枝江一中，在枝江市被称做神童。2008 年 3 月 6 日上午，班主任发现她上课时看课外书籍，批评了几句。“谭瑶这个星期不能‘创星’（一种激励措施，表现好的可以获得一颗星）”；要“找谭瑶的家长交流交流”。一直得到表扬的她缺少面对小小挫折的勇气，14 岁的谭瑶留下遗书，在校内的池塘结束了自己年轻的生命。她的遭遇非常令人惋惜。①

当前学校教育强调以正面引导为主，在学校里教师受到来自媒体、教育当局、家长等方方面面的压力，谈罚色变，出现表扬近于吹捧，批评只是形

① 《14 岁女孩看课外书遭老师批评后跳池塘自杀》，腾讯网，http://news.qq.com/a/20080320/000333.htm.

式,“优点用乘法,缺点用除法,成绩用加法,错误用减法”的虚假教育现象。这种教育容易使孩子变得无力和脆弱。假如这些小皇帝、小公主在家里、在学校违反纪律时受到相应的惩罚和指导,从小进行正确的挫折教育,当他们独自面对困难、挫折时,难道还会视生命如儿戏,轻易出走、自杀或杀人吗?

相反,动物界的育子之道对我们人类有很好的启发。在小长颈鹿降临这个世界几秒钟后,母亲就会狠心地把它踢得翻几个筋斗,折腾一番后,“孩子”第一次站起来。然后,母亲又数次把它踢倒,让它再一次次站起来。这样,它从小就练就了一身自立自强的本领,而不至于在鹿群中掉队被猛兽捕杀。号称“森林之王”的狮子也是如此,刚出生不久的幼狮经常被母狮扔下山坡,让其自己设法爬上来。幼狮就是这样在不断地摔打中茁壮成长的。爱的牺牲品的故事说的也是这个道理。

爱的牺牲品[①]

一个小姑娘看见一只蛾奋力要破茧而出,小姑娘为了帮它的忙,便拿出小刀来,小心地把茧划破,让蛾出来。蛾出来后,一直鼓翅,但始终飞不起来,最后翅膀终于垂下去了,那只蛾死了。小姑娘的父亲告诉她:“蛾在茧中的奋斗可以使它的翅膀增加力气,但你把茧划破后,就剥夺了它锻炼的机会,它也就无法飞起来了。”

同理,表扬不可能培养出学生顽强的意志和坚强的性格。孟子曾言:“天

① 严育洪编著:《“事”说师生关系》,首都师范大学出版社2007年版,第2—3页。

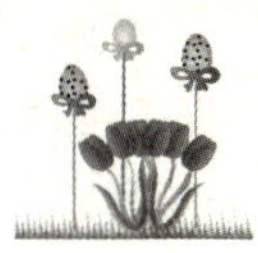

将降大任于斯人也，必先苦其心志，劳其筋骨，饿其体肤，空乏其身，然后行弗乱其所为。”“自古英雄多磨难”，缺少一定的挫折，学生难以得到成长。孩子的一生中肯定会遭遇不少挫折，注定既有高潮也有低潮，既有顶峰也有低谷；不可能永远春风得意，一帆风顺。在失败与挫折的痛苦煎熬中，生命才会燃烧奔腾并最终得到升华。如果孩子在失望和绝望中不断超越自己，他的生命篇章才是最美的。生于忧患，在逆境中成长，将痛苦锻造成生命之美。精神病专家乔治·伯恩斯对一些被认为是乐天派的人进行了研究。伯恩斯认为，只有当人们感到不幸的时候，只有当遇到困难、面对新鲜刺激和以前从未完成的目标的时候，人们才能够取得进步。在人的一生中，有些困难是不可避免的，而且历经艰难险阻有助于获得幸福。在苦难面前，人的大脑会进入一个蓄势待发的停滞阶段，人们需要经过历练才能促使人格形成。有时后退是为了进步，虽然经历痛苦，但直面困难的人最终比逃避困难的人幸福，只有历经艰难险阻的人才相信幸福。

但是，如果不能正确地面对挫折，这些苦难会使人内心痛苦，情绪紊乱，产生行为偏差，甚至自暴自弃，走上不归之路。儿童期的挫折太少，会使他们不知道如何独立地处理生活中出现的问题；如果挫折太多，也会影响其以后的发展，如形成自卑、懦弱的性格，失去克服困难的勇气和力量。既然挫折是每个孩子一生中都必须经过的一道坎，那么我们应该帮助孩子学会如何面对挫折。尤其是当今社会竞争日趋激烈，只有增强学生应对困难的决心和勇气，磨练他们的意志，才能使他们在将来的竞争中立于不败之地。挫折是人生的一笔财富，从失败和挫折中，学生可学到很多东西。但是，“以表扬为主”却忽视了对学生的挫折教育，不利于学生的成长。

(二)学生在缺少激励时就没有做事的兴趣

滥用表扬不能起到应有的激励效果,反而会使学生失去对道德行为的兴趣,却对表扬"上瘾",损害其内在趋力。如果让学生习惯了做好事就得到教师的表扬,在缺少教师的表扬时就会不履行自己的道德义务,甚至做出不道德的行为来。这样,使学生将道德等同于利益交换,误解了道德的本意。

受市场经济等价交换原则的影响,表扬作为对道德行为的一种回报,在一些人看来体现了市场经济下道德教育的与时俱进。当表扬以物质奖励的形式出现时,这种"利益交换"会进一步变质,难免出现"付多少钱,做多少好事"的尴尬局面,进一步恶化学生对"利益与道德"的错误认知。

美国一项很著名的阅读计划就说明了这个问题。

有人提出了一项计划,通过奖励学生匹萨饼来刺激学生读书。由于匹萨饼对于学生来说,很具诱惑力,学生只是将读书作为获取匹萨饼的工具。但是该计划并没有规定学生读书的质量。其结果是学生都选择一些他们认为能最简单完成的书来读,而且读的时候都是囫囵吞枣,一目十行,不求甚解。其效果可想而知。该机会不但没有培养出孩子们的读书兴趣和习惯,反而会产生一群不爱读书的孩子。[①]

凯利(Kelly)提出的打折扣原则也能说明这个道理。他说:"在存在其他似乎有理的原因时,产生某一结果的原因的作用会被打折扣。"[②]这一原则预

---

① J·布罗菲著:《激发学习动机》,陆怡如译,华东师范大学出版社2005年版,第89—90页。
② 约翰·P·霍斯顿著:《动机心理学》,孟继群等译,辽宁人民出版社1990年版,第241页。

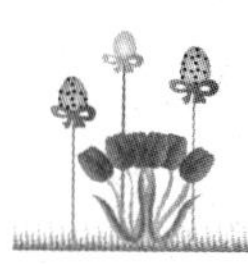

测了过分合理化效应，又称德西效应，即外部的奖赏“糟蹋”了内部动机激发的行为的乐趣。如果某人没有得到外部奖赏，他会说：“因为有趣或有意义我才这样做。”如果他得到了教师的表扬或奖赏，那么在一定程度上他会说：“我这样做是因为有报偿而不仅仅是由于有意义。”因为他相信他从事这项活动是为了得到外部的表扬，而不是仅仅去做而不图有所得。这一现象也可以由“过度理由效应”得到解释。“过度理由效应”是从社会心理学家费斯汀格的认知协调理论衍生出来的概念，是指附加的外在理由取代人们行为原本的内在理由，而成为行为的支持力量，从而使行为由内部控制转向外部控制的现象。根据认知失调理论，如果人们的某种行为本来有充分的内在理由，那么他们对于行为及其理由的认知是协调的。但如果此时以具有更大吸引力的刺激（如金钱奖励），给人们的行为增加了额外的“过度”理由，那么人们对于自己行为的解释，会转向这些更有吸引力的外部理由，同时减少或放弃使用原有的内在理由。如果外在理由不复存在（如不提供奖励），那么人们的行为就失去了理由，从而中止这种行为。“过度理由效应”告诉我们，人们有维持认识平衡的自然心理需要，一种行为的外在理由越多，相应的内在理由就会越少。对人们的道德行为强加的外在约束力量，会使人倾向于用外在的理由来解释自己的行为，促使人们形成他律性的人格。由于受外在约束才强迫自己的行为符合道德的人，一旦失去外在约束，他的行为也自然地超出道德的轨道。

有研究表明，虽然口头表扬和积极的反馈能促进学生的内部兴趣，但“如果对没有达到任何标准的行为进行奖励的话，这种奖励将会对学生内部学习动力带来负面影响”①。这在以下几则例子中得到了很好的体现。

---

① Edmund T. Emmer，Carolyn M. Evertson，Murray E. Worsham 著：《中学课堂管理》，王毅译，中国轻工业出版社 2004 年版，第 123 页。

奖励的艺术——扇贝效应①

美国心理学家斯金纳在他的白鼠实验中发现，如果每隔20秒就对白鼠强化一次，在强化后，白鼠的反应就会停顿，然后反应速度增加，在下次强化到来之前反应率达到高峰，说明它学会了根据强化的时间进行反应。白鼠的行为效率趋势就如扇贝一样，因此，我们称之为扇贝效应。扇贝效应告诉我们，固定时间的奖励不能维持新的行为。

兔子与胡萝卜②

为了改变兔子们劳动不积极的现象，兔王提出了奖励胡萝卜的政策。一开始大家都表现得很积极，兔王一高兴就奖奖这个，夸夸那个，发出去很多胡萝卜。由于兔王的随意奖励，导致后来没有高额的奖励，谁也不愿意去劳动。当没有胡萝卜奖励时，兔子就会丧失热情，继而罢工。得到胡萝卜后，个体就"没有心思去干活"了，直到新的胡萝卜的奖励措施出台……

小白鼠跑迷津实验③

吃优质麦芽糖的小白鼠因为得到了更多的奖励，会比吃劣质葵花籽的兄弟跑得快。时间一长，奖励的效果递减，他们都比刚开始跑得慢一些。可是情况一调换，突然吃上麦芽糖的兄弟毫无悬念地跑得更快了；可是由奢入俭的小白鼠出现明显的适应不良，速度更慢了。

---

① 刘儒德等著：《教育中的心理效应》，华东师范大学出版社2006年版，第158—159页。
② 刘儒德等著：《教育中的心理效应》，华东师范大学出版社2006年版，第157—158页。
③ 刘儒德等著：《教育中的心理效应》，华东师范大学出版社2006年版，第251页。

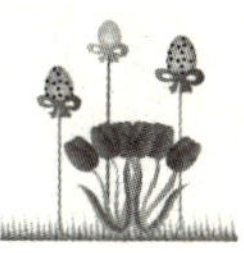

教育的目的应该是为了促进学生的发展，但教师滥用表扬却有可能导致学生将表扬作为目的，而将自身发展和道德修养抛至脑后。除前文提到的控制性的表扬以及竞争性的表扬，会导致学生将表扬作为目的外，教师过度的表扬、事先确定的表扬、程式化的表扬也会导致学生将获得老师的表扬作为最终目的。这些将表扬作为目的的做法，不但不能起到激发学生积极性的效果，反而会影响到学生行事的内部动机。即使教师对学生的表扬是为了让学生变得更好，但如果学生体会不到教师的一片苦心，这种表扬就会使学生感到一种压力，它就变成了一种控制。如果让学生受到了伤害，那就变成了强制管束。但管理不等于教育，按照学校的校纪校规对学生做出处理，这是管理的过程，但人必须得到教育。让学生认识到自己的正确和错误，才是教育的过程。教师不能只为了管理的方便，忽视了教育的目的。

二、表扬使学生习惯于作秀

在社会上，关于一些“企业家”道德作秀的事件屡见报端。“企业家”们的道德作秀意图很明显，就是为他们的企业做宣传。其实，作秀在学校中并不少见。我们经常批评教师的公开课往往会成为作秀课，在这种课堂中，教师对回答问题的学生给予夸张的表扬。学校组织学生学雷锋做好事也常常流于形式。这些虚假的教育会伤害学生的身心健康。

学生虚假的道德行为就是教师不合理表扬的产物。在以表扬为主的教育实践中，表扬是如此之多，对于没有得到表扬的人就是一种惩罚。比如在教室里，老师表扬了绝大多数同学，这也同时变相批评了没有得到表扬的极少数同学。在担心得不到表扬的压力下，一些学生会为了得到表扬而故意作秀。长期如此，就会养成道德作秀的习惯。“所有不是出自本能，而只是刻意地为了使自己在别人眼中甚或自己眼中显得善而做出的善举(包括善行、善言和善意)，都属于伪善。”[①]

虚假的道德行为之所以产生，是因为个体想在别人面前表现得道德，但只要有机会就躲避真正按照道德原则行事时所付出的代价。一方面，道德伪善给个体带来利益，另一方面，个体通过表面表现的道德，内心也认为自己真的道德，就可以因此逃避社会及自我的惩罚。这时，道德于个体而言，更像是一种策略，而非原则。人们有对自己的道德伪善行为做出合理化解释的倾向；而且，人们还存在一种倾向，即在行为发生之后以道德原则进行评价判断，但较少以道德原则来发起道德行为。除此之外，人们还会选择性地获取利于自己的信息，摒弃不利于自己道德评价的信息，进行“自我欺骗”，避免知觉到自己的“伪善”行为与道德原则间的不协调的矛盾，他们在主观上认为自己是正义的、道德的。因此，将表扬作为目的或避免惩罚，是学生产生伪善行为的根本原因。

在库兰看来，人类行为普遍存在着虚伪和不真诚。由于在表达不同的观点时，人们得到的待遇不同，个人通常将自己的表达裁剪得能够符合社会的主流。[②] 偏好伪装是伪善的一种特殊形式。在任何社会制度下，偏好伪装是一种普遍行为。它意指“虚伪地活着”，它产生低效率，滋生无知和混乱，隐藏社会可能发生的事情。偏好伪装也不是一无是处，它通过限制恶意、妒忌和偏见，使社会的交流和谐，并且对不同的观点保持沉默，可以增强社会协作。[③]

---

① 倪梁康：《论伪善：一个语言哲学的和现象学的分析》，《哲学研究》，2006 年第 7 期。

② 第默尔·库兰著：《偏好伪装的社会后果》，丁振寰等译，长春出版社 2005 年版，英文版前言。

③ 第默尔·库兰著：《偏好伪装的社会后果》，丁振寰等译，长春出版社 2005 年版，第 24 页。

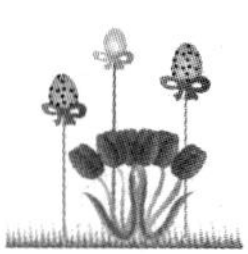

为了得到外界的表扬，人们可能将自己的真实想法隐藏起来，把真相隐藏起来。我们害怕失去别人的赞同，可能选择说假话。为什么别人的态度会放在第一位呢？作为“一个社会动物”，个体从他的集体中获得情感安慰。没有他们的赞成，他感到被遗弃，如同掉入深渊。① 心理学家索罗门·阿希(Soloman Asch)的研究表明，人们并不总是接受其他人认为正确的东西，但是当要求公开做出反应时，他们经常表现出与大多数人相一致。② 从众与服从相同的地方在于它们都是屈从于群体或外界的压力。

伪善的行为历来遭到人们批评。黑格尔认为，“所谓伪善包括两方面的规定性：一方面，它的内容或本质是恶或恶的行为；另一方面，它的表现形式是虚伪的。对他人的伪善而言，人可以用好像是善的这样一种形式伪装起来，使他人以为他真的是善；对自己的伪善而言，人可以通过各种理由和借口为自己的恶作辩护，从而使自己的恶在自己看来好像是一种善。人之所以能够做到伪善，就在于人的主观性。主观性是属于人的规定性，人可以随便规定自己从而达到自我目的。”③他进一步指出，“伪善的实质是恶，这些伪善的人其实都理解什么是善。因为当他作恶之后，会用一种虚伪的甚至是善的形式来掩盖自己的错误，以使别人或自己认为它是善的。然而，伪善毕竟是恶，他必须对自己的行为负责。如果把个人主观性与信念都看作是能造成善行的主观性与信念，那么一切伪善和恶都不存在了。当我们评价一个人是否是善的，或他的行为是否是善行时，只要看他的动机和信念就可以了。”④

① 第默尔·库兰著：《偏好伪装的社会后果》，丁振寰等译，长春出版社2005年版，第5页。
② 约翰·P·霍斯顿著：《动机心理学》，孟继群等译，辽宁人民出版社1990年版，第264页。
③ 黑格尔著：《法哲学原理》，杨东柱等编译，北京出版社2007年版，第70页。
④ 黑格尔著：《法哲学原理》，杨东柱等编译，北京出版社2007年版，第72页。

当然，伪善也具有某种价值。在布尔迪厄看来，伪善至少承认普遍的道德原则。“当人们说‘伪善是罪恶向德行表示敬意’这句谚语时，可能更注意到负面的、普遍受到谴责的伪善，或者，以更现实的方式，注意到正面的，普遍公认的对德行的敬意。怎么会不知道怀疑批评本身就构成了一种参与普遍性利润的方式？不管怎样，怎么看不到在它表面的虚无主义中，怀疑批评实际上包含着对符合逻辑的或伦理的普遍原则的承认？怎么看不到为了陈述和表明利己主义的、谋求私利的或局部、主观的逻辑，它至少应该默示地援引普遍化策略呢？”①

因此，对于学生的部分“伪善”行为要进行具体引导。它是教育学生的良好契机，不能使伪善成为习惯。如有些学生很爱在教师面前表现自己，有些学生本身道德行为习惯存在一定的问题，但在教师面前表现得比较积极。客观地说，伪善也是一种善举，虽然它有功利的目的，但只要这些伪善行为没有危害，教师应该首先对这种行为表示理解，要抓住机会进行正确引导，使之转化为学生的持久行为。不管它是出于外界的压力，还是带有自己功利性的目的。懂得“伪善”的学生已经具有一定的是非观念，他们非常渴望别人的注意和尊重，他们追求着精神上的享受，他们的言行是有利于他人、有利于社会的。当这种“伪善”在教师的引导下，经过日积月累逐渐成为一个人的生活习惯和内心需求时，它就会演变成一个人真实的道德行为。面对处于成长和发展中的学生，教师对待他们出现的“伪善”举动，切不要漠然视之，更不能嘲笑讽刺，而应当珍惜和爱护，要善于从“伪善”中筛选出真善，将“伪善”逐步引导为真善。但一些伪善终归是恶，不能被伪善混淆了善恶的界限，要把它与为

① 布尔迪厄著：《实践理性——关于行为理论》，秦岩译，生活·读书·新知三联书店2007年版，第218页。

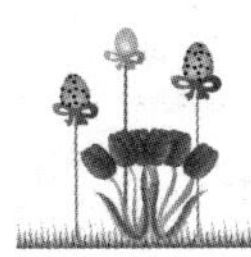

求善名而去行善的善行区别开来。事实上，“求善名”乃是主体实现个体社会化的内在动力之一，“善名”则是社会舆论对行善者的激励性回报。一个人若能充其“求善名”之心，则会在恪守社会道德规范的自律过程中，逐渐将这些准则内化。倘若在道德实践中把为求善名而行善一概归之于“伪善”，那便不仅是一种归属错误，而且简直是断人向善之路了。

苏霍姆林斯基也对过多的表扬表现出忧虑，有的学校对儿童的一些理应作为日常行为准则的行动过分夸奖（例如，捡到了一个卢布，把它放在教师休息室的桌子上——墙报上就表扬他的行为）。这是以人情为儿戏。这种儿戏会使人养成道德上的不求整洁：他洗手是因为人们看得见他的手，可他的脚仍然是脏的，因为反正穿着鞋，人们看不见……在人们面前，他竭力表现得循规蹈矩，可单独一个人的时候却不守规矩。单独一个人的时候诚实，是对人们、对社会尽责的表现，这是在童年期和少年期必须培养的重要的道德特征。①

斯宾塞说，“我从不希望孩子成为道德楷模”②。在他看来，成为道德楷模很可能培养孩子虚假的人格。他说：

> 任何作为楷模的东西，无一例外地会得到很多荣誉、关注，甚至不切实际的赞扬。这样会使孩子生活在虚幻的现实中，并认为这样就可以得到一切（而现实则完全不是这样）。他会刻意地压抑自己的愿望，刻意地表现自己的行为，会自然地希望每个行为都得到回报、赞赏，如果没有得到赞赏，则会加倍失望。有些愿望因为从未得到过满足，一旦有

---

① 苏霍姆林斯基著：《公民的诞生》，赵玮等译，教育科学出版社 1984 年版，第 424 页。

② 赫伯特·斯宾塞著：《斯宾塞的快乐教育》，颜真译，海峡文艺出版社 2002 年版，第 168 页。

机会就会沉湎于此，有的则会偷偷地去满足。一个好端端的孩子就被毁掉了。①

他得出结论说，

良好的道德行为，应该是生于内心的愿望，不是为了符合某种标准，得到某种赞许而产生。在孩子中树立道德楷模，这种行为的动机不外乎是激励善行，但结果大多不好。②

陆有铨先生也指出了学校中表扬运用不当可能导致的弊端。他说：

为了得到老师的表扬，或为了表现自己不落后，小学生在捡不到钱的情况下，拿出自己的钱作为捡到的失物交给老师或警察；做了一件好事，唯恐别人不知道，采取种种“巧妙”的手段扩大其影响，恐怕并不是“孤证”。做权力的奴隶、做金钱的奴隶是不好的，同样，做外在赋予的荣誉的奴隶也没有什么可以称道的。③

总之，学生道德作秀的行为是为了得到老师的表扬。教师以表扬为主的做法，更会强化这种后果。它可能使学生误以为个人成功不是由于个人的努力，而是由于得到宠爱、行贿和欺骗。这种道德教育的方法本身违反了伦理

① 赫伯特·斯宾塞著：《斯宾塞的快乐教育》，颜真译，海峡文艺出版社2002年版，第168页。
② 赫伯特·斯宾塞著：《斯宾塞的快乐教育》，颜真译，海峡文艺出版社2002年版，第168页。
③ 陆有铨：《用“道德”的方法养成道德》，《当代青年研究》，2008年第8期。

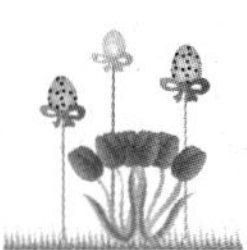

标准，看表面是在教“好孩子”，实则抓紧一切机会教坏孩子。

三、表扬容易使学生麻木，甚至逆反

（一）滥用表扬使学生麻木

教师例行公事般固定的、程式化的表扬方式，忽视了学生的年龄特征和个性特征以及奖励方式的多样化，这导致了表扬的失效。不同的人个性特征各不相同，对待表扬的态度也不同。即使不同的人都有类似的期望，由于他们所期望的那些后果的各种主观价值不同，他们可能选择不同的行为方式。例如，假定所有人都期望获得同伴的奖赏并用言语表达对各种奖赏的具体价值判断，但是，因为各人所感觉到的获得同伴奖赏所具有的价值是不同的，因此这些言语的出现率是不同的。类似地，或许对某人来说同伴对某种特定情形中的某种特定行为的奖赏比来自父母的奖赏重要，但对第二个人来说，也许恰恰相反，即父母的奖赏要比同伴的奖赏重要，同时也许它对第三个人来说毫无意义。针对个人来说，奖励应具有多样性。长时间地使用同一种强化物会使孩子失去新鲜感，感到厌烦，这也就失去了强化的作用。也许孩子会向你抱怨道：“哎呀，妈妈！总是奖我麦当劳，我都吃得烦死了！”如果下次还是奖励孩子麦当劳，孩子真有可能会避免吃麦当劳而故意做出令你失望的行为。“每次学生按要求做事时都将要求奖励，他们想要更有价值的奖励……而这种奖励的运用实际上正在破坏学生的内在动力。”①

以表扬为主的做法，在生活中常见的就是“愉快教育”，但它会导致学生

① Jonathan C. Erwin 著：《选择性课堂——满足学生的需要》，薛莉译，中国轻工业出版社 2006 年版，第 4 页。

对表扬的麻木。在新课程背景下，全国各地开展的愉快教育风风火火。愉快教育提倡表扬学生。但愉快教育真能让学生顺利成长吗？荷兰阿姆斯特丹大学心理学教授提出的“幸福不对称理论”给出了这一问题的答案。人们渴望幸福，往往又缺乏幸福感，这是为什么呢？他认为，即便引起幸福感的环境一直存在，这种感觉也容易消散，然而消极的情绪一直会伴随着环境存在。也就是说，人类很容易习惯快乐，却永远不会习惯悲哀。情感是不对称的。从前曾让人沉醉并带来快乐的事情，如果不断重复就会变得乏味，但消极的情绪不会如此。积极情绪较之消极情绪弱，且持续时间短。快乐、幸福和迷醉的感受会变得乏味、苍白。加利福尼亚弗赛德大学的索尼娅·柳博米尔斯基教授，在其发表的一篇文章中分析了她所谓的“持久的幸福”理论。她发现，人类的情绪通常都会不断调整，很快又会回复到平常的快乐程度。这种“享乐适应”的最经典例子，来自 20 世纪 70 年代对彩票中奖者的研究——他们在赢得奖金一年之后，并没有比未中奖的人更快乐。即使是快乐教育，时间久了，学生也会感觉不到幸福和快乐。教师的表扬也是如此。相反，为了学生的顺利成长，还应该有挫折教育、失败教育。

教师不管学生做了什么事情，张口就进行表扬，给学生造成一种表扬很廉价的感觉，时间久了就降低了表扬的作用。经常的表扬使表扬失去了它的激励作用。表扬的方式单一，也会失去其激励效果。有了以前的表扬作铺垫，给学生的奖励只能升值，而不能贬值，才会达到预期的效果。对于学生来说，变幻刺激，寻找新的闪光点才是保鲜的重要手段，死守以前管用的招数，只能适得其反。即使是这样，对于学生来说，教师的招数一次要比一次新鲜刺激，但它总会用尽。这也可以称为表扬中的边际效应。因此，仅仅依赖表扬不可能提高学生行为的动机。

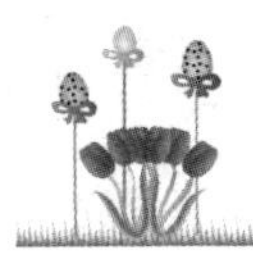

为什么锦上添花不如雪中送炭[①]

有人做过一个实验，一个没有鞋穿的人意外得到一双鞋，让他给这双鞋来评分，不管它是否赶得上潮流，是否合适，他立刻给这双雪中送炭的鞋子高分。接下来惊喜不断，他有机会不断地得到鞋子，但是他继续给后来的鞋子评分时，分数却越给越低。

这个效应提示我们：我们对物品价值的认识不是来源于物品本身，而是通过使自己的需求、欲望等得到满足的程度来主观判断的。消费或享用同样的东西给我们带来的满足感和效用，随着边界的变化不断变化，越到最后，效用就越小。

然而，人生的意义不单是快乐和幸福，而是在追求生命的意义过程中，我们更能体会到存在的价值。“我们可以通过创造好奇、古怪、阴谋、悬疑、预期、敬畏、迷惑、惊讶和挑战来利用大脑对新奇事物的偏爱，也可以通过营造预期、希望、安全感、乐趣、接受、成功和满足感来增加快感。”[②]道德行为是否为善的观念无法通过快乐来证明，而且，人们除了快乐还追求其他一些东西，如名誉、权力、金钱等。快乐主义伦理学无法说明这些问题。在梯利看来，伊壁鸠鲁的哲学是“在本质上是有见识的利己的学说。它鼓舞个人追求自己的幸福为一切努力奋斗的目标，这种人生观容易导致置他人于不顾的自私自利的局面”[③]。如果快乐是人的至善，那么，凡是使他快乐的，就是好的。如果他愿意享有感觉上的快乐，而不获取高尚的快乐；如果没有理智的

---

① 刘儒德等著：《教育中的心理效应》，华东师范大学出版社2006年版，第247页。

② 马文·马歇尔著：《告诉孩子你最好》，张喻译，中国海关出版社2004年版，第172页。

③ 梯利著，伍德增补：《西方哲学史》，葛力译，商务印书馆1995年版，第110页。

生活，没有哲学，他能够使精神解除迷信的恐惧，达到精神恬静的状态，谁来反驳他？

因此，我们在日常教学中，不应该仅仅为了让学生获得快乐而给予学生表扬。这不利于学生去追求一种高尚的生活，从而获得精神的解放。

（二）不当表扬使学生产生逆反心理

不当的表扬还可能造成师生之间的隔膜，增加师生之间的距离。师生之间保持适当的距离是必要的，但如果他们之间的距离太远，就会影响到教育的效果。戈登认为，“师生关系在小学高年级和中学里显得非常疏远和紧张，因为在孩子们还小时，教师过多地依赖了自己的权力（奖赏和处罚）。于是，当孩子们长大一些后，也会用日益增长的愤怒、敌意、叛逆、抵触和报复等方式来回应教师的这种依赖权力的方法。学生并不是非要反抗学校里所有的成人，而只是反抗那些利用教师权力的成人。如果不再使用教师的权力，那么学校里很多的反抗现象也会随之消失。”①尽管表扬可满足学生的自尊，能在一定程度上激发其学习动机，但并非所有的表扬都有好的效果。在“以表扬为主”的做法中，教师的表扬可能会对那些拒绝服从教师，逆反心理较强的学生失去作用，甚至会导致他们的对抗。

在一些逆反心理很强的学生看来，接受表扬就意味着接受控制。因此，教师尤其不能表扬学生的服从，这在学生看来可能会因此受到同龄人的孤立。调皮的学生听惯了批评，批评早就变得不痛不痒。教师偶尔表扬他们的某些闪光点，有时也可能成为改造他的良好契机。但当表扬开始重复，效果就开始下降。因为一些很小的成绩就表扬他们，教师觉得自己是没词找词。

---

① Vernon F. Jones, Louise S. Jones 著：《全面课堂管理——创建一个共同的班集体》，方彤等译，中国轻工业出版社 2002 年版，第 274 页。

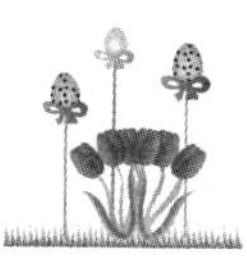

太容易得到的表扬，会使学生误以为教师认为他能力低下。学生心里打起了小鼓，“老师是不是哄我？是不是话里有话？”教师虚假的表扬，在学生看来是教师想讨好他们。如此一来，当学生出现一听到表扬就大为恼火的现象，也就不足为怪了。

四、表扬使学生习惯于服从

（一）表扬带来学生策略性的服从

所谓策略性服从是指“在外部压力或利诱的情况下，个体的行为与群体的多数成员一致，而态度却未真正改变的从众现象。外部压力包括社会规范或群体规范、正式或非正式群体中多数成员的一致势力，也可能是预见到的惩罚、威胁等。利诱因素包括从众可给个体带来利益或保全个体现实利益等。这些情况一旦不复存在，策略性服从就消失。”[①]心理学家阿什通过著名的线条长度依从实验，研究了人们在群体压力面前准备改变自己观点的方式。它表明，人们易于表现出从众行为，在很大程度上是为了心理安全。似乎我们不喜欢和每个人作对，甚至在我们确信我们自己是正确的情况下也是如此。心理学家斯坦利·米尔格兰姆(Stanley Milgram)的研究证明，强调个人责任会减少服从；同时距离权威人物的距离越近，也会导致服从越多；给予选择，会导致服从减少。[②]

米尔格兰姆的服从实验

米尔格兰姆的服从实验(Milgram's obedience experiment)是社会心

① 顾明远主编：《教育大辞典》(增订合编本上)，上海教育出版社1998年版，第139页。

② 约翰·P·霍斯顿著：《动机心理学》，孟继群等译，辽宁人民出版社1990年版，第271—276页。

理学领域最具影响力的实验之一。他着力研究人们对权威的服从性，如何令人放弃个人的道德标准，而作出意想不到的事情。他的实验由一个指导者(权威)、一个扮演学生的实验同谋和一个扮演老师的被试所组成，指导者先解释这是一项有关学习与记忆的研究，目的想了解体罚对学习的效果。要求两人一组，用抽签的方式决定其中一人当学生，另一人当教师。教师的任务是朗读关联词，学生的任务是记住这些词，然后教师呈现这些词，让学生在给定的四个词中选择两个正确的答案，如果选错了，教师就通过按电钮给学生以电击作为惩罚。在实验中，学生每答错一题，老师即加重电击量。随着电击强度的增加，学生也由呻吟、叫喊、怒骂逐渐到哀求、讨饶、踢打，最后昏厥。若被试表现犹豫，指导者则严厉地督促他们继续实验，并说一切后果由指导者承担。最后实验的结果令人吃惊，在整个实验过程中，随着电压增加到 300 V 甚至以上时，参与实验的 40 人中共有 14 人(占被试的 35%)做出了种种反抗：拒绝执行指导者的命令。另外 26 个被试(占被试的 65%)则服从命令，坚持到实验的最后，尽管他们表现出了不同程度的紧张和焦虑。后来米尔格兰姆将实验在许多不同团体的人和不同的情境重复几十次，所得的结果都是一样的：大部分的人会去顺从来自外部的权威，当被权威人士命令做某事时，即使这样做会违背其良心，或这服从是错误的，大多数人还是会服从。

米尔格兰姆的研究证明，我们具有一种迎合权威人士的要求而暂时中止自己判断的倾向。

在学校中，教师都希望学生遵从自己，因为缺少服从学校将无法存在。俄国教育家乌申斯基认为，服从在儿童身上是必须要有的。教师对儿童来说

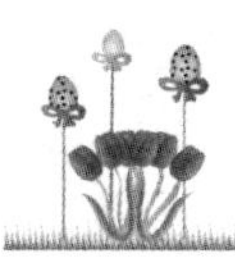

代表了理性，它在学生身上还没有成熟到足以能遵循它的程度；教师对于儿童来说，又代表了良心，而良心在儿童身上还未得到足够的表现和巩固；最后，教师对学生来说，还代表意志，这种意志能在儿童本身的意志力还不足以与瞬息间的兴奋情绪、与履行职责时所遇到的困难或者与一些不良的倾向进行斗争的情况下，增强儿童本身的意志力。但是，教师不应该忘记，他并非在为自己或别人培养奴才，他培养的是自由的、有独立性的人。① 那么，学校教育就是要教会学生什么时候应该服从和什么时候不必服从。缺少这样的指导他们将难以作出社会判断，并难以在社会需求与内部信念之间作出决定。②门德勒认为：“服从纪律常会带来负面效应。在当今世界，服从纪律的模式已不再奏效。‘服从纪律’所培养出来的孩子只会遵从或者说是害怕权威，而且他们当中的大部分人以后只有感受到教师对他们的尊敬时才会遵从……当今世上若谁想成为当之无愧的权威，就必须得有让人心悦诚服的本领，他的关爱激起别人的希望，他的人生成为别人的楷模。”③今天的许多学生已经清楚他们的权利，但为了得到外界的表扬，他们却并不敢或不愿坚持自己的权利。

儿童的道德判断是根据他生活中重要人物的友好和不友好反应的结果形成的。孩子完全依赖于成年人的照顾和爱护，因此，母亲脸上出现的赞赏或不赞许的表情足以“教育”孩子区别好坏。在学校里、在社会上，同样的因素也在起作用。“好”就是一个人所做的事受到赞誉；“坏”则是一个人所做的事不被赞许或甚至受到惩罚。如果一个学生听话、不惹麻烦，并为老师增光，

---

① 乌申斯基著：《乌申斯基教育文选》，郑文樾选编，张佩珍等译，人民教育出版社 2007 年版，第 200 页。

② 戴维·冯塔纳著：《教师心理学》，王新超译，北京大学出版社 2000 年版，第 348 页。

③ Vernon F. Jones, Louise S. Jones 著：《全面课堂管理——创建一个共同的班集体》，方彤等译，中国轻工业出版社 2002 年版，第 274 页。

老师就称他为好学生。同样，一个孩子温顺听话，他就可以被称为好孩子。“好”孩子可能感到恐惧和不安全，只是想顺从父母的意志而使他们高兴。因此，权威伦理学规定，服从是最大的善；不服从是最大的恶。[①] “有道德”就意味着否定自我和服从，意味着压抑个性而不是最大限度地实现个性。但是，那些由于害怕拒绝而产生的行为，由于缺乏真正的责任感和对别人的考虑，也很难被认为是好的行为。[②] 对伦理判断来说，害怕不赞赏或需要赞誉似乎确实是最有力且几乎是唯一的动机。这种强烈的情绪压制着孩子，以致孩子甚至成年人不敢发问：在一个判断中，“好”是对他而言还是对权力者而言。[③]

在教育中，服从本身不是目的，培养学生良好的行为才是目的。因而教师在使用表扬的过程中应尽量减少控制。因为表扬可能使孩子们的行为改变一阵子，但不可能让他全身心地投入，彻底地改变行为。

（二）表扬让学生主动放弃了自主判断

一旦养成了服从的习惯，当缺少了成人对他们的评价时，学生便不知道如何是好。他们会问自己，我怎样做才能得到老师的喜欢呢？我自己怎样做才是正确的呢？这就是美国人本主义哲学家和精神分析心理学家弗洛姆所说的“对自由的逃避”。在弗洛姆看来，“解脱任何束缚与不能积极实现自由及个人化，这两者之间不均衡的结果，导致一场恐慌的对自由的逃避，有的逃入新的束缚中，有的则至少变得完全漠不关心”[④]。他认为，自由对现代人的双重意义是客观存在的，而现代人为之应付的方法，消极的是服从，即逃避自

① 弗洛姆著：《弗洛姆文集——我相信人有实现自己的权利》，冯川主编，改革出版社 1997 年版，第 139 页。
② 戴维·冯塔纳著：《教师心理学》，王新超译，北京大学出版社 2000 年版，第 295 页。
③ 弗洛姆著：《弗洛姆文集》，冯川主编，改革出版社 1997 年版，第 138 页。
④ 弗洛姆著：《弗洛姆文集》，冯川主编，改革出版社 1997 年版，第 14 页。

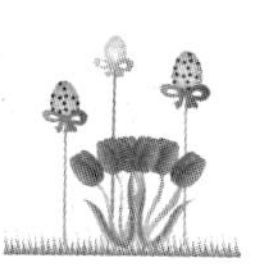

由，积极的是自发，即自我实现。[①] 弗洛姆将惧怕得不到他人的赞赏视为一种无意识有罪感的重要表现。因为现代人期望自己为每一个人所接受，因而他害怕在思想、情感、行为上与文化模式的常轨相悖。[②]

当个人与其他人一样，并且与其他人期望的一样时，自我与世界的矛盾就消失了，然后，对孤立与无权力的恐惧感也消失了。这就是弗洛姆认为的大多数人在现代社会中逃避自由的做法：个人不再是他自己，他完全承袭了文化模式所给予他的那种人格。在逃避自由者看来，他们几乎与周围的环境、社区没有什么区别，一个人放弃了他独有的个性，变得和周围的人一模一样，便不再感到孤独和焦虑。这种舍己的被动适应使得个人所做的一切都不过是反映了别人对他的期望，他已经丧失了自己的个性，他时刻在怀疑中。他被迫要显得和别人一样，想要靠着得到别人的赞许，来寻求他自己。[③] 人在这种长期的服从中迷失了自己，他已失去了独立思考的能力，个人不知道自己是谁。但他人知道，只要自己相信他人的话，自己也知道了自己是谁，他也获得了自己存在的感觉。

在儿童缺少独立意识时，良好的师生关系给他们带来的是一种安全感，这种安全感以学生的服从为条件。当学生缺少独立的能力，而又缺少师生关系的安全感时，这时的自由就会成为和怀疑相同的东西，也表示一种没有意义和方向的生活。这时，便产生了有力的倾向，想要逃避这种自由，屈从于某人的权威下，或与他人及世界建立某种关系，使他可以解脱不安之感，虽然这种屈服或关系会剥夺他的自由。[④]

---

① 《心理学百科全书》编辑委员会编：《心理学百科全书》(第 2 卷)，浙江教育出版社 1995 年版，第 1184 页。

② 弗洛姆著：《为自己的人》，孙依依译，生活·读书·新知三联书店 1988 年版，第 156 页。

③ 弗洛姆著：《弗洛姆文集》，冯川主编，改革出版社 1997 年版，第 93 页。

④ 弗洛姆著：《弗洛姆文集》，冯川主编，改革出版社 1997 年版，第 14 页。

然而，“教育行动的最终目的就是使其自身成为不必要。只有当合理的教育强制在其实施之后又立即消失，从而使教育互动能够过渡到教育行动的其他两个维度，并借以转入到人的行动形式之中去的时候，这种合法的教育强制才能遵循教育行动的这个最终目的”[①]。但教育强制只能用来阻止不理智的行为，而不是压制被强制者的意志和行为。

（三）表扬让学生缺少创造力

“以表扬为主”不利于培养学生的自主意识。学生在得不到表扬时感到压力，就会选择容易成功的事情去做以避免失败，这降低了他对任务本身的兴趣。经常接受表扬的学生不敢坚持自己的观点，他们总是附和教师的意见。[②] 在这种情况下，接受表扬已成了他们的精神负担。对表扬过于在意的孩子，长大以后可能会变成看他人脸色行事、丧失生活标准和生活原则的人。他们会十分在意周围人对他行为的反应和态度。在很多情况下，为了防止可能的失败，以及维护自己的形象，他们会放弃参与一些挑战性活动的机会，从而失去磨练自己意志的机会。长此以往，学生的自信心反而受到损害。学生会选择较为容易的任务，而且利用现有的信息解决新问题时效率更低，在他们解决问题的策略中更关注结果，缺少逻辑性。与没有奖励时相比，他们会看似更勤奋，做更多的事，但质量更低，出错更多，易模式化，缺少创意。梅尔等人的研究表明，重视教师评价的孩子，比不重视教师评价的孩子，倾向于希望做容易些的任务。这是因为如此可以保证能取得好成绩，从而获得教师的好评。[③] 教师往往违反刺激学生行为的动机原

---

① 底特利希·本纳著：《普通教育学——教育思想和行动基本结构的系统的和问题史的引论》，彭正梅等译，华东师范大学出版社 2006 年版，第 195 页。

② 王玮编著：《师爱——师德之魂》，中共党史出版社 2006 年版，第 334 页。

③ 李洪玉，何一粟著：《学习动力》，湖北教育出版社 1999 年版，第 46 页。

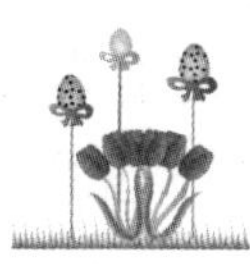

则，通过诱惑或威胁学生制造出外部动机，将任务描绘成枯燥无味或没有意义，或是把任务本身作为一种惩罚手段。学生需要了解活动的任务及其意义，以及该活动在个人成长中的意义。只有如此才能激发学生内在的动机。

第二节　表扬可能影响学生行为的内在动机

表扬运用不当会影响学生对道德行为本身的兴趣，从而导致其无效。表扬失效的原因在于，教师将表扬作为一种控制手段，忽视了应将学生的成长作为表扬的目的。教师的表扬过于重视学生行为的结果，而忽视过程。学生将获得表扬作为行为的目的，忽视了其行为内在动机的培养。

一、表扬沦为控制学生的手段

在学校教育中，许多教师将表扬当作一种控制手段。教师给予学生表扬是为了更好地控制课堂纪律。在表扬沦为控制手段之后，学生在教育中的主体地位被忽视，学生在教育中的地位被消解。这违反了教育伦理原则，影响了学生的自由发展，不利于培养学生的道德选择能力和责任感。这一行为本质上是教师企图通过严格的意志约束，进行性格训练约束来达到培养顺从品德的目的。它漠视了受教育对象的自主性、创造性、选择性，脱离了当今社会的现实要求。凯米认为：“我们不能指望孩子们通过学校教育就能接受这些现成的价值观和真理，并突然一下子变得成熟起来。同样，我们不能指望孩子们在学校里被奖励和惩罚所控制，却在长大成人后有着马丁·路德·金那样的勇气。"[①]英国哲学家彼得斯认为:"借助褒贬的塑造活动以被塑造者的决心为前提条件,这不同于脑外科的方法。"[②]"一个人可能有他自己制定的行为准则,但因意志薄弱而不能坚持。然而,通常是,当人们说某人是自律的,他们是指,他不仅想出他自己的准则,而且在面临相反倾向时也能坚持自己的准则。"[③]换言之,自律又表示诸如勇敢、正直和坚定那样的执行性美德。这不仅表现在拒绝采纳间接的信条或规则,而且体现于在行为上坚持反对相反倾向,这种相反倾向使个体不能自主地坚持自己的观点。因为,这种与意识薄弱有关的相反倾向,常常产生于那些使信仰的"可靠性"处于困难的动机。意志坚强的人,像有主见的人一样,面对嘲笑、排斥、惩罚和贿赂仍坚持他的原则。[④]

控制性的表扬还可能影响到师生之间的关系。"当我们感到被控制,无论策略多么巧妙,人际关系中的信任都会受到破坏。结果,下次人们再劝说我们做什么事情的时候,我们就很少会服从了。因此,试图激励我们的人很可能强调外部激励,即通过增加奖励或从头到尾地使用激励、威胁甚至更糟糕的方式,这些都将进一步破坏人际关系。"[⑤]人的成长过程应是一个充满乐趣的探索之旅。在这一旅途中,学生应该体会到成长的欢乐和幸福,而不应过于担心外界的评价如何。

对于儿童来说,不是要不要控制的问题,而是需要控制什么的问题。这

---

① 埃尔菲·科恩著:《奖励的惩罚》,程寅,艾斐译,生活·读书·新知三联书店 2006 年版,第 224 页。

② 彼得斯著:《道德发展与道德教育》,邬冬星译,浙江教育出版社 2000 年版,第 20 页。

③ 彼得斯著:《道德发展与道德教育》,邬冬星译,浙江教育出版社 2000 年版,第 131 页。

④ 彼得斯著:《道德发展与道德教育》,邬冬星译,浙江教育出版社 2000 年版,第 131—132 页。

⑤ Jonathan C. Erwin 著:《选择性课堂——满足学生的需要》,薛莉译,中国轻工业出版社 2006 年版,第 4 页。

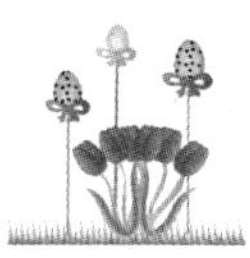

需要正确处理好权威和自由的关系。皮亚杰的研究表明，儿童自律或自制能力的发展要经历一个漫长的过程，大致经历了从自我中心，到他律再到自律的发展过程。在前两个阶段，儿童需要外部的权威来帮助他们逐渐建立起他们的规则意识。在这两个阶段，儿童是通过服从准则来行动的。但当过了这两个阶段后，他们开始不再盲目服从外在的规则，对道德规则有了他们自己的思考，他们的行动受他们对事情后果的理性思考的指导，同时受他的自利或自治能力的控制。因此，在儿童的自律或自制能力的发展过程中，外部的权威必不可少。

涂尔干在论述教师权威与学生自由的关系时指出：“人们有时把自由与权威这两个概念对立起来，仿佛这是教育中两个互相矛盾、泾渭分明的要素。但这种对立是人为的。事实上，这两个概念非但不互相排斥，而且相互联系。自由是恰当地加以理解的权威之女儿。因为，所谓不受束缚，这并不意味着做他喜欢做的事，而是自制，以及善于有理智地行动和履行义务。教师的权威，恰恰就应该用来使儿童有这种自制。”①涂尔干提醒我们，学生只有正确理解权威，才可能获得真正的自由。斯密也认为，行善应该是自愿的而不是强制的。他指出：“虽然造物主利用人们想要得到报答这一令人愉快的意识，劝戒人们多行善事，但是她并不以为在这种善举被忽略的情况下，有必要利用人们害怕受到惩罚的心理来保障和强制人们行善。”②但控制性的表扬排除了学生的自主自愿，而且他们也没有意识到自己需要自主自愿地采取行动。

以表扬为主的做法之一即是将表扬制度化，这实际上是学校科层制在教育方法上的体现。科层制要想工作效率高，就必须使个人符合它在管理上的

---

① 张人杰主编：《国外教育社会学基本文选》，华东师范大学出版社 1989 年版，第 23 页。

② 亚当·斯密著：《道德情操论》，蒋自强等译，商务印书馆 1997 年版，第 106 页。

需要，而不是使它的工作程序适应个人的需要。结果，小学和中学往往强调一致和服从，而反对自发性、活力、兴奋和个人创造性。虽然理论上说，教育的最终目的是促进学生的自由发展，但实际中往往控制本身成了目的。[①] 然而，控制只能培养谨慎的人，而不能培养道德的人。所谓"谨慎"，是以外部控制为条件的，是不可能做到"慎独"的。这些不能慎独的人，往往就是人们深恶痛绝的伪君子。[②]

倾向于控制的道德教育方法受到了一些教育家的批评。奥兹门和克莱威尔批评了斯金纳的行为主义主张通过行为工程控制人性的观点。他们认为："在实验室中行为技术可能是成功的，但是它的社会适应性这一问题也同时产生。在实验室中可以保持严格的控制，然而社会生活却充斥着各种各样的变化和未知。在混乱的状态下，在外在的世界中，控制是很难实现的。当行为主义者安排按部就班的学习过程时，他们可能具有最正确的基础。建立一个忽视或不理会人性的理论是完全有可能的，而且它可能很美好，但是这仍不意味着不存在人类先天的才能或性格。"[③]行为主义似乎过于强调外因，华生那句随心所欲的名言，堪称是行为主义的纲领。华生好像没有养育过小孩，因而他不知道孩子并不能被随心所欲地进行塑造。行为主义最明显的弱点是行为主义者（如斯金纳）所提出的对社会政策的建议。他们将实验室中的定量结论应用于广阔的社会、政治及经济条件下。行为主义反对一切把道德看成是个体内部状态的某种变化的观点，认为道德源于一定的文化，源于儿童外部的社会机构，儿童的道德和认知结构不过是外部物理或社会结构在

① 王有升著：《理想的限度：学校教育的现实建构》，北京师范大学出版社 2003 年版，第 27 页。

② 陆有铨：《"道德"是道德教育有效性的依据》，《中国德育》，2008 年第 10 期。

③ Howard A. Ozmon, Samuel M. Craver 著：《教育的哲学基础》，石中英等译，中国轻工业出版社 2006 年版，第 216 页。

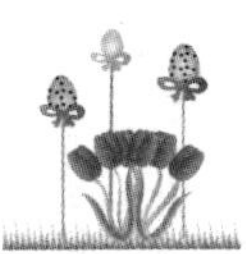

人身上的反映。对此，班杜拉指出：“如果行为仅仅取决于外部奖励和惩罚，人们的举止就会像一个风向标，不时地改变方向来遵从每时每刻施加给自己的影响。他们既会与无耻之徒同流合污，也会与正直的人真诚共事；他们与自由主义者在一起会不拘一格，与专制主义在一起，又变得飞扬跋扈。事实上，除了在屈从于强制性的压力这种情况下，人们在面临许多竞争性的影响时，都会显示出相当强的自我定向能力。”①

作为控制手段的表扬，只是一种社会控制手段在学校教育中的体现。在这里，表扬成了一种规训的手段，而不是教育的手段。福柯在《规训与惩罚》一书中对这种管理主义，以控制为导向的做法作了深入的揭露，他认为规训已经被看作是一种“造就”个人的手段。纪律的实施必须有一种借助监视而实现强制的机制。在这种机制中，监视的技术能够诱发出权力的效应，强制手段能使对象历历在目。规训机构里暗含着一种类似用于观察行为的显微镜的控制机制。这些机构所创造的分工精细的部门围绕着人形成了一个观察行为的显微镜控制机制。通过分层的、持续的、切实的监督，规训权力变成了一种内在的体系，与它在其中发挥作用的那种机制的经济目标有了内在联系。纪律使一种关系权力得以运作，这种关系权力是自我维系的，它用不间断的精心策划的监视游戏取代了公共事件的展示。同样的情况也出现在学校教育之中：监督的细节被明文规定，一种明确而有规则的监督关系被纳入教学实践的核心。这种关系不是一个附加的部分，而是一种内在的、能够提高其效能的机制。在规训权力的体制中，进行着规范化的裁决。它把个人行动纳入一个整体，后者既是一个比较领域，又是一个区分空间，还是一个必须

---

① A·班杜拉著：《思想和行为的社会基础——社会认知论》(下册)，林颖等译，华东师范大学出版社 2001 年版，第 1 页。

遵循的准则。在规训机构中无所不在、无时不在的无休止的惩戒具有比较、区分、排列、同化、排斥的功能。[①]

学校不仅通过考试来对学生进行规训，而且学校的各种奖惩制度，无时不在影响学生的行为。在“道德储蓄”活动中的积分制度和最后的奖励仪式，实际上是对学生的一种控制手段。将表扬的制度化，采用的是各级教师和学生层层的监视系统。它虽然避免了体罚，但裁决的力量仍然存在，只是变得更为人道、抽象化、符号化，例如口头的表扬或奖励、加分等措施，以确保学生规范有序；这里还有持续不断的检查，师生相互的监督，学生无时无刻不生活在他人的目光中，也就是为了“图表现”。

我国传统的育子观念更是将表扬作为控制的手段，“听话”是中国家长对孩子使用频率最高的两个字。爷爷奶奶爸爸妈妈不停地对孩子说“乖，听话”，“真是一个听话的好孩子”等等。同样，在学校里，大多数教师喜欢听话的学生，甚至不少教师把学生是否听话作为评价学生好坏的标准，因为听话的孩子可以省去管理上的很多麻烦。然而，教育不应该怕麻烦。教师应该向学生讲明，什么事情能做，什么事情不应该去做，而不是一味地要学生“听话”。

在《激发学习动机》一书中，布罗菲将合约法、行为矫正、代币法或其他相关的行为分析法来控制特定的行为，当作是行为控制策略而不是动机激发策略。在他看来，这些方法一般都将目标行为（例如，细致而有耐心地完成作业）作为获取外部奖赏的工具，且通常事先让学生知道这种关联性。过分强调这种行为控制法，特别是使用代币法或其他赚取积分的诱因系统作为课堂

① 王有升著：《理想的限度——学校教育的现实建构》，北京师范大学出版社2003年版，第29页。

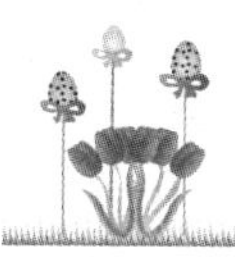

管理的基本方法，与一些得自教育中的动机研究的策略，在很多方面是不相容的。就像里夫(Reeve)提到的，动机激励不是有关操作条件或行为管理的原理，它是指学生的内部资源如何发动和指引他们的行为。① 其意思是说，事先确定的表扬只能作为一种行为控制的手段，它对激发学生的行为动机来说效果欠佳。布罗菲认为，奖赏的效果有赖于其使用的方式，特别是呈现的方式。表现质量和内部动机的下降，在奖赏有如下特征时最为可能：

高显著性：奖赏非常有吸引力或者以一种引人注意的方式呈现。

非偶联性：仅仅参与活动就可获得奖赏，而不是与取得特定的目标偶联。

不自然/不寻常性：人为地将奖赏作为控制机制与行为联系在一起，而不是行为的自然结果。②

也就是说，当学生知道有外部因素时，他们可能将参与行为的理由归于外部的压力，而非认识到行为本身有价值或者是出于自身的兴趣。因而教师在教育过程中，要让学生认识到行为本身的意义，而非“干完拉倒”。

二、表扬忽略了学生行为的过程

注重结果的表扬受到了教学评价中终结性评价的影响。长期以来，在我国应试教育的影响下，评价一直在强化学校的附属功能——甄别和选拔性功能，而满足学生和社会发展需要的功能受到忽视。但发展不是少数学生的专

① J·布罗菲著：《激发学习动机》，陆怡如译，华东师范大学出版社 2005 年版，第 87 页。
② J·布罗菲著：《激发学习动机》，陆怡如译，华东师范大学出版社 2005 年版，第 89 页。

利，每个学生都应该获得发展，并成为有道德的人。偏重结果的表扬忽视学生的努力程度，使得绝大部分学生不能从表扬中得到鼓励。如果表扬仅仅根据学生的突出表现来表扬他们，就会导致道德作秀。由于教师只重视对学生完成任务的结果进行评价，一些学生会只用心做表面文章，装作很有道德的样子，实际上他们并没有形成良好的道德品质和热爱学习的态度。这使得学生极易成为两面人，形成分裂型的人格，更有可能成为伪君子。这种做法只注重了评价的鉴别功能，忽视了促进学生发展的评价目的。

注重结果的表扬忽视了学生的个别差异。学生的发展是个体的、具体的。每个学生都有其不同于他人的个性、特点、爱好，这使得每一个学生发展的速度和轨迹不同。因此，评价要关注个体差异，即要求评价者关注、关心每一个学生，同时要深入了解学生每一个阶段的具体情况。教师要让评价过程成为学生的反思过程，使学生在评价过程中全面认识自己，促进其进一步的发展。一个人有了自知之明，才能与自己周围的环境建立和谐的关系，才能有健康的心理。教师在表扬时，必须认真考虑评价会给学生带来的心理反应，应改变过去那种过分注重甄别和选拔功能的评价，强化评价的反馈性和激励性，增强学生自信心，让学生保持健康向上的心态，为学生的发展创造良好的心理环境；要使学生准确了解自己，知道怎样扬长避短，使学生从评价中得到成功的体验，从而激发他们积极参与活动，以达到促进学生发展，提高教育质量的目的。

只注重结果的表扬，忽视了个人发展的潜力，忽视了人与人之间的差距，忽视了学生成长过程的意义。表扬要用发展的眼光来看待儿童。因此，教师在表扬中要关注学生的努力程度。当然，教师在表扬学生努力的同时，也要称赞其行为的后果。因为教师如果只表扬学生“努力、认真”的话，会让其他

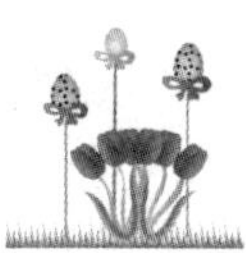

学生感到他们不够努力。

总的说来，正如《学习的革命》的作者批评的那样：“糟糕的是，学校的评估系统常常只奖励很有限的一部分学生。而这些人生早期的奖励总是过早地就把那些被说成天才的聪明人与那些称作不聪明和没有充分发展潜力的人区别开来了。”①

三、表扬损害了学生对行动本身的兴趣

表扬是以行为主义心理学为理论基础的。它可能会忽视了个体的期望，以及自我提高驱力在人成长中的作用。外部奖赏降低了内部动机，影响行为兴趣，等等。戴维·格林和马克·莱珀(David Greene & Mark Lepper)让儿童用彩笔作画的研究表明，在儿童没有外部奖赏的情况下，对作画有很强的动机。但在引入奖赏以后，儿童对作画的兴趣就大为降低了。这告诉我们：首先，外部强化使用不当导致学生的内在动机降低；其次，外部强化的使用会使人变得仅仅是为了追求它而行动，当它失去时人则不再行动。这种外部的奖赏可能使学生对其行为的回应变得狭隘。也就是说，为了维持学生的行为，就要不断地表扬学生，并且表扬的强度要加大。而且教师还必须揣摩哪种表扬能引起学生的兴趣，要想出使这种交换得以持续的方法。结果是学生越来越依赖于表扬和教师来激发他们做出好的行为。所获得的表扬使学生去做出道德行为，阻碍了人成为自我管理者和自我激励者。

表扬的竞争性不能起到良好的效果，它容易使学生转移兴趣焦点。教师

① 戈登·德莱顿，珍妮特·沃斯著：《学习的革命》，顾瑞荣等译，上海三联书店1997年版，第331页。

经常的表扬，其初衷是为了激发学生的动机，但容易使学生将获得表扬作为目的。“所能获得的奖赏使人们去做”改变了人对活动的依恋，使得外在的因素取代了内在的因素。设想一个学生本来对帮助同学有一定兴趣，他对其同学施以帮助的原因，一方面在于他觉得同学之间应该互相帮助，他有一种责任感和义务感；另一方面，他从帮助同学这件事情本身获得了快乐。但教师规定对帮助别人的学生应该给予表扬，当他的行为可能被老师发现，能得到表扬时，就会激励他努力去完成，一旦得不到表扬，他就会加以拒绝。因为他可能会觉得太不公平了。将表扬作为目的，会导致“善小不为”的现象出现，并使学生逐渐远离道德。学生行为的改变在于，他们曾专注于道德的理由，现在他们专注于可计算的理由。表扬使他们倾向于计算道德行为的投入与获得教师表扬之间的恰当等式。换言之，他们现在专注的是外在的而不是内在的、道德责任的理由。而这种规则的替代策略为“正在得到的奖赏使人们去做”。

对于学生良好的道德行为，不需要给予过多的表扬。这主要是基于如下理由：首先，在成年人的社会生活中，奖赏与惩罚之间存在不一致。社会的奖赏与知识成就、艺术成就和产业成就的联系，比它们与德性的联系要多。其次，人们违反基本义务的行为要受到惩罚，那些超出最低限度要求的行为却很少受到明确的奖赏。也就是说，社会的法律对违反基本道德义务的行为的惩处有着明确的规定，但对奉献行为的奖赏却是寥寥无几。奖赏不过是公众表达他们对有德之人的赞扬与歌颂，对出色的人的尊重与信任。因此，对积极履行义务行为的奖赏同各种违规行为有关的制裁是不成比例的。不论学校是为生活做准备，还是像有些人说的学校就是生活本身，这些学生不可避免地要走向社会，如果奖赏使儿童养成与将来的某些生活条件相矛盾的习惯，那么它就不能完成它的任务。这是因为“如果学校生活模式使儿童养成

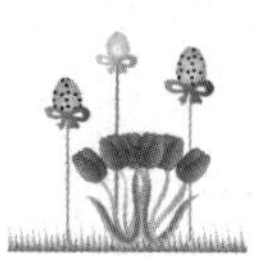

一种习惯，指望他所做的每一件好事都得到奖赏，那么，当他发现社会本身并不能够这样准时而精确地奖励道德高尚的行为时，他会体会到何等巨大的幻灭啊！他将不得不重构他的一部分道德自我，学会一种学校不会交给他的冷漠。”[①]许多过早被树立为道德楷模的孩子，不但他们以后的生活不幸，而且会渐渐丧失产生道德行为的冲动。

然而，我们也可通过其他教育手段来让学生产生内在诱因。斯密认为人天性具有自爱利己与同情心，即使自私的人的天赋中也还是明显地存在着同情或怜悯的本性。斯密把内心的情绪或情感当作所有行为得以产生的根源，也作为评价行为善与恶最终必须依靠的根据。他说：“应该责备的似乎是缺乏一般程度的、合适的慈善行为，经验告诉我们这是可以指望每个人做到的；相反，任何超出这个程度的慈善行为都值得赞扬。一般程度的仁慈行为本身似乎既不应该责备也不值得赞扬。”[②]居友认为指导人行为的是习惯、本能和情感，人们遵循这种指导不是出于理性的驱使，而是在“服从最强烈的人性冲动”。[③] 而里德雷则认为，“在社会生活中互惠互利似乎是人性中不可或缺的一部分，是我们的本能”。[④] 因此，人类具有道德行为的内部动机，教育的目的是使这种内部动机被激发出来。

以表扬为主在教育实践中与自我教育相矛盾。一方面，教师经常对学生的道德行为进行大力表扬，另一方面却要求学生进行自我教育，不要把教师的表扬当回事。学生会想，既然教师认为学生应正确看待表扬，那么教师自

---

① 爱弥尔·涂尔干著：《道德教育》，陈光金等译，上海人民出版社 2006 年版，第 149—150 页。

② 亚当·斯密著：《道德情操论》，蒋自强等译，商务印书馆 1997 年版，第 98 页。

③ 居友著：《无义务无制裁的道德概论》，中国社会科学出版社 1994 年版，第 19 页。

④ 麦特·里德雷著：《美德的起源：人类本能与协作的进化》，刘珩译，中央编译出版社 2004 年版，第 64 页。

己为何把许多精力放在表扬上呢？

以表扬为主的做法表明，学校似乎是在竭尽所能让孩子们处于一种长期性的甚至是幼稚的依赖状态，而远非立足于把学生们培养成成熟、自立和自我激励的个体。[①]“如果只有表扬才能够给儿童带来欢乐，那就潜伏着一种危险。真正的教育技巧是使人们做好事而不指望表扬。”[②]如果学生就此养成事事都需依赖奖惩等外力作用的习惯，那么就更为可怕了。因为对德行的奖励应该来自内部而非外部。“对德行的真正奖赏应该到内心的安宁、尊敬的情感、同情以及由此产生的安慰中去寻找。”[③]小学生为了获得表扬，去发现道德事件的故事举不胜举。据报载，郑州两个小学生捡了一个钱包后，主动交给了民警叔叔，得到表扬。第二天下午，这俩学生和班长迟迟没来上课，家长急得报了警，找了一个多小时。原来，为了再被表扬，她们又去找钱包了。[④]

因此，以控制为目的的表扬，只是教师为了教育管理的方便，并不能达到促进学生成长的目的，这种表扬是无效的。教师表扬的目的应是使学生达到自律，激发学生的内部动机。

第三节 表扬难以提高学生的道德品质

真正的道德行为其实是不需要赞美的。但在儿童成长的过程中，有赖于

① 艾尔菲·艾思著：《奖励的惩罚》，程寅，艾斐译，生活·读书·新知三联书店 2006 年版，第 144 页。
② 苏霍姆林斯基著：《公民的诞生》，赵玮等译，教育科学出版社 1984 年版，第 424 页。
③ 涂尔干著：《道德教育》，陈光金等译，上海人民出版社 2006 年版，第 206 页。
④《郑州仨小学生为了再被表扬，逃课到花园路捡钱包》，新浪网，http://henan.sina.com.cn/zhengzhou/zzyw/2013-04-13/1128-6559.html.

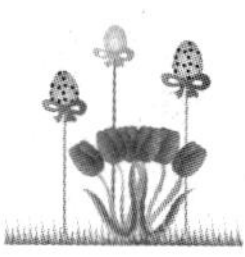

通过表扬来培养他们良好的行为习惯，使他们渐渐地产生行为的内部动机。表扬也可能会与道德教育的目的相违背。当表扬更多地体现出它的控制性时，它难以培养学生的道德责任感，可能妨碍学生做出自由的选择，也难以激发学生的道德情感。

一、表扬忽视了学生责任感的培养

责任感是“我”应该做什么的感受，而表扬易使学生在他人的目光中迷失了自己。表扬使学生将注意力转向了外部，即他们关心的是能否得到教师的表扬，却忽视了自己责任的履行情况。责任感也与学生是否具有独立人格、道德意志有关。作为控制手段的表扬，不利于学生独立人格的养成和意志力的锻炼，因为学生独立人格的养成需要自由。

（一）一味表扬不能满足学生的道德需要

责任感的缺失虽然受当前多元文化价值观的影响，但它也与学校道德教育的方法有关。表扬带来的服从，影响到学生责任感的培养。责任感的培养需要尊重学生的自由选择和内在需要。道德教育的最终目的就是激发主体的道德需要，使主体面对道德情境时能作出正确的道德评判并自觉地作出相应的道德行为。[①] 道德需要不足会导致学生缺乏履行道德行为的强烈愿望和原始动力，从而导致学生责任感缺失。培养和提升学生的道德需要，必须使他们将外在的道德原则内化为自己敬重的东西和个体内在的道德法则。“道德需要作为人们的高层次需要，是人们自我意识基础上的自觉要求。道德之

① 彭进清：《妨碍学生自主选择性道德人格培养的德育误区与成因探析》，《湖南社会科学》，2005 年第 6 期。

所以是道德,全在于具有知道自己履行了义务这样一种意识。”[①]这种自觉性表现为一种积极的、要求自我确证的、激励自己道德追求的冲动,促使个人在社会互动中以自己的道德行为和品质获得肯定。同时,道德需要是道德主体内在的要求,具有鲜明的主体意识性。正如康德的墓志铭上所言:“位我上者,灿烂星空,道德律令,在我心中。”道德需要推动着人们主动选择并积极内化社会的道德要求,以塑造完善的自我。从这个意义上讲,道德需要是人们内在的自我完善的追求。这种自我追求使人能克服困难去履行自己的道德责任。

一些教师为了控制学生而使用表扬,一味强调所谓的“听话教育”。这种片面借外部压力产生道德行为的观念和方法,显然有悖于良好品德形成和发展的规律。事实上,需要是人的一切行为的原动力,个体自觉的道德行为不是外在约束和强制条件下的产物,而是主体道德需要满足的结果。没有主体对道德的需要,就不会有主体自主、自觉的“真”道德行为。一个人只要有了遵守道德、做一个好人的道德需要,那么,不论他把美德作为手段还是作为目的,他都会自愿地遵守道德、做一个好人,以满足其道德需要:个人道德需要乃是道德被遵从而得到实现的途径和手段。只不过,一个人所具有的如果是以美德为手段的个人道德需要,那么,他并不以拥有美德而快乐和幸福,却仅仅以拥有美德所带来的利益而快乐和幸福:在他那里,美德与幸福、快乐是两回事。因此,他遵守道德、追求美德从而使道德得到实现,是有条件的:只有美德能够带来利益,他才会遵守道德、追求美德;否则,他就不会遵守道德、追求美德了。反之,一个人所具有的如果是以美德为目的的个人道德需要,那

---

① 黑格尔著:《精神现象学》(下卷),贺麟,王玖兴译,商务印书馆1979年版,第157页。

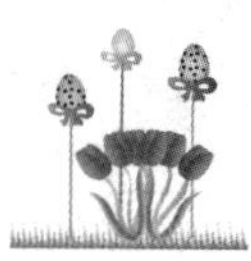

么，他便会以拥有美德而快乐和幸福：在他那里，美德与幸福、快乐是一回事。所以个人道德需要是道德实现的途径和手段：以美德为手段的个人道德需要是道德实现之有条件的途径和手段；以美德为目的的个人道德需要则是道德实现之无条件的途径和手段。① 有了道德需要，学生的道德行为才可能成为内在的、自觉的道德要求，为此，教师在激发学生道德需要的时候一定不能使学生处于对自己被激发的道德需要的盲目服从之中。②

在对人的行为进行评价时，历来有效果论和动机论之争。其实，在评价一个人的行为时，对其动机如何可以不必太在意。当一个人从水里救起一个人时，我们用不着刨根究底搞清楚，他是为了获得荣耀还是纯粹想做个好人。因为它们并不重要，重要的是他确实救起了一个人。但从道德教育的角度，对学生的行为进行评价时，目的是为了培育学生行善的动机。即引导学生将其行为的兴趣，转向行为本身给受帮助者带来的快乐，以及自身从中获得的自豪感、神圣感、满足感。有研究表明，动机和需要的培养是品德培养中的首要因素。③ 如果受教育者没有自觉的愿望和要求，仅在外力要求下进行一定的行为练习，那么对受教育者道德品质的形成不会有举足轻重的影响，从而不可能期望发生行为上的明显变化。柯尔伯格也指出，“练习德性”并不一定使人更道德。而教师以表扬为主，将表扬制度化的做法，如在“美德储蓄”活动中，学生道德行为的训练在外界的强制下进行，对学生道德品质的形成难以有积极的作用。

自由教育理论家们认为：“道德教育不能通过奖励和惩罚来使学生服从

---

① 王海明著：《人性论》，商务印书馆 2005 年版，第 239—240 页。

② 朱小蔓主编：《道德教育论丛》（第 2 卷），南京师范大学出版社 2002 年版，第 132 页。

③ 章志光编著：《学生品德形成新探》，北京师范大学出版社 1993 年版，第 55 页。

来自外部强加的规则。即使这些规则是最好的,但如果它们没有被学生的自觉意识所把握,那么它们将很难被学生从心里接受。不仅如此,道德教育也不能通过被别人告知做什么来进行,更不能通过效仿教师的行为来进行。因为所有这些都没有联系到主体的自觉意识。而参与作决定的活动,将会为学生提供发展这种自觉意识的机会。"①如果让学生参加制订和修改规章制度的有关活动,将会使学生亲身感受到作决定是怎么回事,理解学校的规章制度是怎么产生的,这有利于学生对制度的遵守。参与作决定的道德意义在于,它使学生认识到,关于正当行为的规则并非没有个人考虑论证过的东西,学校生活的意义并不是独立于他们自己的意愿和感情的。只有这样,学生才能形成必要的道德观念去进行理性的道德思考,并采取恰当的行动。

因此,教师要引导学生欣赏自身的进步与成绩,以及自己行为的意义。赫尔巴特认为,对训育具有决定性影响的是"教育者必须在儿童周围增加具有充分影响力的那种自然而然的感情气氛,必须用各种行为方式与思维方式的结果来感染他。教育者不应当用模棱两可的模糊思想去迷惑儿童作出的选择;不应当用一时的快乐或困扰来诱惑他们,使他们受到吸引或把他们吓退;必须尽早使他们感觉到事物的真正价值"②。

(二)表扬不能训练学生的意志力

意志最突出的特征表现为自我控制,它能够使学生在外界的压力下去履行自己的责任,这是培养学生责任感应重点考虑的问题。而这种自我控制不能通过表扬得到培养,相反,表扬作为一种控制手段,还会影响它的培养。学

① 北京师联教育科学研究所编译:《[当代]学校德育思想流派与德育论著选读》(上),中国环境科学出版社,学苑音像出版社2006年版,第123—124页。

② 赫尔巴特著:《普通教育学·教育学讲授纲要》,李其龙译,浙江教育出版社2002年版,第174页。

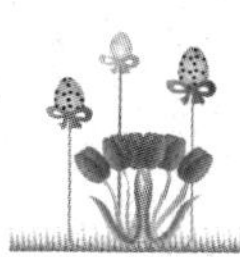

生也不可能在舒适的生活中锻炼意志。在涂尔干看来，在道德教育中，与惩罚相比而言，奖赏所起的作用明显小一些。[①] 责任感首先是一种自律意识，是个体在自由选择的基础上对自己所提出的要求与对自身行为的约束。意志力的培养是培养学生责任感，达到道德自律的必然要求。自律和意志力之间有一种紧密联系。知善并不一定意味着行善，行善还要有理性的情感和坚定的执行意志。道德自律需要道德推理能力和美德来支撑。[②] 因此，自律的意志常常与自制、勇敢、执著、正直、坚持不懈等美德相关。当代美国道德哲学家约翰·马丁·费舍认为，为了负起道德的责任，一个人必须在某种意义上控制他的行为，“而且我们都自然而然地预先假设我们（至少有时候）具有这种控制”[③]。包尔生认为，全部道德文化的主要目的是塑造和培养理性意志，使之成为全部行动的调节原则。我们把这样一种德性或美德称为自我控制：这种德性通过独立于短暂易逝的情感之外的理性意志调节着我们的行为。我们也可以把这种德性规定为以目的和理想来调节生活的能力。它是全部道德德性的基本条件，是全部人类价值的基本前提，甚至，是人类本性的基本特征。动物为盲目的冲动驱使，而人的特有的美德在于他的意志决定他的生活。离开了自我控制，就没有自由和个性。[④] 孔子也非常注意意志在道德品质培养过程中的作用。他强调，道德修养首先要“志于道”，并且贵在自觉和坚持。个体的自觉性、能动性突出体现在个体的意志活动方面。意志的重要

---

① 爱弥尔·涂尔干著：《道德教育》，陈光金等译，上海人民出版社 2006 年版，第 149 页。

② Joseph Kupfer. Education, indoctrination, and moral character. In: Thomas Magnell (ed.), *Values and education*. Amsterdam/Atlanta, GA: Rodopi publisher, 1998: 59 - 67.

③ 约翰·马丁·费舍，马克·拉扎维著：《责任与控制——一种道德责任理论》，杨韶刚译，华夏出版社 2002 年版，第 18 页。

④ 包尔生著：《伦理学体系》，何怀宏，廖申白译，中国社会科学出版社 1988 年版，第 412 页。

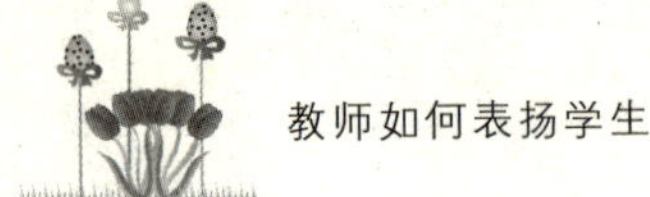

功能，主要表现在目标的实现过程中对自我的自觉控制上，即通过自我鼓励、自我调节、自我控制、自我监督和自我命令而达到理想目标的实现过程。这种过程既包括主体自我对客体自我的激励，同时又包括对客体自我欲望的抑制和限制。意志的提高有利于学生克服困难，使学生形成独立人格，更好地去履行自己的道德责任。培养学生独立人格，是当今中国教育的重点。过去，西方人称我们中国人是“东亚病夫”，不只是指中国人吸鸦片，导致身体瘦弱，还指中国人直不起腰来，唯唯诺诺，容易屈服于领导和权威，更没有独立人格，当然也不具有对国家、对民族的高度责任感。

教师在道德教育中经常使用表扬，实际上体现了教师企图通过严格的意志约束，进行性格训练约束来达到培养顺从品德的目的。自律的人，是一位具有坚强意志的人。他不仅选择自己的准则，而且在许多非理性或他律因素的压力下，也能坚持自己的准则。坚强的意志控制能力只能建立在理性认知和健康的情感体验的基础之上。如果离开了这两者的支撑，个体就不可能培养出真正的意志控制能力，也不可能对个体的心理和行为起到长久、稳定的影响和支配作用。因此，坚强的意志力能够培养和造就出坚韧不拔、德行高尚的人。具有理性的道德判断和道德选择的人，要成为理性道德原则指导下的行动者，需要的正是这份顽强的意志。相反，意志薄弱是道德自律的劲敌。典型的意志薄弱的人，往往明白什么是对或错，也极想做正确的行为，同时能够判断规则在特定情形中是否合理，但被恐惧、妒忌、诱惑、压力等因素征服，不能坚持认定的准则而继续进行正确的行动。因此一个意志薄弱的人永远没有规范行动的能力，也没有抵制周围诱惑和干扰的能力，他无法集中自己的注意力于某一特定的事物上面，也永远无法约束自己的欲望，同时也难以履行自己的道德责任。因此，自律的人具有受控制的慎思和行为能力，至少

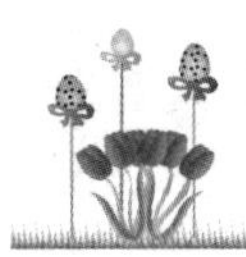

具有某种程度的独立性，以及信赖自己和自我决定的能力。

表扬带来的控制不利于学生意志力的培养。首先，意志力的培养需要学生能够克服困难，在各种挫折面前不屈服。尤其是在无人监督的情况下，学生实施的行为才具有道德价值。因为一个人在有利于规则坚持的环境中实施道德行为显然是不够的，这种行为也可能是脆弱的，他必须经受住在无人监督的情境中坚持原则的实践考验。当一个人在有许多需要和愿望的情况下，仍然毫不动摇地履行自己的一切责任，甚至连不尽责任的念头都没有，这样的道德行为往往是我们所推崇的。意志力坚强往往体现在人在充满诱惑的事情面前，拒斥诱惑，去实施的道德行为上。而依靠表扬培养学生的品德，无法使学生的意志受到训练。相反，经常受到教师表扬的学生，在面临挫折时会失去与困难作斗争的勇气，难以履行自己的责任。

（三）表扬难以提升学生的自律精神

1. 学校道德教育的目的是使学生达到自律

道德自律就是“道德主体借助于对自然和社会规律的认识，借助于对现实生活条件的认识，自愿地认同社会道德规范，并结合个人的实际情况践行道德规范，从而把被动的服从变为主动的律己”①。社会的道德规范就是他律的一种表现。不然，社会道德教育就只需要道德修养而不需要道德规范了。但仅仅有外在的道德规范是不够的，只有道德自律才能从根本上杜绝失范或越轨行为。他律的精神是出于对外界的畏惧，是从喜赏怕罚角度对待道德、纪律和社会准则，而不是出于内心真实需要。当外界约束力鞭长莫及时，道德主体也就可能因为没有了约束而表现出不道德的行为来。这种不道德的

① 宋希仁：《“道德的基础是人类精神的自律”释义》，《道德与文明》，2000 年第 3 期。

根源，在康德看来，在于把自己排除在普遍性规则之外，把普遍性规则看成是为他人设置的；在于把自己看成例外；在于把人看作是实现自己目的的客体或工具，而不是把人当成是他们自己的目的。鉴于此，康德提出了绝对命令的原则。在弗兰克纳看来，"对正常人来说，一个人的生活本身可以成为更好、或者更坏，就因为它包含在道德上正当的或者错误的行为。在这个意义上，德行的报偿在于它自身"①。

学校道德教育的最终目的是使学生达到自律。这是因为，道德对人的约束，要求人首先必须知道它，而且必须诚心、自愿地希求它，所以说道德就是自由，是自由体现在人的主体里。道德是公共利益对个人的要求，个人应当与之相一致，但它只能通过个人内在良心的认同和自愿的希求，否则它就不具有任何实际的约束力。因此，自律的道德要求将学生培养成负责任的主体。

表扬无疑能在学生良好行为习惯的养成和规范的遵守中起到积极作用。根据亚里士多德的观点，美德在于习惯。而且，习惯一旦养成就难以改变了。诚然，道德的形成要培养学生的习惯。但习惯本身并不是道德。美德如果是习惯，那么美德就不可以像知识那样，可以通过模仿和锻炼等学习方式获得；习惯的形成是与外在的强化息息相关的。行为主义利用表扬对人的强化就是为了使人养成一定的习惯。外部强化是教育者为了让儿童形成某些道德品质，而根据社会的要求对儿童进行的矫正、培养和塑造。当然，这种外部强化只是在儿童早期非常必要，随着儿童年龄的增长，这种外部强化所能起到的作用会越来越小，因为纪律不等于道德。从学生的成长过程以及整个社会

① 威廉·K·弗兰克纳著：《善的求索——道德哲学导论》，黄伟合等译，辽宁人民出版社 1987 年版，第 199 页。

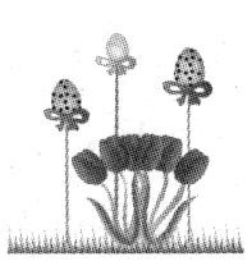

的正常运转来看，对纪律的遵守是学生成长的必由之路，当然它不是终极目的。正如整个社会的正常运转不能完全只依靠法律一样。而且，在亚里士多德看来，德性是一种选择的品质，而这种选择的品质，只有在学生进行道德选择时才能最终得到培养。道德是由行为主体自由自主的选择所决定的，学生的道德品质不能完全依靠回报养成。因此，以表扬为主难以达到教育的目的，学校道德教育应该引导学生追求自我完善。

2. 为了获得表扬，学生缺少了行动的自觉自愿

康德认为，道德行为的特征是主体的自由选择。人的行为可以有不同的甚至完全相反的动机。一种行为只有完全出于责任，以责任为动机，才有道德价值。仅仅是其结果合乎责任、与责任的戒律相符合的行为不具有道德价值。他指出：“要使一件事成为善的，只是合乎道德规律还不够，而必须同时也是为了道德而作出的；若不然，那种相合就很偶然并且是靠不住的。因为，有时候并非出于道德的理由，也可以产生合乎道德的行为，而在更多情况下却是和道德相违反。”①康德以诚实为例指出：“出于责任而诚实和出于对有利后果的考虑完全是两回事情。在前一情况下，行为的概念自身中已经含有我所要的规律，在后一情况下，我还要另外去寻找有什么伴随而来的效果。”②

如果一个行为不是行为主体自由选择的，那么行为者可以部分或者完全免除责任，当然也不能被看作是道德的行为。人与其他动物的一个本质区别，就在于人能够对他们的所作所为承担道德责任。在美国哲学家诺齐克(Robert Nozick)看来，当我们能够选择来自由地行动时，我们的行动才具有

---

① 伊曼努尔·康德著：《道德形而上学原理》，苗力田译，上海人民出版社2005年版，第4—5页。
② 伊曼努尔·康德著：《道德形而上学原理》，苗力田译，上海人民出版社2005年版，第18页。

原创性的价值，因此，我们也就具有了尊严。[①] 如果我们的行动都是被决定的，那么我们的所作所为就不是由我们独有的东西来说明，因此我们也就丧失了个性。人的尊严感在于，人知道生活的方向和结果的某些方面由人自己来支配和决定。如果人并不具有那种尊严感，那么生活对人来说就没有什么意义。丧失正常人理智的病患者、尚无判断是非能力的幼儿，他们在主观上并无这种自觉意识，无论其行为结果客观上是否有利于他人或社会，都不能看做是道德性的行为。涂尔干认为，儿童和精神病人做出的行为可以免除部分责任，是因为他们不具备行为的自由。当然，也并不是他们完全不用承担责任。在斯特劳斯看来，孩子并不是被简单地免除责任。孩子们“能够潜在地、不断地拥有人类的所有道德态度，并成为这些态度的对象，尽管他们不能充分地胜任二者”，孩子们逐渐正在成为有责任的行动者。[②] 在费舍等人看来，“孩子对产生于某些根源（而不是为一些根源）的行动承担责任”[③]，因为一个儿童在成长过程中接受了道德教育。道德教育的部分结果是，儿童通常获得把自己作为一个行为者的观念，明白了事情的结局是取决于他的选择和身体的移动，而且也明白了他是成人的表扬和批评的一个公平的对象。通过道德教育他获得了这种看法，这个孩子才承担道德责任。

“人具有在善与恶中进行两者择一的选择能力，这是一切道德评价之所以可能的条件。只有以此为基础的道德评价，其标准本身才是道德的。”[④]人

---

① 徐向东著：《人类自由问题》，徐向东编：《自由意志与道德责任》，江苏人民出版社 2006 年版，第 14 页。

② 加里·沃森著：《责任与恶的极限：一个斯特劳森主题的变奏》，张亚月译，徐向东编：《自由意志与道德责任》，江苏人民出版社 2006 年版，第 315 页。

③ 约翰·马丁·费舍，马克·拉维扎著：《责任与控制——一种道德责任理论》，杨绍刚译，华夏出版社 2002 年版，第 231—232 页。

④ 邓晓芒著：《灵之舞——中西人格的表演性》，东方出版社 1995 年版，第 133 页。

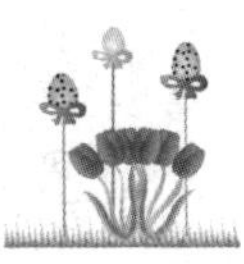

的尊严在于自由意志。我们必须为自己的选择(行为)负责,因为我们有选择自我反应的自由。通过教育青少年选择自己的行为,他们开始意识到不会有别人为他们的行为作出选择。选择反应的思维鼓励他们的自我控制力和责任感。而且,对选择反应思维有所理解可以解脱那种无助或把自己当作受害人的感觉。[①] 在后现代伦理学家看来,

> 采取道德立场意味着为他人承担责任,意味着按照这样的认识行动:他人的幸福很珍贵,要求我付出努力去保持和提高;无论我做什么或是不做什么,对他人的幸福都有影响;如果我不做的话,也许永远不会有人去做,即使他人愿做或能做此事,也并不能削减我自己做的责任。[②]

在道德意义上,可以说,一个人对于他的行为不需负责或部分免则,除非行为是他自己自由选择的。或者,与其说一个人对于其自由选择的“行为”负责,不如说他对行为的“自由选择”负责。只有自由的选择才意味着道德主体是自觉、自愿、自主的。“自觉”实质为一种认知,“自愿”实质是一种情感爱好,“自主”则意味着一种意志。而正是道德主体的自觉(知)、自愿(情)、自主(意)形成了动机的内在构成。动机说到底就是一种被道德主体意识到了的自觉意向,是道德主体为了追求某种预期目的的理性意志。那种对道德要求没有一定理性认知的行为,那种不是出于对道德的敬仰,而受各种客观原因制约被迫做出的行为,其道德性是不完善的。道德的自律性决定了:只有那

① 马文·马歇尔著:《告诉孩子你最好》,张喻译,中国海关出版社 2004 年版,第 14 页。
② 齐格蒙·鲍曼著:《生活在碎片之中——论后现代道德》,郁建兴等译,学林出版社 2002 年版,第 311 页。

种既在客观上符合道德要求，又是出于对道德要求的积极认同并主动选择的行为，才是具有道德价值的行为。[①]

当我们称赞一个人的时候，我们说他是一个好朋友，或者一个勤勉的工人，或者一位能干的商人，或者一位值得信赖的助手，或者一位天才般的诗人，或者一个品质最高贵的人。换言之，他是一个具有如此这般性质的人。如果是道德称赞的话，他就是一个具有如此这般会带来好的行动倾向的人。如果我们形容一个单个的行动，例如我们说"干得好！"，我们是把这个人当作这个行动的原创者来进行称赞的。正是他做得好，并证明自己有能力这样做。如果这个让人愉快的行动是偶然的，那么我们就可以说它不值得为此而受到称赞。如果一个人从表扬中得到满足的话，那是因为其中表达出来的对他的某一方面或总体上的估价。再次，称赞意味着带有明示的或暗示的敬佩的描述。[②] 这种称赞是对人自由选择而做出的行为的表扬，而非针对人出于外界的压力而做出的行为。在亚里士多德看来，"合乎德性的行为必须是经过行为主体选择而那样做，并且是因那行为自身故而选择它的"[③]。当然，如果学生知道教师的表扬意在控制他们，或者学生不在意得到教师的表扬，那么表扬的效果就会降低。因而，教师在表扬时应针对学生自主选择的行为。

当前学校道德教育的重点是培养学生的责任感。而"以表扬为主"却不利于培养学生的责任感。受奖者不一定有什么特别的功劳，而是教师为了树立一个榜样供大家模仿。一切奖赏不是立足于个体的责任，而是立足于社会的效果。在詹姆士看来，"如果我们的行为是预先决定了的，如果我们只是传

---

① 周辅成编：《西方伦理学名著选辑》(下)，商务印书馆 1978 年版，第 116 页。

② R·E·霍巴特著：《不包含决定的自由意志是不可设想的》，谭安奎译，参见，徐向东编：《自由意志与道德责任》，江苏人民出版社 2006 年版，第 73 页。

③ 亚里士多德著：《尼各马可伦理学》，廖申白译注，商务印书馆 2003 年版，第 42 页。

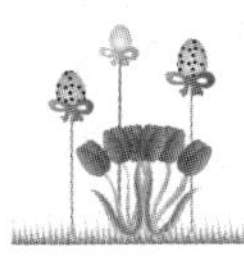

递全部过去的推动力，我们又有什么值得赞扬或受到责备的呢？我们只是一个‘受动者’，而不是一个‘主动者’，那么，哪里还有什么可归咎于我们的责任和义务呢？”[①]这种责任不是由学生自我选择的，因而它不能成为学生自觉去履行的行为。因此，学生为了表扬做出的行为可能是合乎道德的，但不是为了道德行为本身而做出的行为，难以被称为真正的道德行为。

在黑格尔看来，“所谓动机的法就在于人们应该自觉认识到自己行为所包含的普遍的性质，即它与客观事物的普遍联系”[②]。动机的法不仅自在地存在着，而且为人所知，从而一开始就存在于他的主观意志中，为思维者所希求。他认为这是一种对事物理性的全面的洞察力。幼儿、白痴和疯子没有这种洞察力，因而不能正确认识自身的行为，不需要对其行为负责任。人的目的决定其行为，有什么样的目的，便会产生什么样的行为，但行为的发生只有与某人的目的相符合，这一行为才是其目的的肯定内容。也就是说，具体的德性应该和良好的意图结合起来才具有道德价值。如勇敢，两组相互打斗的街头小混混，如果其中某一个人特别勇敢，这只会造成更大的伤害。当然也许有人会认为这不是勇敢，而是莽撞。但将冲突的对方换成外国的侵略者，那无疑是英雄的行为。二者有何区别呢？主要在于他们是否具有良好的意图。为了个人的一时之勇，其行为不能称为勇敢；为了民族的尊严和人民的福祉，其行为才称得上勇敢。

道德是自由的领域，这个领域具有不可预见性。因此，在涂尔干看来，“不可能有一种与刑罚规条相平行的奖赏体系。而且，只有当行动者没有预想到任何有规律的奖赏就采取这种行为时，上述行为才会拥有充分的价值。

---

① 威廉·詹姆士著：《实用主义》，李步楼译，商务印书馆2009年版，第66页。

② 黑格尔著：《法哲学原理》，杨东柱等编译，北京出版社2007年版，第58页。

使奖赏获得价值的，就是这种奖赏的不确定性和不明确性，就是从物质的角度来看奖赏的无意义性”[①]。否则，如果将道德行为贴上一种价值标签，就会立即得到一种见不得人的商业气息。

而在“以表扬为主”的实践中，学生被要求服从既定的规则，最终导致学生只需为封闭的、单一的规则负责，而无须对自己的行为负责。结果就会出现在学校里助人为乐，而在社会上对他人冷漠；在学校里热心公共事务，但在家里四体不勤的学生。这也是强制的必然后果。久而久之，学生形成了对外力强制下的规范约束的惯性依赖，即在外在氛围管束下奉行规范、循规蹈矩，外在约束一经解除，即超范越轨，自行其是。在道德规范的奉行者看来，循规守范纯粹是做给外在的约束者看的，而不是从内心中领悟到了践行规范的真实含义和于己于人的重要性。如果社会性的行为仅仅建立在对恐惧的恐惧，为自己的行为付出代价，以及相应习惯之上，那么这无异于奴隶的行为。即使是不违反法律、一向严守禁令，也很难称得上是道德。而且，就算以害怕惩罚为基础的责任感可能会有效地防止对法律的破坏，那也无益于提高积极行为。[②] 这说明在外在表扬的规训下，道德主体在外力的强制下被迫藏匿起自己的真实想法，被迫去遵守行为规范。

总之，教育者应把学生自身成长的目的而不是他本人的自利，作为心中谋求事物变化的首要缘由。教育的目的是为了让学生成为更好的自我激励者和有道德的人，而不是依赖外部表扬的人。

3. 学生的道德品质不能完全依靠回报养成

在市场经济的影响下，对道德回报的错误理解主要表现为，只要做了好

---

① 爱弥尔·涂尔干著：《道德教育》，陈光金等译，上海人民出版社 2006 年版，第 150 页。

② 麦独孤著：《社会心理学导论》，俞国良等译，浙江教育出版社 1997 年版，第 145 页。

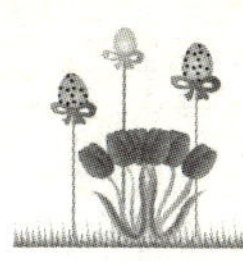

事就应该给予回报。道德需要回报，并不能因此以为任何道德行为必须有相应的利益回报作补偿。首先，道德回报是社会主动而不是个人主动的行为。在中国古代，无论是“受滴水之恩，当涌泉相报”，还是“有仇必报”的传统，都只是一种个人主动而非社会主动的行为，对行善者的报答与对行恶者的惩罚，都只是停留在个人层面而缺乏必要的道德回报机制。可以想象，在古代，如果善行的领受者不报恩，那么行善者就得不到他人的回报；如果恶行的受害者不报仇，那行恶者也终将逍遥自在而得不到必要的惩罚。[1] 其次，道德的回报包含道德主体自身精神上的满足，如看到被帮助对象痛苦的消除所带来心情上的愉悦。很多情况下就是我们所说的“心安”。许多道德行为的产生，是由于道德主体实施一项道德行为时，纯粹是为了自己的良心不受到折磨。做好事得不到回报，并不会成为他们不做好事的借口。最后，道德行为的非主体性回报是一种事后的回报。由于道德行为事后回报的不可预见性，道德行为的实施者在作出道德行为之前，不可能完全预见到所能得到的回报。鲍曼指出，回报说假定，“思先于行；解说先于工作；辩护先于责任。……假定行为是理性决策之产物……但是，道德是地方性的，并且不可避免地是非理性的”[2]。

作出某种合乎道德的行为后，要求获得相应的回报，是一种市场经济实利精神的体现。它对行为的动机不再表现出强烈的关注，它更注重行为的结果或具体目的性。终极目的性显得虚空飘渺，常常因不够实在而遭到实利精神的蔑视。现实目的性或具体目的性则会因为其感性确定性，而获得实利精神的青睐。这样，实利精神中隐藏着一种危险：终极目的的虚无化，具体目的

① 郑光才：《论道德回报及其对道德教育的启示》，江西师范大学 2006 年硕士学位论文，第 10 页。

② 齐格蒙特·鲍曼著：《后现代伦理学》，张成岗译，江苏人民出版社 2003 年版，第 69 页。

终极化。淡漠动机，注重效果，以具体目的代替终极目的性，这是实利精神在价值目的性问题上可能给人类带来的困境之一。终极价值目的性的缺失，以效益规定一切意义，可能是实利精神给人类精神世界所带来的最深刻，亦是最令人担忧的问题。在这里，不再有传统意义上的崇高，或者说，除了实利之外，一切都不再崇高。[①] 然而，道德回报不同于市场经济中的利益交换。米歇尔·奥克肖特区分了两种不同的人类关系："交易关系"(transactional relationship)，两个或两个以上的主体，结合在一起的目的是为满足其不同的需要，市场中的交换关系是其典型；道德关系(moral relationship)中，人与人之间的关系是建立在相互都承认的规则的基础上，规则阐述了双方的权利和义务，比如下棋比赛中的双方，都接受下棋规则，就是一个例子。[②] 用市场交换的那一套来看待人与人之间的关系是非常危险的，它将经济价值观等价交换的原则强加入人际关系之中，可能加速这种关系的非人性化。康德指出，如果人类的交往被视为达到另一目的的手段，甚至人类都可以贬值。道德律"绝对命令"的第二种变形形式是：人是目的，不是手段或工具，即"每个有理性的东西都必须服从这样的规律，不论是谁在任何时候都不应把自己和他人仅仅当作工具，而应该永远看作自身就是目的"[③]。要求所有的道德行为都必须有相应的回报，会使人为利而利，不仅人自身及其价值被物、利所淹没，而且会不择手段而陷入一个对他人利益的侵犯的境地。

在道德教育中，如果一种行为得不到回报，就不去实施，而不管这种行为是否应该去做或值得去做，这显然违背了道德教育的初衷。学生在这种所谓

---

① 高兆明等著：《现代化进程中的伦理秩序研究》，人民出版社 2007 年版，第 169 页。

② 朱德米著：《自由与秩序：西方保守主义政治思想研究》，天津人民出版社 2004 年版，第 240 页。

③ 康德著：《道德形而上学原理》，苗力田译，上海人民出版社 1986 年版，第 86 页。

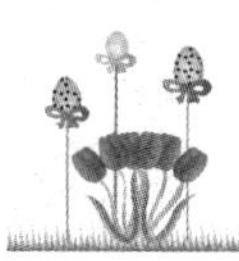

的道德教育中学到的是如何做交换，如何以最小的牺牲换取自己最大的利益，反而会让学生远离道德行为。如果道德都需要回报，那么一个人的善良是否可以用金钱买到？如果缺少了表扬，这种爱心是否就停止了呢？

道德回报是否会使学生更道德呢？对个人而言，表扬是一种回报，但对他人而言，教师意在树立榜样。那么，表扬是以什么为代价换来了孩子暂时的行为？表扬换来的是服从，而非“成为他们自己”。学生为了得到表扬做出的行为，就好像是为了图表现，向外界展示自己。正如汤姆·莱洛对“美国童子军格言”进行的反讽一样：“在没有人注意你的时候，你无需展示自己的优秀品行。”①

而且，即便道德需要回报，但回报不只是需要对良好道德行为进行嘉奖的问题，还应包括对不良行为的惩罚问题。以表扬为主忽视了对学生不良行为的批评和惩罚，这会滋长学生对道德原则的鄙视心理，甚至会导致道德虚无主义思想的产生。从心理角度来看，能够赋予道德以权威的是人类所认为的道德规则的神圣性。如果对不良行为不给予相应的惩罚，那么，道德规则的神圣感难以在学生心里得到培植。正如涂尔干所说：“如果规范受到了侵犯，那么规范就不再是不可侵犯的；被亵渎了的圣物看上去已经不再是神圣的，如果没有什么新的东西发展出来，去恢复其原有属性的话。一个人不会信仰一种平民百姓举手就打而不受惩罚的神。”②而且，当学生做错了事情，对其进行批评，一方面是为了培养他的责任感，另一方面接受惩罚也是他的权利，接受惩罚之后的儿童才会感觉到自己重新获得了人的尊严。既然已经接

---

① 艾尔菲·艾思著：《奖励的惩罚》，程寅，艾斐译，生活·读书·新知三联书店 2006 年版，第 154 页。

② 爱弥尔·涂尔干著：《道德教育》，陈光金等译，上海人民出版社 2006 年版，第 122 页。

受惩罚，不必为此而时时感到羞愧，身上的罪恶感也得到减轻。

回报性的道德忽视了社会和学校的不同。即使学校能够做到对学生的多数道德行为进行表扬，但是在社会上却不一定是这样。在生活中，老实人总是吃亏。但不能因为做一件事情吃亏，就不去履行自己的道德义务，这恰恰违背了道德教育的初衷。在"以表扬为主"思想指导下建立的一种奖励制度，好像是让学生在诚实和老实方面彼此竞争的问题。在涂尔干看来，道德的回报在于道德行为本身。他说："嘉奖德性的观念确实会让我们发笑。用酬报天才的方式来酬报道德功绩，这种做法会让我们感到厌恶。……在一种内心平静的状态中，在德性带给我们的那种尊敬感与同情心中，以及由此产生的惬意中，人们才能发现对德性的真正奖赏。"[①]他批评了当时人们将荣誉单一地赋予知识的做法，认为应将其更多地赋予道德。教师要做到这些，并不需要在已有的考试或试卷外再添上新的考试与试卷，或者在荣誉单上添上新的奖项。对教师来说，更多的重要意义要赋予那些被人们所忽视的道德品质，并要对那些虽然努力但未成功的学生表现出爱护和友谊，这就是最好的奖赏。

总之，在道德教育中，不应该利用回报来诱导学生去实施道德行为，因为在很多情况下，做出道德行为或多或少需要作出一定的牺牲，而且事后的回报并不保证一定会得到。道德自身具有的回报性，与外界必须给予其合理的回报，这是两个不同层面的问题，如果将其合二为一将会犯逻辑错误。因此，回报应该获得，不应由行为主体事先预见或事后争取，而是一个合理的社会环境所必须具备。因为只有社会环境改善了，人们讲道德才不至于吃亏。可

① 爱弥尔·涂尔干著：《道德教育》，陈光金等译，上海人民出版社2006年版，第150页。

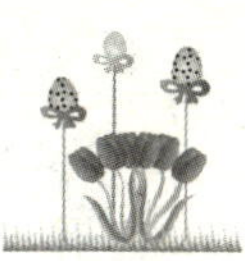

人们决不能以吃亏与否来确定自己做道德之事与否。否则就会在逻辑上犯下大错，与现实培育学生道德品质的目标背道而驰。[①] 公正合理的道德环境，应当努力消除义务与权利、贡献与获得、德行与幸福的二律背反，而使它们成为相辅相成的良性循环关系，事实上，社会越是回报个人的奉献，个人就越会为社会自愿地行动；而且，个人越履行对社会的义务，社会为个人提供权利保障和幸福实现就越有可能。当我们说道德需要回报，是指社会应该给予道德行为主体一定的奖励；而说道德不需要回报，是指道德行为主体在实施道德行为之前，不应该为自己的行为去索取报偿，但其行为得到合理报偿的权利应该得到尊重。因此，对于学校来说，学校教师或管理者应该努力塑造一个公平的环境，而不是鼓励学生通过做好事来获得表扬。

4. 道德教育应该引导学生追求自我完善

在前文提及的将表扬制度化的“美德储蓄”活动中，它是从道德有何用的问题出发，而不是从人性、生命的角度去关注、追求“善”，追求“道”。“道”在中国古代哲学中是一个与“德”不同的概念。中国古代的道德是世俗的。在这种道德体系中，家国社会、日常生活的举止应对、规范要求细致入微。“道”就在日用伦常之中。“如果用‘道’来代表理想的超越世界，把人伦日用来代表现实的人间世界，那么‘道’即在‘人伦日用’之中，人伦日用也不能须臾离开‘道’的。”[②]“道”是一个本体性的存在，即使在以“仁”为核心的儒家学说里，仍然是“吾道一以贯之”。孔子所忧“德之不修”是以“道”为依据的。《论语》中强调君子应“志于道，据于德，依于仁，游于艺”，即应以“道”为志向，以“德”

① 郑晓江等：《无“道”之“德”何以可能？——关于中学思想品德教育的思考》，《思想理论教育·新德育》，2007 年第 3 期（下半月）。

② 余英时著：《从价值系统看中国文化的现代意义》，参见胡晓明，傅杰主编：《释中国》（第一卷），上海文艺出版社 1998 年版，第 398 页。

为根据，凭借于“仁”，活动于“礼”、“乐”等六艺之中。道家则把“道”视为天地万物存在的根本及社会运行必须遵守的规律，道德的主体地位是不可动摇的。老子在道篇中开宗明义地指出了“道”、“德”的意义。道与万物的关系，是一种形而上和形而下的关系；道为万物之本，万物皆产生于道。[①]《庄子》中的“道”是无名、无形的天地万物之本，“德”是天地万物成为自己的内在根据，是万物内在的本质属性。所谓“道生之，德蓄之”。“道”与“德”之间，道在先，德在后；道为本，德为末；道为源，德为流。道为本体，德为功用。离道而讲德，无异于缘木而求鱼，舍本而逐末，结果只能贻害心灵。[②] 在今天看来，引导学生去追求“道”，就是要培养他们道德践履的自觉意识，努力追求精神的超越，完善美好人生，而非仅仅注重外界的表扬或惩罚。否则，在外界的表扬或惩罚的强制下，只会培养出那种唯唯诺诺，对人冷漠、缺少真情实感的伪君子。

表扬也可能不利于学生道德信念的形成。一个人道德修养的特征就在于信念在他的生活中已变为能不断激发他实施道德行为的一种独立的精神力量。苏霍姆林斯基认为：“道德真理只有在被学生亲自获得、亲自体验到，并成为他们自己的个人信念之后，才能成为他们的精神财富。”[③]道德信念的坚实基础要在童年和少年早期奠定。要努力使孩子逐渐树立这样的信念：为社会做好事、有益的事和有用的事是道德高尚的表现，而只考虑到自己则是

① “道可道也，非恒道也。名可名也，非恒名也。无名，万物之始也；有名，万物之母也。故恒无欲也，以观其眇；恒有欲也，以观其所徼。两者同出，异名同谓。玄之又玄，众眇之门。”见梁海明译注：《老子》，山西古籍出版社 1999 年版，第 3 页。

② 黎敏，张惠远：《中学思想品德课教学重“德”轻“道”教育的困境及其应对》，《思想理论教育·新德育》，2007 年第 3 期（下半月）。

③ 于钦波等著：《外国德育思想史》，四川教育出版社 2000 年版，第 523 页。

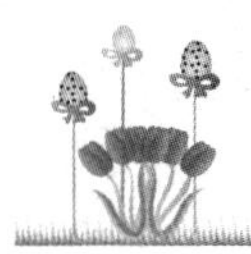

可耻的行为。在他看来，“最糟糕的是，只是为了博得赞誉而做好事。如果一个孩子从小就养成了只是为了表扬才去做点好事的恶习，那么他将成为一个待人冷漠、计较利害、无情无义的自私的人”。

他举例说：

> 有一个12岁的男孩子，常常为帮助一位孤寡太太而受到少先队辅导员的表扬。然而过了一段时候才知道，他常常向辅导员汇报完他给老大妈打过水的事之后回到家里，就把沾满污泥的脏鞋和脏外衣扔在地板上，让有病的奶奶整晚为他洗刷……我们花费了很多时间才帮助他认识到这种行为是不体面的。其中起了作用的因素是，幸好这个孩子当时只有12岁，而全班又能团结一致。[①]

个人道德信念是道德教育的最终结果。形成个人的道德信念还要有一个长期的复杂的过程。信念，不只是指人知道些什么，而首先是指他怎样把这些知识变成行动。人要从生活现实出发，在经验世界中反思、提升自己，一步步走向神圣高尚，且这种神圣就存在平凡之中。这就如同柏拉图、亚里士多德所说的各司其职，如同基督所要求的爱邻人，如同孔子所提倡的推己及人。而以表扬为主会将道德庸俗化，忽视了对学生道德信念的培养。

道德的践履应是完全出自内心或主体的自觉。如果不是基于道德主体的内在需要，就失去了道德践履的内在动力。因此，道德作为内在的、自律的东西，它应该成为人们人格实现和自我价值实现的途径和表现。道德基本原

---

① 苏霍姆林斯基著：《帕夫雷什中学》，赵玮等译，教育科学出版社1983年版，第248页。

则和主要规范应该从主体的自我实现、价值实现和人格实现，即从主体的内在需要中引申出来，这样它才能成为根植于人们内心的而不是外化的东西，也才能真正成为自我的道德品质。

总之，任何一种教育手段都必须考虑到道德的特性以及学校道德教育的目的。学校道德教育的目的要考虑到学生的需要和社会的需要，只有将二者结合起来考虑的目的才是学校道德教育之所以存在的依据。学校道德教育的目标是使学生成为一个有道德的人。如果不承认这一点，道德教育就失去了自己的根基。洛伊认为人即使是被决定的，也必须慎思、选择和行动。慎重地思虑是许多行动的前奏，选择对于事情的完成必不可少。道德制度“使生活变得更加适宜和容易忍受，它们赋予我们与他人的交往以结构和价值，它们为我们生活的动荡不安增加了可预见性和可依赖性”①。他讲了一个故事。在一次伦理课上，有人向约翰·罗尔斯提出这样一个问题：“为什么我应该对这些事情操心？谁说我无论如何必须遵守这些规则？”罗尔斯的回答是：“你希望自己成为什么样的人？如果你想成为你所尊敬的那种人，你就必须为此而努力。为了成为一个好人，你必须培育好人的习惯和态度。”②

二、表扬影响了学生的自由选择

(一) 表扬制约了学生选择能力的培养

控制影响了学生选择的自由，但做出合乎道德的选择要求人必须是自由

① 洛伊·韦瑟福德著：《决定论及其道德意义》，段素格译，参见徐向东编：《自由意志与道德责任》，江苏人民出版社 2006 年版，第 38 页。

② 洛伊·韦瑟福德著：《决定论及其道德意义》，段素格译，参见徐向东编：《自由意志与道德责任》，江苏人民出版社 2006 年版，第 38 页。

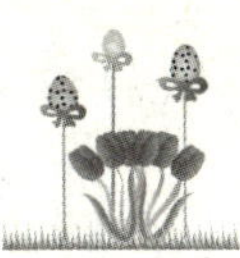

的，意志自由是人做出道德选择的前提。表扬不能教会学生选择，反而会影响学生的选择。如果过分夸大表扬的作用，滥用表扬，势必削弱道德行为的自觉性，削弱儿童的道德责任感，因而在不道德的动机的支配下做出一些合乎道德规则的行为。这样，表扬也将丧失其对儿童道德行为的鼓励作用，蜕变为某种交换物。在短时期内，滥用表扬可能会收到眼前的效果，但从长远来看，它不利于儿童道德的健康发展。滥用表扬的最大隐患是，这种外在的刺激可能被学生内化为需要。说得明白一点就是，它有可能使儿童将获得老师的奖励作为道德行为的动机，因而出现弄虚作假的现象。这种靠廉价的表扬换来的道德行为同在外力强制下的“循规蹈矩”尽管在形式上不同，但在本质上并无区别，因为它们两者都是依靠外在的力量维持的。一旦失去这种外在的力量，其结果便可想而知。[①] 拉思斯也认为，“通过奖励与惩罚来强化某种行为”，是一种传统的经常被用于帮助儿童发展价值观的方法，也是一种控制的方法，它不利于培养儿童的价值观。[②]

我们承认，各种奖惩制度，作为一种控制手段，在维持社会的正常运转中起着重要作用。董仲舒在《春秋繁露·保位权》中提出：“民无所好，君无以权也。民无所恶，君无以畏也。无以权，无以畏，则君无以禁制也。无以禁制，则比肩齐势而无以为贵矣。故圣人之治国也，……务致民令有所好。有所好然后可得而劝也，故设赏以劝之。有所好必有所恶，有所恶然后可得而畏也，故设罚以畏之。”[③]恩格斯也指出，资本主义制度就是通过奖惩来实行社会控制的。马恩曾赞扬欧文“看出赏罚制度是社会等级差别的神圣化，是奴隶般

---

① 陆有铨著：《皮亚杰理论与道德教育》，山东教育出版社 1984 年版，第 204—205 页。

② 路易斯·拉思斯著：《价值与教学》，谭松贤译，浙江教育出版社 2003 年版，第 41 页。

③ 李文正著：《培育“有修养的个人的社会”：班级生态论》，参见熊川武等主编：《教育研究的新视域》，辽海出版社 2003 年版，第 389 页。

的屈辱状况的完整表现”①。这套威逼利诱的做法，是一切剥削阶级社会控制的有效手段。众所周知，社会控制的核心在于使个体社会化，使个体履行广泛的社会标准的义务和在社会结构中担任某一特定角色的义务。

学校作为一种特殊的社会机构，它对学生进行控制的目的之一，就是实现儿童的社会化。它的控制应是内在的，必须以促进学生的正常发展为前提。社会控制的本质在于“对行动的手段和目的的共同的理解”②。学校的社会控制应该是“内在于一个人的倾向的，不是外在的，也不是强迫的。教育的任务就在于通过兴趣和理解的认同达到这种内在的控制”③。不可否认，奖励和惩罚对服从行为的发生起着重要作用，惩罚的作用主要体现在服从禁止性的规范中，而奖励的作用主要体现在服从倡导性的规范中。④ 但正如前文谈到的，学校道德教育的主要任务不能仅限于让学生掌握行为规范，而更在于教育他们将这些规范内化于自身行动。

表扬是以行为主义作为理论基础的，这也是它容易沦为一个控制学生手段的原因。斯金纳认为，人的一切行为无非是社会文化刺激的结果，是受社会政治、法律、伦理制度所决定、所制约的。人和动物的一切行为都可分析为刺激和反应。刺激决定反应，当有意识地刺激或强化某一行为，便可得到人们所期望的反应。人的自由和尊严的获得，经历了一个由外及内，即从外在文化环境的设计与改造开始，然后实现个体内化的过程。人的行为原则上是能够进行预测和可以人为控制的，通过对环境的操作和行为的强化，人们就可以任意地设计、创造和改变任何行为。由此衍生出的教育过程本质上便是

① 马克思，恩格斯著：《马克思恩格斯全集》(第2卷)，人民出版社1957年版，第240页。
② 杜威著：《民主主义与教育》，王承绪译，人民教育出版社1990年版，第44页。
③ 杜威著：《民主主义与教育》，王承绪译，人民教育出版社1990年版，第44页。
④ 蓝维等著：《德育学科教学心理学》，人民教育出版社2004年版，第315页。

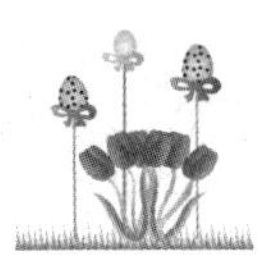

一个行为控制的过程。教师的工作类似于一位雕塑师任意雕塑一块泥巴的工作，其主要任务不是关心儿童的内部状态，而是创设一个能对儿童的行为起控制作用的外部环境或手段。通过操作这种环境或手段，使儿童获得教育者所期望的行为，即使良好的行为得到强化和维持，不良的行为受到抑制乃至消退。①

但经典条件反射论远不能说明人和动物许多复杂行为的形成过程及其和环境的交互作用，特别是忽略了有机体的行为结果对有机体行为的影响。因此巴甫洛夫的经典条件反射论只能解释狗为什么一听见铃声就分泌唾液，而没有研究当然也就不能说明，狗怎样通过行为去获得食物，以及人们又怎样通过控制食物源来控制狗的行为。

（二）表扬不利于提高学生的执行能力

道德冲突有许多种，除了善恶的选择外，真正的道德冲突可分为两类。一类是大善和小善之间的冲突，一类是不同类别的道德义务之间的道德冲突。对于前者，人们都知道如何作出选择，第二类选择却往往让人感到困惑。由于人与人之间不同的社会关系，使人们在社会中形成了各种不同的角色。由于角色的区别，就会形成各种不同的道德义务。教育的任务之一就是要提高他们对教育问题的敏感性，让他们懂得自己所应承担的各种义务和拥有的权利。行为主体在作出选择后，是否具有这种执行能力，是道德选择能否成功的保证。行为主体应对道德选择的结果具有预见能力，并能够根据条件和环境的变化，对自己的选择做出调整。

表扬带来的控制并不能使学生的选择能力得到提高，反而会影响他们选

① 戚万学著：《冲突与整合——20世纪西方道德教育理论》，山东教育出版社1995年版，第488—489页。

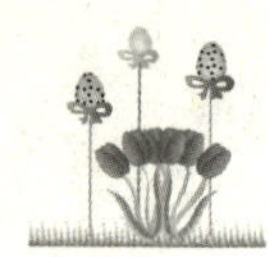

择能力的培养。任何控制手段对学生的行为只可能产生暂时的、情境性的影响。如果诱因系统停止或学生处于该系统不能发挥作用的情境中，他们的行为就会经常发生剧烈的变化。学生可能习惯于这种外部的刺激，当缺少外部的刺激时，他们反而失去了前进的动力。而且，这种控制可能培养出一种完全服从的人，而服从显然不是一种道德品质。教育要培养学生批判社会的能力，这是社会进步的根基之所在。质疑社会的能力是一个道德行动的前提。有时，"即使是遭到群体——而事实上是所有的群体——的谴责，个体的行为却依然可能是合乎道德的；而受社会——即使是全社会一致地——推崇的行为，也依然有可能是不道德的"①。道德最终是(或首要是)与选择相连的，没有选择就没有道德。但有了选择，只意味着具备了探讨道德问题的前提或者说拥有了道德得以生成的机会，而并不是说选择就代表着道德。②

"为社会生活作好准备的惟一途径是参与社会生活"。③ 同样，学生也只有在选择中才能学会选择。因此，在道德教育中，为达到这一目的，教师必须为学生提供多种选择的可能性。教会学生选择，不是以封闭禁锢学生的思想为目的，而是以促进学生的道德思维特别是独立性思维和批判性思维、发展学生的道德观为目的。教师必须启发学生独立思考，自由地发表自己的意见，教师不可对不同的意见加以讽刺、挖苦，压制不同的思想。现代道德教育的批判性应教会学生在面对道德冲突时，增加对道德问题的敏感度，帮助学生反思原有社会规则中存在的道德伦理问题，从而提高他们对社会正义实现的敏感意识。

---

① 鲍曼著：《现代性与大屠杀》，杨渝东等译，译林出版社 2002 年版，第 232 页。
② 郑莉著：《理解鲍曼》，中国人民大学出版社 2006 年版，第 132 页。
③ 杜威著：《道德教育原理》，王承绪等译，浙江教育出版社 2003 年版，第 13 页。

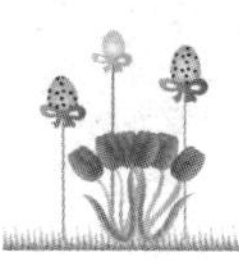

批评和表扬的做法常被用在学校的行为矫正计划之中。它们在课堂管理中可能是成功的，例如守秩序，按时上学，集中注意力听课和完成家庭作业等。但在柯尔伯格看来，“这些课堂行为的变化对日后生活中的行为没有可靠的预示意义。关于管理的标准与（再）教育标准之间的不一致性的一个例子是，在教养院中，侵犯行为、暴乱和违反规则的行为有了大范围的减少（标志着成功的行为管理），但在这些试验的变化并没有减少累犯的比例（成功的道德再教育的标志）。因此，尽管课堂行为管理是一个真正值得关切和能被成功解决的问题，但是，这种成功不能被看作是‘有效的道德教育’”①。出现这种现象的主要原因在于各种行为矫正技术的运用对儿童行为的动机或判断缺少考虑。教师应不仅仅把学生的行为看作是“好的行为”，而更要将它看作符合成熟的道德判断的行为。这说明了，“对运用奖励和惩罚的手段的行为矫正方法的强调并不直接引起道德品格的发展，同时也似乎没有长期和普遍的积极效果”②。相反，教师应该更多地强调将儿童好的行为当作引起判断与行为一致的一种途径。如果某位教师努力探求某个困难的问题，他就会惊奇地发现，他所赞赏的行为在儿童自己那里是以不成熟的理由来评价的，因此，我们所赞赏的实际上恰好是利己心而不是道德的价值。③ 如果教师让儿童产生一种新的义务感，他就会经常被激励去检验他自己应付这种挑战和实施这种义务的能力。如果他得到鼓励这样做，并且成功了，他就为进一步的道德行为建立了一种基础。彼得斯也认为，人们可能会使一个孩子形成回避狗的条件反射，或者通过催眠性暗示诱导他做某事。但这种作法不尊重人，

---

① 柯尔伯格著：《道德教育的哲学》，魏贤超，柯森等译，浙江教育出版社 2000 年版，第 82—83 页。
② 柯尔伯格著：《道德教育的哲学》，魏贤超，柯森等译，浙江教育出版社 2000 年版，第 89 页。
③ 柯尔伯格著：《道德教育的哲学》，魏贤超，柯森等译，浙江教育出版社 2000 年版，第 92 页。

而且它违反了“自觉”和“自愿”。“总结起来说，通过喋喋不息的鼓励性说教及课堂管理方法是难以促进和获得成熟的道德行为的。要达到这一目的，首先要求在教师方面有道德的确信；其次要清楚，教师应在哪些方面对各个特定水平的儿童道德发展予以促进，同时清楚与这些儿童进行道德交流的合适方法。最重要的是，道德教育意味着教师要细心地了解儿童的道德陈述。教师必须关心儿童的道德判断（以及这些判断与其行为的关系），而不应注重于儿童的行为或判断是否与教师一致的问题。”①

即使人是被决定的，也必须慎思、选择和行动。选择对于事情的完成必不可少，慎重地思虑是许多行动的前奏。教师要让学生有自主权，要让学生接受某种价值观，必须让他们理解价值观内在的意义。这需要通过加强学生自治，提供机会让他们和同伴一起解决问题来实现。要帮助孩子获得所必需的社交的、伦理的和认知的技能，以便让他们自己思考哪些目标是值得追求的，必须给予学生以足够的信任。因为离开了选择，包括宽容和关爱在内的价值观都不可能得到很好的发展。缺少选择能力的学生，一般会去做那些自以为老师喜欢的事情，从而得到教师的表扬。教师不应该想一直牢固地控制学生，而应该想办法把班级变成一个充满关爱的集体，让学生们通过合作来作出选择，而非重新采用那些修正行为、加强纪律的种种做法。学生选择能力的提高与学生是否具有坚强意志有关。因为“自由选择既在于判断也在于主动地承担责任，所以它是一种既涉及智力能力也涉及意志能力的活动”②。

当今道德教育中采用表扬或惩罚提高学生道德品质的做法，在其背后蕴涵着这样一个观念：只要学生掌握了道德知识，就自然而然地有了德行。教

---

① 柯尔伯格著：《道德教育的哲学》，魏贤超，柯森等译，浙江教育出版社 2000 年版，第 93—94 页。
② 徐向东编：《自由意志与道德责任》，江苏人民出版社 2006 年版，第 41 页。

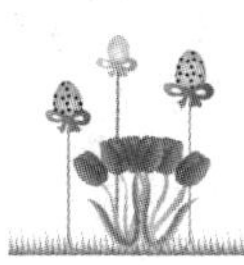

育者在教育过程中，始终处在中心位置，只顾灌输现成的道德规范，受教育者则完全处于被动地位，对教师盲目顺从。这样，"灌输"又衍生出了教师的权威主义，教师的话无论正确与否都是金科玉律。在这种情况下，不服从成了主要的"罪行"；而服从则是最基本的美德。服从意味着承认权威具有超越于人的权力和智慧，有权根据自己的意愿施加命令、给予奖惩。① 权威要求服从，其结果是学生丧失对道德文化的批判继承能力，对道德规范缺乏真正的内心认同，因此，也难以产生严格的自律精神。这也是学生缺少道德选择能力的主要原因。学校道德教育犹如"美德袋"的传授。正如霍尔、戴维斯批评的那样，虽然教科书上反复提到一些道德原则，但很少谈论这些原则或用实例来说明它们。道德教育是假设学生能直接从书本提供的概念中学习到诸如诚实、自由和平等的价值概念，学校"在传统价值和理想方面的教授在很大程度上要靠机遇"②。

(三) 表扬不利于提高学生的道德判断能力

提高学生的道德判断能力，是为了避免盲从，让学生学会在具体的道德场景中能采取适当的行动。学生为了得到教师的表扬，不敢作出自己的独立判断。他们在教师表扬的压力下，缺少理性的思考。长期如此，培养的学生就会唯唯诺诺，缺少独立人格，甚至缺少对社会丑陋现象的批判性思维。虽然，学生具备了道德判断能力不等于他们就会去履行自己的道德责任，但一个缺少良好道德判断能力的人，道德品质肯定是不高的。因为"缺乏形式逻辑推理能力发展所需的认知刺激，也许是道德水平受到限制的重要原因"③。

---

① 弗洛姆著：《为自己的人》，孙依依译，生活·读书·新知三联书店 1988 年版，第 143 页。
② 霍尔，戴维斯著：《道德教育的理论和实践》，陆有铨，魏贤超译，浙江教育出版社 2003 年版，第 14 页。
③ 柯尔伯格著：《道德发展心理学：道德阶段的本质和确证》，郭本禹等译，华东师范大学出版社 2004 年版，第 188 页。

1. 表扬影响了学生的独立思考

具备一定的道德判断能力，是一个人做出道德行为的重要条件。一个人的思维和他如何行动是相互联系的，只有提高判断能力才能促进道德发展。皮亚杰认为，道德发展是儿童积极思维的产物。① 柯尔伯格也指出："推理和行为是相互联系的，因为成熟的道德行为要求以成熟的道德思维形式为前提。一个特定的道德行为只有当他处于发展的系列中才变得恰当，在那里，儿童有合理的理由或观念支持道德行为。"②但一个人的道德判断能力不能通过表扬得到提高，相反表扬带来的控制反而会对它产生阻碍作用。因为提高学生道德判断能力需要他们学会独立思考，而表扬带来的是服从。正如柯尔伯格所言，我们无法教会内化的道德判断原则，道德教育旨在"促进道德判断的发展及其与行为的一致性"③。

表扬经常用在对学生进行"美德袋"教育之中。但历史证明"美德袋"的道德教育是无效的。柯尔伯格认为，从心理学角度来看，根本不存在什么美德袋。美德与丑行是一些人对另一些人表扬或批评时的标签。但运用这种表扬或批评方式的人，在他们作出道德决定时却并不采取这样的思维方式。美国 20 世纪 20 年代的道德品格教育方式是一种被称为"美德袋"的传授方法。这些美德由"诚实、责任心、友谊、服务以及其他一系列价值组成，"通过说教，给予践行机会以及奖励的方法，这些美德被教给儿童"④。但这种方法到了 20 世纪 30 年代，因其显然失效而失去了人们的支持。

寄希望从外部强加给儿童道德观念，不利于学生的道德发展。柯尔伯格

---

① 蒋一之：《皮亚杰的道德发展理论及其教育意义》，《外国教育研究》，1997 年第 4 期。

② 柯尔伯格著：《道德教育的哲学》，魏贤超，柯森等译，浙江教育出版社 2000 年版，第 83 页。

③ 柯尔伯格著：《道德教育的哲学》，魏贤超，柯森等译，浙江教育出版社 2000 年版，第 88 页。

④ 柯尔伯格著：《道德教育的哲学》，魏贤超，柯森等译，浙江教育出版社 2000 年版，第 17 页。

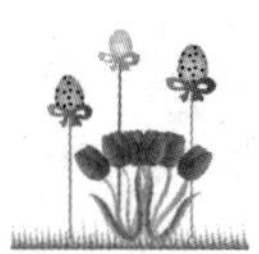

认为：“在思维方式的每一个发展性的变化中，儿童是依靠他自己来作出某种发明的。新的道德思维方式是从内部发展出来的，而不能从外部强加给儿童。变化是以儿童对他的经验的积极的重新组织为基础的，变化是冲突引起的。”①道德发展的过程既是一个儿童借助自己的智慧努力探索、不断建构的过程，又是一个需要学生的理智和思维参与的过程。因此，道德教育的目的不应是让儿童无条件地服从某些规则和准则，而是要鼓励儿童接受理性的自我指导和自我决定。在道德教育中应抛弃传统的说教、灌输和强迫执行等反理性的方法，帮助学生通过自己的实践和理性思考做出自己的判断和决策，不断完善自己的道德生活。②

表扬总是让学生接受那些“永远正确”的思想观念，学生辨别是非的能力难以得到很好地发展。如果单纯用表扬对学生的行为进行约束、控制和评价，容易使学生形成一种墨守成规、“惟书”、“惟上”的思维定势，会束缚学生创造思维的发展。教师试图利用自己的权威，去使学生认可社会的道德观念并最终形成固定的习惯。它忽视了学生是一个活生生的生命，更忽视了学生具有自主建构的能力和需要，很难起到教育效果。长期如此，还会导致学生的反感，将道德视为一种异己的力量。表扬会使学生将注意力集中在获得教师的表扬上，学生行为动机的培养会被忽略，因而不利于他们道德观的形成。

2. 表扬不利于学生理性思维能力的提高

道德教育要培养学生的批判性思维，不能通过简单地告诉儿童善或恶来进行道德教育。表扬让学生形成思维定势，当出现新情况时，学生缺少解决新问题的能力。只有提高了道德判断能力才能适应多变的社会。杜威指出：

---

① 柯尔伯格著：《道德教育的哲学》，魏贤超，柯森等译，浙江教育出版社 2000 年版，第 79 页。

② 戚万学著：《冲突与整合——20 世纪西方道德教育理论》，山东教育出版社 1995 年版，第 38 页。

"学校的一个大的任务就是培养免疫性,使不受报纸和无线电的宣传影响。赫胥黎在他的《科学研究与社会需要》一书中说:'教育的目的之一应该是教导人民忽视由他们的社会环境所强加在他们身上的那些无意识的偏见。'战争宣传和希特勒化的德国的情境证明:如果学校不创造一种有批判性的鉴别能力的大众智慧,那么将会无限制地产生偏见和燃烧的情绪。根据我的判断,对于情况与力量的明智的理解必然会支援一种新的一般的社会方向。"① 如果没有理性的自觉,没有对生活的理性自觉和对道德规范的理性自觉,就没有真正道德的行为,所以黑格尔说:"有道德的人并不是那种仅思想、行为正直的人——并不是天真的人——而是那种意识到自己所作所为的人。"②如果缺乏对道德规范的理性自觉,我们就有可能在自以为遵守道德规范时恰恰做着为虎作伥的事情。

康德也认为,既然人是具有尊严的理性存在者,人与人之间的合适态度应是相互尊重的态度。在这里,"尊重"意味着尊重一个人的理性本质——也就是说,尊重一个人设定、反思和修改目的的能力,尊重这个人在理性反思的基础上最终所接受的目的。③ 因此,教育要诉诸学生的理解力。彼得斯借用谢弗勒的话表明了这一观点:"标准上说,教至少要在某种程度上服从学生的理解力和独立判断力,服从学生对理性的需要,服从学生对充分解释的构成的看法。教某人如此这般是事实,并不仅仅是使他相信如此这般是事实。例如,欺骗就不是一种教的方法或方式。教还有更深的含义,如果我们要使学生相信如此这般是事实,那么,我们还要力图使他出于理由而掌握它——这

---

① 杜威著:《人的问题》,傅统先,邱椿译,上海人民出版社 1965 年版,第 64 页。
② 黑格尔著:《历史哲学》,王造时译,上海书店出版社 1999 年版,第 278 页。
③ 徐向东著:《自我、他人与道德——道德哲学导论》(上册),商务印书馆 2007 年版,第 419 页。

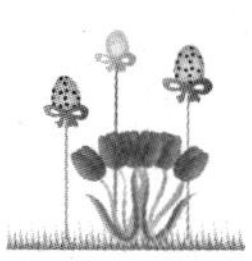

些理由在他的掌握能力的限度之内，是我们的理由。这样教，就要求我们向学生说明我们的理由，藉此把我们的理由交由学生去评价和批判。……甚至于教某人做某事（而不是教他怎样做该事），也不仅仅是试图使他去做此事，它还要使处在某个阶段的他能够理解我们要他做此事的理由和意图。因此，根据‘教’一词的标准用法，教就是要承认学生的‘理性’，也就是，要承认学生对理性的需求和判断。”①也就是说，教育要让学生理智地掌握道德准则，而不是仅仅服从教师的表扬。这种理智地遵守道德的能力，只有在学生面临真实的道德冲突时才能得到培养。教师应合理安排教育内容，以引发受教育者真实的道德冲突，让他们在解决道德冲突的过程中，提高洞察事实的能力和道德判断、行为的抉择能力。

总之，一味表扬只能培养出唯唯诺诺的听话式人才。它压制了学生的自主意识，尤其是自主选择意识，以及创新思维。它导致学生的个性不能张扬，还会造就一些表里不一、会说不会做的“好”学生。

3. 表扬不利于学生道德自主意识的形成

一些教育者常常希望通过表扬来培养学生良好的道德品质，但事与愿违。因为教师的表扬是学生利用服从换来的，表扬只能使学生“听话”。表扬提供的信息就是：我赞同你所做的事情，因此你必须再次做它。它是一种强迫行为的方式。有研究表明，在学校里，一些学生为了得到教师的表扬，表现出惊人的服从，尤其是对于好孩子，与思困生相比，“他们有‘恰当的’的行为方式，拥有取之不竭的教育资源，他们在各个方面都拥有‘特权’。相应地他们受到的制约和束缚也是最大的。他们不仅要迎合教师的好恶，使自己与教

① R. S. Peters. *Ethics and Education*. Glenview, IL: Scott, Forsman and company, 1967:14－15.参见黄向阳老师的翻译（未公开出版）。

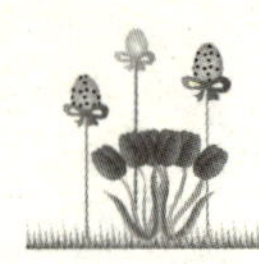

师心目中的好孩子形象相符，还要时刻在行为举止及学习成绩等方面保证最好，以维护其在同学心目中的形象。无意识中，他们自己给自己制定了若干的条条框框，不敢有太‘出格’的想法和行为。一般而言，他们在学校中的所作所为，都不会超越常规，不会让老师‘失望’，也保证不会‘失败’。他们对自己的要求甚至比老师的要求还要严格，达到了‘自律’的水平”[①]。但遗憾的是，这种自律并不是道德上的自律。学生不敢越雷池一步的原因，并非学生理解了道德的意义，而是担心受到教师的不赞同。

在道德教育中，服从本身不是目的，培养学生良好的道德行为才是目的。当周围没有人表扬他们的行为时，他们保持这种行为的可能性就会降低。表扬是一种让学生永远依赖教师的做法，不管教师的愿望是什么，它都使学生按教师的愿望行事；它使学生依赖教师的评价，而没有帮助他们形成自己的判断；它使学生用能使教师满意和微笑，以及带来他们所渴望的表扬的种种事物，来衡量自己的价值。罗杰斯认为，当学生以自我批判和自我评价为主要依据，把他人的评价放在次要位置时，独立性、创造性和自主性就会得到促进，反之，“在学校或家庭里依赖他人评价的学生，很可能要么是始终习惯于依赖他人显得不成熟，要么是全然反抗所有外部的评价和判断”[②]。

然而，在道德教育中，服从于外界强制实施的行为，并不能培养学生的自主意识，当然也不能帮助他们在缺少外界的强制时，主动作出道德行为。也就是说，强制将不会对学生的道德发展起到积极的影响。今天的许多学生虽已清楚他们的权利，但为了得到外界的表扬，他们却不敢或不愿坚持自己的权利。

---

① 郭华著：《静悄悄的革命——日常教学生活的社会建构》，北京大学出版社2003年版，第112页。
② 施良方著：《学习论》，人民教育出版社2001年版，第390—391页。

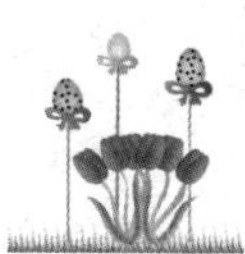

三、表扬不利于培养学生的道德情感

(一) 表扬忽视了学生天生具有利他的情感

表扬是以行为主义作为理论基础。行为主义将人等同于动物，忽视了人具有情感。例如，行为主义者斯金纳指出：“我们可按照物理学和生物学的途径，直接探讨行为与环境的关系，而不必去理睬臆想的心理中介状态。”①他认为，新的科学的行为分析不需要发现什么是自主的人格、心理状态、情感、个性特征、计划、目的、意图等。行为主义这种对人的行为的分析完全将人的情感排除在外。把人完全看成是自私的，是对人性的误解。孟子认为，良心是道德评价发挥作用的心理机制，它可通过内心鞭策而纠正自己的行为，做到知荣辱、辨善恶，根本上不需要外界的表扬。德国伦理学家包尔生认为，道德知识的根源既是理智的问题，也是情感的问题。德性的培养主要在于意志的教育和情感的训练，前者旨在使意志获得对本能冲动的控制能力，后者旨在达到合乎理性的情感状态。在他看来，所有的实践科学都服务于一个共同的目的——人生的完善。他认为：“什么是完善的生活这一问题，归根结底要由直接的、无可争辩的感情来决定，人类存在的最深刻本质在这种情感里显示着自身。运用逻辑的证据去使一个人的舌头感觉某种特殊水果的甜或苦一样是不可能的。……我们不可能通过逻辑的证明强迫每个人都接受一个理想，或者至少，它只能在意志本身，在所有个人那里根本上是一个情况下才是可能的。”②包尔生还指出了意志与情感的联系：“每一意志行为从根源上说也是一种情感，反过来，每一种情感同时也是肯定或否定的意志行为。在感

---

① B·F·斯金纳著：《超越自由与尊严》，王映桥等译，贵州人民出版社 1988 年版，第 13 页。

② 包尔生著：《伦理学体系》，何怀宏，廖申白译，中国社会科学出版社 1988 年版，第 16 页。

情中，意志逐渐意识到自身及其目的和条件。感情不是意志行为的原因，当感情显露时，意志已经在感情中存在。”[①]因情感与意志是相伴而生的，情感在意志中存在，从本质上说，意志是情感的延伸和深化。在强大的情感动力的支持下，道德意志以其坚韧性和自控性顺利实现道德行为。我们希望孩子们的利他行为不仅是来自理性思维，还要发自内心。他们不仅要有对道德准则的理性理解，还应该同他人有情感联系。[②] 说明道德是非理性的，并不是要忽视理性在道德教育中的作用。理性的作用在于发现真伪，在于选择合适的方式去实施道德行为。但理性不能刺激行为和情感，人的情感、意志和行为不属于理性发现的范畴。

在涂尔干看来，我们人类身上既存在着自私的冲动，也存在着利他的冲动。“利他主义的冲动与其他冲动没有什么不一样的地方。因此，在快乐或满足的程度上，没有什么可以使我们把利他主义的冲动与其他冲动区分开来。”[③]让学生快乐地获得一种良好的行为习惯本来无可厚非，但教育的目的是为了让学生获得良好的行为习惯，而非仅仅是快乐。涂尔干指出：“在对快乐的热爱中，有一种道德危险，一种已经被所有道德家指出来的道德危险。我们感到，当快乐只是一种后果，一种必然的结果，或者是一种伴随状态时，在把快乐本身当作目标、为了快乐寻找快乐的做法中，就有某种病态的因素。我们为了活着而需要的，是那些与我们的生命息息相关的东西，而不是追求它们可能会让我们获得的某种惬意的印象。快乐并不是唯一有价值且值得追求的东西。”[④]比如说，快乐可能会和食物一起来，但快乐不过是这一行动的

---

① 包尔生著：《伦理学体系》，何怀宏，廖申白译，中国社会科学出版社 1988 年版，第 189 页。

② 艾尔菲·艾思著：《奖励的惩罚》，程寅，艾斐译，生活·读书·新知三联书店 2006 年版，第 216 页。

③ 爱弥尔·涂尔干著：《道德教育》，陈光金等译，上海人民出版社 2006 年版，第 156 页。

④ 爱弥尔·涂尔干著：《道德教育》，陈光金等译，上海人民出版社 2006 年版，第 156 页。

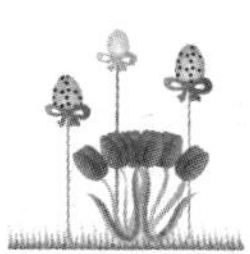

调味品，而不是目标。[①] 将表扬用作一种道德教育方法，忽视了儿童身上存在的利他主义倾向，而是追随着儿童身上具有的潜在的利己心，当然不能起到道德教育的效果。

行为主义者认为人是自利的，需要外界的批评和表扬。根据行为主义的观点，道德学家可以只去发现事实，而将人性如何获得善行这一困难的问题留给心理学家去阐述。但是，这一论断与明显的事实相违背，而且把所有的道德都降格为玷污人性的享乐主义。[②] 这是一种古典管理学和经济学的观点。对此，美国著名教育管理专家萨万乔尼批评道：

> 当前盛行的管理和激励理论是借用古典经济理论的观点，认为人类生来自私，驱动人的是这样一种期望，即最大限度地获取自我利益，因而要不断地算计行动路线和不同选择带来的利益，要选择或成为赢家或保持不败的行动。在这样一种思想中，在决定为何去做、去做什么时，自利处于如此支配的地位，以致爱、忠诚、义愤、义务、责任、善行、奉献及愿望几乎均无助于(我们的)考虑和算计。情感被当作一种货币的形式，人们用它来获得某些东西。举例来说，爱的关系简直就等同于合同，在这种合同之下，两个人交换感情和承诺，以获取在这种关系之外难以获得的利益。工作关系和工作承诺被看成根源于甚至更为自私的欲望。[③]

然而，自利的力量不足以说明人类动机的全部，人同时具有利他的情感。

---

① 爱弥尔·涂尔干著：《道德教育》，陈光金等译，上海人民出版社 2006 年版，第 155 页。
② 威廉·麦独孤著：《社会心理学导论》，俞国良等译，浙江教育出版社 1997 年版，第 146—147 页。
③ 萨万乔尼著：《道德领导：抵及学校改善的核心》，冯大鸣译，上海教育出版社 2002 年版，第 25 页。

我们还受我们所相信是正确的、好的，受我们对事物的感受，受我们与他人的联系中所出现的种种规范的驱动。我们受道德责任、情感以及社会义务的驱动。人类会把道德判断传递到他们的个人需求上，这使人们常常因其他理由牺牲自利。人们所作的选择在很大程度上基于种种偏爱和情绪。作为社会团体的成员，他们发现个人的决定总是要符合团体成员的身份。比如有些学生对当众表扬比较反感，就是因为非正式群体对教师的抵触情绪。虽然，对于道德行为的实施来说，仅仅只有情感显然是不够的，但一个人的同情心有利于他做出道德行为。霍夫曼认为："如果给孩子更多的情感呵护有利于孩子们更好地感受自我，反过来也有助于他们了解他人的需要，而不是只顾自己，情感淡漠。"①

（二）表扬使学生在行动中缺少情感体验

情感以多种方式与道德推理进行相互作用。首先，情感提供了做出正确行为的动力，它在人实施道德行为的过程中起着引导作用。如果有人能够设计出一台具有道德推理能力的计算机的话，那么它最大的缺陷很可能在于它对道德问题的忽视。② 懂得什么是正确的和真心渴望做正确的事是两码事。具有移情能力的人，看到别人遭遇不幸会感到伤痛，看到别人幸福也会感到快乐。里德雷通过动物界内青山雀非常理智的做法，说明了缺乏情感在人类看来是多么的麻木不仁。③ 道德的产生要求人类天生就具有负罪感和移情能

① 霍夫曼著：《移情与道德发展》，杨韶刚等译，黑龙江人民出版社 2003 年版，第 320 页。

② 斯特赖克，索尔蒂斯著：《教学伦理》，洪成文等译，教育科学出版社 2007 年版，第 118 页。

③ 几位荷兰学者通过观察青山雀发现，雄鸟在孵蛋时一旦被雀鹰啄伤，雌鸟立即就会再去找一只雄鸟交配。这种做法是理智的，受伤的雄鸟很可能将慢慢死去，雌鸟只有另寻新欢才是它最好的归宿。更有甚者，为了吸引另一只雄鸟前来帮助它孵卵，它甚至愿意用死去的雄鸟的肉做诱饵。而且动物之间缺少报复意识，它们并不想报复那些侵害过自己的家伙，只想平安度日。参见麦特·里德雷著：《美德的起源：人类本能与协作的进化》，刘珩译，中央编译出版社 2004 年版，第 141 页。

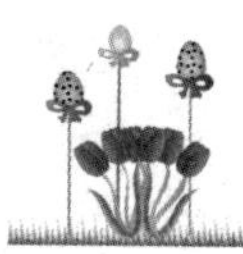

力。与动物相比，“具有复杂的情感是人类的特性，因为具有情感，我们才不会舍弃受伤的伴侣，才不会原谅别人的蓄意冒犯”①。

其次，情感有助于我们把自己放在他人的位置上，帮助我们认同他们，去了解什么会对他们造成伤害，什么会对他们有所帮助。如果我们不能从他们的观点出发去体验生活，而只是简单地承认对他人的价值和尊严表示尊重，这将不会有任何意义。道德教育过程是对人的情感需要的引导、提升的过程。只有道德情感的力量才能把人引向道德上的自律。没有持久的情感，缺少自觉意识，当外界的控制源不复存在，学生履行道德行为只能是偶尔的、不稳定的。也就是说，当教师对学生的监督鞭长莫及的时候，学生就不会履行自己的道德责任。因为道德对于他们来说不是内在的精神需要，而是外在的命令使然。学生为了表扬所做出的行为缺少情感，是冷冰冰的、例行公事的，这样做出的行为也难以称为道德行为。

情感是德行的心理要素，例如，当一个人在特定的场合出于道德要求被迫做出仁慈的行为，他（她）虽有仁慈之举但毫无仁慈之心。② 外在的道德规范如果不转化为个人主观的积极态度，即达到情感上的认同，个人即使遵守道德规范，也只是处于他律水平。没有情感方面的渲染，外在的道德原则和个体自身的道德知识就会失去生机，就会蜕化为语言的外壳。

表扬作为一种外部的激励，即使在道德发展过程中必不可少，但其作用是有限的。人类的道德与情感息息相关。情感是对道德认识的选择和内化。要把道德认识转化为个人行动，必须通过情感的感染和强化。朱小蔓认为：

---

① 麦特·里德雷著：《美德的起源：人类本能与协作的进化》，刘珩译，中央编译出版社 2004 年版，第 141 页。

② 布鲁斯·马克斯韦尔，罗兰德·雷岑巴赫：《模仿、想象和重新评价：道德情感的教育》，《中国德育》，2007 年第 2 期。

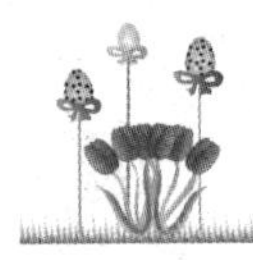

“情感不仅是道德认识转化为道德行为的中间环节，而且在个体道德形成的完整过程中，始终具有特殊的地位、特殊的价值。”[①]在她看来，人的道德行为的发生是受情感的引发和调节。

人的道德发展离不开同情心的培养。如果一个人失去所有情感，他将变成“理智的傻瓜”[②]。认为邻人的痛苦是合理的，这定然是一切不道德的源泉。虽然，对于一个人的道德行为来说，仅仅只有情感是不够的，但同情心有利于人做出道德行为。霍夫曼认为，移(同)情是一种亲社会的动机。“一个人的感受达到了与他人的感受相匹配的程度，就可以说一个人产生了移情。”[③]他重点关注的是移情忧伤，因为亲社会道德行为通常包含在帮助某个处于不愉快、痛苦、危险或其他形式的忧伤之中。他的研究表明了移情与人的道德行为之间的关系，他认为：“移情忧伤与助人行为相联系；移情忧伤先于提供帮助；观察者在助人之后感到好多了。”[④]当然，情感也存在着局限性，它可能导致“移情的过度唤醒和偏见”[⑤]。但在道德教育中，如果缺少情感教育，提高学生的道德修养水平就会成为一句空话。而且，当移情与道德原则结合时，移情的局限就会减弱。因为道德原则的认知成分，包括分类的形式特征和语义意义，有助于移情效应的产生和稳定，使得移情偏见不易

---

① 朱小蔓著：《情感教育论纲》，人民教育出版社 2007 年版，第 41 页。

② 麦特·里德雷著：《美德的起源：人类本能与协作的进化》，刘珩译，中央编译出版社 2004 年版，第 150 页。

③ 霍夫曼著：《移情与道德发展》，杨韶刚等译，黑龙江人民出版社 2003 年版，第 34 页。

④ 霍夫曼著：《移情与道德发展》，杨韶刚等译，黑龙江人民出版社 2003 年版，第 35—37 页。

⑤ 霍夫曼著：《移情与道德发展》，杨韶刚等译，黑龙江人民出版社 2003 年版，第 223—224 页。第一个局限是指，我们都期望移情唤醒的强度能够与受害者忧伤的突出性和强度的增强是一致的。忧伤的线索越强烈、越突出，观察者的移情忧伤就越强烈。但是，如果忧伤的信号过于强烈或突出，观察者的移情忧伤就会变成厌恶，而不能转化为对个人忧伤的感受。第二个局限是：“熟悉偏见”和“此时此地偏见”。人们更容易同情自己身边的人，或者受到直接情境中受害者所偏爱的移情倾向的影响。

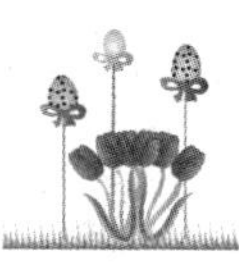

发生。

柯尔伯格认为，道德发展是依存于激励的，但这种激励必须是社会性激励，即那种源自社会相互作用、道德决策、道德对话以及道德相互作用的激励。他提出：“比认知激励更为重要的因素是一般的社会经验和社会激励，我们称其为角色扮演机会。社会经验区别于人、物相互作用的特征，在于社会经验涉及角色扮演：采取他人态度、洞悉他人的思想及情感、置身于他人的位置。在强调角色扮演的情绪性时，人们通常称其为‘移情作用’(或‘同情’)。”①这样，在儿童的道德发展过程中，柯尔伯格将情感置于比认知激励更为重要的位置。

学生在教师表扬的诱惑下，关心的是能否得到表扬，或表扬的方式或程度。这难以培养学生爱、同情、对道德责任的敬畏感，也不能培养学生对道德的感受性、兴趣、态度。因为表扬使学生学会的是精打细算，他要在付出和回报之间寻找平衡，结论是“利益最大化”，如果遵循这种“边际效用”，做 100 件好事和做 10 件好事对增加教师对他的好感差别不大，那另 90 件最好不做，因为“边际利润递减”。一些得不到教师表扬的小事也不用做，因为没有“收益”。那些不能被教师发现的良好行为对他来说也没有任何意义。那么，表扬也失去了它对学生道德情感的激发作用。

如果学生在实施道德行为的过程中，太在乎外界的表扬如何，就会缺少情感参与。学生的成长应受惠于自己的行动，而不是在行动过程中养成一种对他人的冷漠态度。学生在帮助他人的过程中除了能够提高社会交往能力之外，还能够体会到自身的价值，获得一种成就感。表扬让学生关注的是教

---

① 柯尔伯格著：《道德教育的哲学》，魏贤超，柯森等译，浙江教育出版社 2000 年版，第 127 页。

师的满意程度，学生在作出行动过程中以及在行为完成后，没有体会到其中油然而生的成功感、自豪感和神圣感。这种做法难以培养学生丰富的道德情感，健全他们的道德意识。它不能使学生受到教育，其行为也难以持久。学生必须在体验中成长。体验就是指主体把个人独特的情感喜恶、热情、同情感、亲近感、自豪感、内疚感等融合在具体的道德情感之中，从而获得个人对道德的理解，并转化为个人的内在需要，成为自己追求的目标。① 个体道德的形成与发展并非理论灌输的结果，而是具体的生活经历和体验的产物。个体在帮助他人的过程中，体验到的关怀感、仁慈感、真诚感，都需要学生用心去体悟、去感受。通过同情去理解他人，自己的内心也会变得丰富。在行动过程中，他人痛苦的消除，会使学生受到感染，进而坚定他们成为做一个好人的决心，即坚定自己的道德信念。

休谟曾提到，人类道德本性中的仁爱心，可以通过内省形成更为普遍的同情心。但表扬不会让学生学会内省，学会体谅和关心他人，它注重的是外在功利。为了表扬做出的行为缺少情感体验，长期如此，学生会变得麻木不仁。表扬让学生学会了演戏，所谓的教育只是让学生具有了更多的道具，让他们形成双重的或畸形的人格。他们在特定的场合、在口头上奉行的是一套规则，而在真实的生活中，遵循的是另一套规则。教育并未培养学生向善的神圣感和在践履道德的过程中完善自我的崇高体验，而且，就连个体基本的人格稳定性也难以保障，造就的只是虚伪的和多变的人格。②

“以表扬为主”的道德教育是一种工具化的道德教育，它与注重学生情感体验的道德教育不同。情感性道德教育关注受教育者的情感世界，以情

① 胡林英著：《道德内化论》，社会科学文献出版社 2007 年版，第 258 页。
② 唐汉卫著：《生活道德教育论》，教育科学出版社 2005 年版，第 15 页。

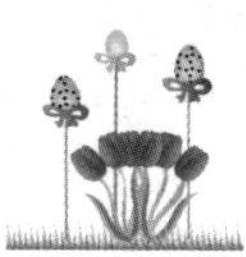

动人，而不是把道德教育作为政治或经济的工具，采取强制灌输的方法。工具化的道德教育将道德作为一种理性计算的最终结果来看待，忽视了道德属于一种情感，而且是一种高尚的情感。这种道德教育是有“脑”（判断和理性）无“心”（情感和动机等非理性）的怪物①，而且这种“脑”还是不健全的脑。

---

① 高德胜著：《知性德育及其超越——现代德育困境研究》，教育科学出版社2003年版，第121页。

第四章　表扬三十六计

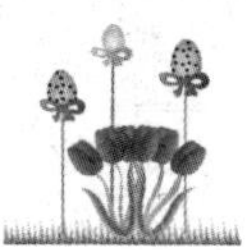

通过对表扬的理论分析发现，表扬对人的发展的影响具有复杂性。它对学生的成长有一定的促进作用，在儿童不具备行为的内在动机时，教师不得不借助于表扬来激发学生的动机。但表扬的运用也存在着潜在危险，尤其值得一提的是，表扬的不当利用可能会导致这种危险加大。那么，对表扬如何合理运用，尽量避免它潜在的危险，使其为学生发展服务，是值得每一个教育者深思的问题。教师在运用表扬的过程中，应避免影响学生行为的内在动机。教师只有了解学生的生存状态，针对不同个性特点的学生，在恰当的时机利用表扬，才能使表扬的正面效果发挥出来。这需要教师在运用表扬时减少对学生的控制，合理地选择表扬方式，并科学地使用表扬的语言。想要通过表扬激发学生行为的动机，教师就必须引导学生正确地看待表扬，并将希望获得表扬这种外在动机向内在动机转化。同时，批评作为一种教育方法的意义也不容忽视。教师应当把表扬与批评这两种评价手段结合起来，这

样才能起到良好的教育效果。

第一节 让表扬不再成为约束

《基础教育课程改革纲要》指出，新课程改革倡导发展性评价，突出评价促进发展的功能。保证学生的自尊心，自信心，体现尊重与爱护，关注个体的处境和需要，注重发展和变化的过程。评价不仅要关注学生的学业成绩，而且要发现和发展学生各方面的潜能，了解学生发展中的需求，帮助学生认识自我、建立自信。因而教师的表扬，应体现表扬的发展性功能，以学生发展为本。老师应给予学生客观公正的表扬，并让学生乐于接受教师的表扬。

一、以学生的发展为本

（一）体现老师的宽容和真诚

表扬体现了教师对学生的信任和肯定、关心和爱护。学生的成长过程，并非一帆风顺。这就需要教师对学生的成长有足够的耐心，对学生一时的错误行为体现出教师的宽容。陶行知“四颗糖”的成功在于：第一颗糖代表“关爱”，第二颗糖代表“宽容”，第三颗糖代表“信任”，第四颗糖代表“激励”。[①] 陶行知充分发现学生身上的闪光点，有正义感、守时、尊敬教师、知错就改等优点，对学生进行了表扬，使学生认识到自己的错误。

---

① 《陶行知四颗糖的故事和正义感教育》，新浪博客，http://blog.sina.com.cn/s/blog_7cb5a00b0100tjp9.html.

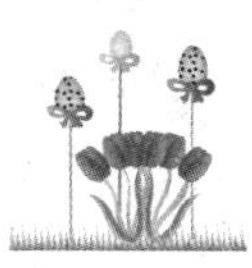

教师对学生要具有宽容的心态，不能过分纠结学生的细小错误。这能使学生在作出选择时，不完全以能否得到教师的表扬为标准。教师要用全面的、发展的眼光来看待学生。如果仅仅关注学生缺点，只会让学生生活在教师挑剔的眼神下，变得越来越不自信。

圆满中的不圆满①

一位渔夫在深海里打捞到一颗硕大的珍珠，他无比兴奋，因为珍珠实在很大，但美中不足的是这颗珍珠上有一个白点。渔夫不满意，拿到家后小心地剥掉白点，就在渔夫细心而谨慎的剥离下，珍珠越来越小，到最后渔夫泪流满面——珍珠没有了。

其次，表扬要起到鼓励学生的作用，就应针对学生的行为，采取一种尊重、欣赏的态度。表扬必须是个人化的，教师在表扬时最好提及学生的姓名。当然，对于年龄较大且性格内向的学生，有时担心表扬会引起学生反感，也可不点出学生姓名，只指明具体事例。无论是表扬和批评，教师都必须让学生感觉到师爱。表扬必须是诚实的和真诚的。教师言不由衷的反馈会迅速被学生所摒弃。教师在初始接触众多陌生学生时，会对他们做出某种评价，此时要尽量排除主观性的干扰。教师应通过多种方式去了解学生的所作所为，以提供有针对性的反馈。

最后，教师表扬时应采取一种“反应性态度”而非“客观态度”。简单说来，就是把学生当作一个有尊严的人来看待。所谓“反应性的态度”，在斯特

---

① 严育洪编著：《“事”说师生关系》，首都师范大学出版社2007年版，第91页。

劳森看来，是只有当一个人把某些个体看作人时才采取的态度，包括赞赏和愤慨、骄傲和羞愧、尊敬和轻蔑、感激和怨恨。“客观态度”是我们对大多数动物、现代机器和非常年幼的孩子实际上（或至少理性地应该采取）的态度。[①]因为有时我们赞扬和责备他人，并不是经过慎重考虑的结果，而是一种对他人行为的态度的自然流露。也就是说，有时对他人行为的批评和表扬并非为了对他人未来行为作一个有用的指导，只是为了坦白地表达我们自己的感受。教师要把学生作为一个具有尊严、自由的、负责任的人来看待，而且对学生的表扬应倾注教师的情感。表扬表达了教师对学生良好行为的喜悦；批评表明了教师对学生不良行为的愤慨或不满。否则，我们表达的称赞和责备的行为和言辞将具有一种不同的含义，比现在它们对我们的含义更加肤浅。它们将是一些零碎的肯定性或否定性的强化条件，它们之所以被给予，是希望以最适合我们需要的方式改变他人的性格。[②]“如果在一个没有反应性态度的世界中，生活的价值和意义感将极大地降低，那么在一个根本不采取任何态度的世界中，这种价值和意义感将完全消失。”[③]使用反应性态度表明我们是在同人打交道，我们带着情感。但如果我们把非人的东西当作使用、利用、操纵，或许只是为了观赏的物体，我们对它们没有诸如痛恨或爱戴之类的态度，我们是采用一种客观的态度在对待他们。因此，惩罚除了诱导学生的行为发生某种改变之外，还包含着某种东西：惩罚包含着一种道德谴责的成分，这对小白鼠是不适用的，小白鼠并不负有道德上的

---

① 苏珊·沃尔夫著：《自由意志的重要性》，段素革译，参见徐向东编：《自由意志与道德责任》，江苏人民出版社2006年版，第342页。

② 苏珊·沃尔夫著：《自由意志的重要性》，段素革译，参见徐向东编：《自由意志与道德责任》，江苏人民出版社2006年版，第343页。

③ 苏珊·沃尔夫著：《自由意志的重要性》，段素革译，参见徐向东编：《自由意志与道德责任》，江苏人民出版社2006年版，第351页。

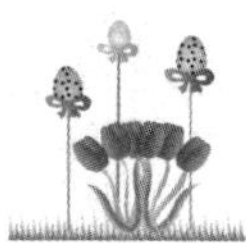

责任。①

年幼的儿童在他发展过程中所表现出来的道德理解力，将逐渐反映出他们所受到的各种个人强制、惩罚和赞成、规则和习俗的那种统治方式。它们都是由父母、同伴和其他重要个人，通过榜样或坚持所赋予的。年幼的儿童一般不能很好地控制自己的行为，而且易于将各种积极的和消极的后果解释为他自身之外的各种因素的结果。在社会化方面，儿童懂得，是某种行为的破坏性后果，而不是行为的动机，预示着可能发生的惩罚及其程度。但随着认知的和行为能力的增长，儿童逐渐地学会为自己的行为负责。应让儿童知道，决定是否对其错误行为进行惩罚还与其行为的意图有关。无论何时，人们对别人在他们身上的一击所做出的各种反应，将取决于他感到这一行为是有意还是无意。类似地，赞赏和注意在接受者身上是产生积极作用还是忽视，甚至引起怀疑，主要取决于这些行为是出于真诚还是为了奉承。因而，教师出于真诚的态度表扬学生，才可能会对其行为产生积极的效果。

（二）表扬时不要将学生与他人相比较

在学校中，教师经常设立表扬的标准，对达到标准的学生予以表扬。如教师提出一个目标，让学生相互竞争，获胜者才能得到表扬。像是谁在本月内完成5件好事，就给予表扬；谁在班上做的好事最多，就给予表扬。教师使用这种竞争性表扬的原因无外乎两种：一是加强对学生的控制，方便管理学生；二是为了促进学生发展。关于前者，我在前文中已经详细论述了这种控制对学生发展的无效。竞争性的表扬并不能对获得表扬的学生起到激励作

① 约翰·马丁·费舍，马克·拉维扎著：《责任与控制——一种道德责任理论》，杨绍刚译，华夏出版社2002年版，第5页。

用。有时，可能从不同方面来看，许多学生应该受到称赞，但却只有一个或几个学生进步最大，得到了表扬。这样表扬就会制造矛盾，让受表扬的学生受到孤立。教师应采取非竞争性的表扬，使每个学生都有成功的机会，高能力和低能力的学生都能从中获益。因为个人的成功不依赖于他人的表现，成功是可达到的，而且努力是有回报的。因此，教师要避免表扬的高显著性。表扬不能事先高高地悬在学生面前，要尽量做到事后给予。不能设立一个高标准的目标，让学生通过竞争而得到表扬。因为道德的最高标准是难以测定的，或者有时根本上没有一个最高的标准。比如说捐款，有的学生捐出100元不过是他一个星期的零花钱，可对有些同学来说，可能是他一个月乃至几个月的零花钱。因此，学生只要捐款献爱心，就值得教师表扬。也就是说，每个学生都可以努力做得更好，即使在这种道德的竞争中，学生得到的表扬主要取决于长时间的坚持、个人的努力程度以及个人所取得的进步。因此，教师努力创造非竞争性的奖赏结构将有利于形成积极的归因方式，进而使学生的行为变得更好。

表扬对儿童具有高度的指向性，特别是当表扬总是与一些具体的事物相联结的时候。在这种方式下使用表扬，会使儿童放弃其他的想法，而只是集中于教师积极反应的某一事物上。因此，表扬不应仅被用于评价现有的成绩，也应用于刺激儿童进一步用更富于思考和创造性的方法来完成任务。①

道德行为的判断标准无疑要考虑到行为的动机。因此，这种竞争性的表扬可能会使学生学会欺骗。杜威批评道："个人主义的方法和动机被积极地反复灌输。必须找到一些刺激，以使儿童坚持学习。这充其量会使他对教师

① 戴维·冯塔纳著：《教师心理学》，王新超译，北京大学出版社2000年版，第176—177页。

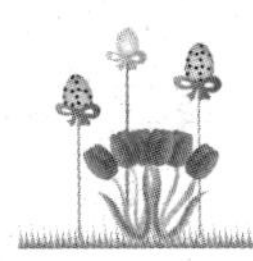

怀有感情，以及他不会违反校规的感情，从而消极地，如果不是积极地，为学校的利益做出贡献。"杜威认为这些动机是不够的。他说："无论如何，儿童应该逐渐抛弃这种相对而言的外在动机，而发展到出于它自己的缘故，欣赏他不得不做的事情的社会价值，因而它与生活有着更广的联系。"[①]针对这种为了得到表扬而行动的动机，杜威评论道：

> 令人遗憾的是，动机并不总是相对地最好，而是与明显自私自利的较为低劣的动机混合在一起。恐惧是一种几乎肯定要进入的动机，——当然并非一定是身体上的恐惧，或者害怕惩罚，而是担心失去别人的认同；或者害怕失败，害怕得如此极端以至于变得病态和使人气馁。另一方面，竞争和对抗也成为其中的一部分。……强者学会了沾沾自喜，不在于其能力，而在于他们较为强大的事实。儿童过早积极投入到个人主义竞争的领域，这朝着一个竞争在那里最不适合的方向，也就是说，在智力问题和艺术问题上，其规律是合作与参与。[②]

表扬具有竞争性，一个人得到表扬就意味着他人的失败，尤其是公开的表扬更是如此，因此它有时会对学生之间的合作造成破坏。在教育实践中，一些教师在表扬某个同学时，也往往伴随着对其他同学的批评，而不论他们取得了多大的进步。给其他同学的感觉是，他们挨批评就是因为被表扬者做得太好。这也导致了受表扬同学被孤立。

竞争在中小学教育中是必要的。在教师的引导下，学生们争先回答教师

---

① 杜威著：《道德教育原理》，王承绪等译，浙江教育出版社 2003 年版，第 16 页。
② 杜威著：《道德教育原理》，王承绪等译，浙江教育出版社 2003 年版，第 16—17 页。

的问题、积极参加讨论、认真完成作业、努力考出好成绩等，都有益于推动班级成员的学习。竞争既可激起学生个人的发愤努力，从而使学生的学习更加努力，竞争行为与发展自力更生、不屈不挠和勤奋刻苦这些个性特征有关。竞争是产生自信和自尊的根源。竞争在学校和社会中，是激发努力和抱负的强烈动机。没有一定的竞争会导致学生学习和行为的松懈。但是，它也可能促进了过度自尊而排除了他人的合法权利；甚至导致保密、贪婪、欺骗和仇恨。教师的表扬可能仅使那些受到奖励的学生获得进步，而挫伤大部分学生的积极性。因此，为了某些学生的利益而对其他学生进行公开侮辱是不道德的。只有相信自己有取胜机会的极少数学生才能受到竞争的激发。竞争对大多数不能取胜的人来说，是造成不安全感、自我怀疑和个人不幸的根源。

在“美德储蓄”活动中，学生不一定能碰到相同机会的道德场景，结果只能部分程度上由努力决定。对一些学生来说，增加努力并不一定增加成功的可能性，而对另外一些学生来说，减少努力并不一定减少成功的可能性。碰到道德场景有时也基于人们的运气。那么，这种竞争只会降低那些高能力或者高机会（机会也可能是自己创造的道德场景）的努力，因为他们不需要付出很多就能成功，比那些缺少机会的学生表现得更优秀。

具有教育敏感性的教师会认可所有的学生，但在任何情况下给所有人同样的表扬，特别是他们都努力了，这同样是一种自我欺骗。在竞争性的表扬中，即使一个学生做得很好，他也不愿意教师给他公开的表扬，因为这样的赞扬会给他带来难堪。学生除了要讨好老师外，还要讨好他所在的学生团体。有时教师对学生公开的单独表扬，并不会起到激励的效果，反而使他感到在学生群体中的孤立。人们寻求表扬或赞许的策略，依人们希望讨好的对象所

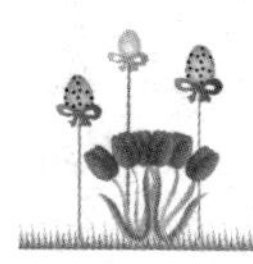

在的团体不同而不同。例如，教师重视和奖赏的行为可能与青少年同伴团体中乐意接受的社会行为不同。因此，学生不得不试图通过对不同情境中不同的人，表现出“不同的面目”来取得各方面的好印象。

（三）提供不事先确定的表扬

事先确定的表扬是指教师先规定任务的目标，并告诉学生完成任务的学生会得到教师的表扬。教师不应事先承诺给予学生表扬，以免学生养成做任何事情都过于追求外在利益的习惯。布罗菲指出，损害内部动机的不是奖赏的使用，而是事先提供奖赏作为诱因和提供奖赏的方法使学生认为：他们参与奖赏行为只是因为他们要赚得奖赏而不得不做，而不是因为这些行为本身有价值或能产生契合学生自身兴趣的结果。① 他同时表示，外部奖赏也不一定会损害内部动机，甚至如果运用得当还会有利于内部动机的培养。方法之一就是在任务完成之后提供没有声明过的奖赏，因而奖赏可被看作是欣赏的表达而不是许诺诱因的兑现。其他方法包括将奖赏用作信息反馈而不是控制机制。如果事先声明，提供奖赏不仅是为参与活动而且是为达成特定目标，那么也可能产生想要的效果。如果强调社会奖赏而不是物质奖赏，在给出奖赏时以一种鼓励学生看重被奖赏的成就的方式，那么奖赏也是有助益的。②

事先确定的表扬，容易成为一种控制的手段。它将学生可能得到的表扬高悬在学生面前，可能成为是一种宣传、欺骗和洗脑的过程。在这种学习的环境中，学生的心理活动违背了“合自愿性”。为避免出现这些问题，教师可以提供预设性的期待，使表扬和鼓励结合在一起。如，在学生开始

① J·布罗菲著：《激发学习动机》，陆怡如译，华东师范大学出版社 2005 年版，第 89 页。
② J·布罗菲著：《激发学习动机》，陆怡如译，华东师范大学出版社 2005 年版，第 90 页。

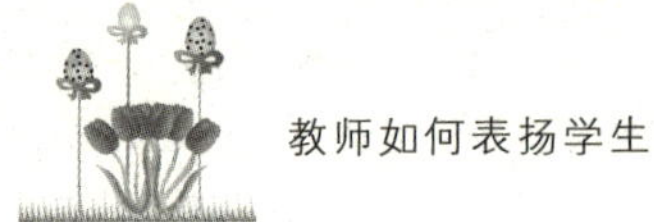

一项活动时，教师说："我相信××会通过自己的努力，顺利完成老师布置的任务！"

二、给予客观公正的表扬

（一）表扬应实事求是

表扬的实事求是，是指教师在表扬学生时，应根据其具体表现，该表扬的时候就表扬，不该表扬时不挖空心思为了表扬而表扬。教师表扬时应有理有据，不臆测，不以偏概全，对学生不妄加评论。表扬必须跟在良好的行为之后。教师在表扬时，要收集好表扬的辅证材料，如通过整洁的作业、学生的照片甚至录像，来表扬学生，使得表扬更具有说服力。教师只有充分了解学生，才能恰如其分地表扬学生，而不是凭主观臆断、成绩或成见来对学生进行表扬。

教师应把握表扬的尺度，不夸大，不轻描淡写。学生会因他人的赞美得到满足感，但当他们发现教师的赞美言过其实时，则会感觉受到了愚弄和欺骗。如果教师夸大其词，学生会认为教师的表扬不是真心的。有时夸大的表扬会让学生没有继续进步的空间。如"哇，你是班上学习最刻苦的学生了！"有些处于青春期的孩子对教师的评价总是持一种怀疑的态度，觉得老师的表扬是骗人的，只是为了鼓励或控制自己而已。那么，对他们进行以事实为基础的表扬，就显得尤为必要了，如"你这次作业全对，也比较整洁，看来你近来学习比较努力，希望继续保持啊！"当然，对于学生的精彩表现，教师不能视而不见。表扬也不能蜻蜓点水，因为它难以拨动学生的心弦，学生如果体会不到教师的关爱和期待，就会挫伤学生的积极性。

表扬的实事求是还包括，表扬时不受其他因素影响（公正），给予每个人

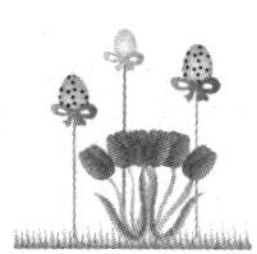

受表扬的机会(公平),并针对个人特点(依据个人学习情况),体现教师的关爱。不能因为学生存在着诸多缺点,或成绩好坏,就以偏概全,忽视了对学生优点的表扬。不能只表扬成绩优秀的学生,也应对那些偶尔表现好的学生,如上课回答问题正确,给予表扬。而对于回答错误的学生,表扬时可以肯定其积极举手发言的勇气,确保其自信心不受伤害。

(二)表扬应采取统一的标准

评价性的判断具有影响和引导行为的作用。我们赞扬或谴责某事,总是为了指导他人现在或将来对行为的选择。具有批评性质的评价,对该行为的当事者来说,它蕴含着不应当再做类似错事的要求(既然这是错的,就不应重犯);对他人而言,它意味着应当避免选择同样的行为。在这里,对过去行为的评价,同时包含着规范当下或未来行为的意义。伦理判断告诉我们应当做什么,不应当做什么,以及我们应当承担的责任。教师在称赞学生的行为时,也在引导他们的选择。而这种选择不仅与某一具体的行为相联系,而且也与所有具有和这种行为特征相似的行为相联系。同时它还树立了一个标准。教师通过向学生指出一些与该标准相符和不相符的事例,教给他们进行道德判断的标准,在学生心目中形成相应的评价指向,指导他们将来的选择。这需要教师在表扬时标准具有一致性。教师必须采取首尾一贯的评价标准,否则将难以发挥对学生行为的引导性的作用。如果教师试图传授给学生两个不一致的标准,就可能实际上根本没有传授什么标准。在公开表扬时,应尽量对每个学生采取相同的标准来要求学生。

标准不一的表扬,很难起到积极的效果,反而引起被表扬学生的尴尬和不满,也会遭到其他学生的反对。

表扬不当会惹祸①

课堂上，老师检查背诵。周荣鑫背下来了，老师微微点头，让她坐下。不一会儿就轮到与她成绩差不多的夏森林，他也背下来了，不过不如周荣鑫流利，然而老师却大加赞赏，还不停地夸奖他，说他近期变化很大，不但学习认真，而且积极发言，最后还说夏森林将来肯定能考上大学，把夏森林说得满脸通红。老师的表扬不仅让学生在下面偷笑，更让周荣鑫有点腹诽。因为全班学生都知道，夏森林与老师是邻居。

在该案例中，表扬的失效是由不公平所致。因此，教师的表扬应建立在公正、公平的基础上，对学生一视同仁，不应歧视某类学生，也不应偏爱某种类型的学生，对不同性别、外貌、性格的学生给予正确的引导。

当然，表扬也应同中存异，兼顾学生的个别需要，尽可能地考虑到每个孩子的差异。对于某些孩子身上的进步，即便与其他人相比还存在着差距，教师也应给予及时表扬。

在私下表扬时，对同一个学生也应采取前后一致的标准，避免让学生认为教师使用多重标准来要求自己。这样，学生会认为教师是实事求是的，他们只是在应表扬学生的时候表扬学生而已。如此，表扬才成为真实的赞美。

三、给予学生乐于接受的表扬

（一）表扬时应考虑到学生的自觉自愿

教师表扬的过程应遵循一定的伦理标准，以使其具有教育意义。豪斯提

① 胥加洲：《表扬不当会惹祸》，《北京教育》（普教），2014年第4期。

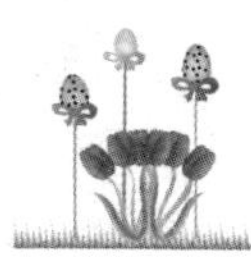

出了教育评价的三条伦理原则：彼此尊重；非强制和非操纵；支持民主的价值观和制度。操纵比强制更具有隐蔽性，因为参与者并不能意识到其利益处于危险中。支持民主的价值观和制度是生活在民主社会的公民的责任，其中最重要的是民主和自由。[①] 彼得斯在《伦理学与教育》一书中指出了教育的伦理标准：

(1)“教育”意味着把有价值的东西传授给那些矢志于此的人；

(2)“教育”必须包含知识和理解力以及某种并非僵死而无活力的认知洞见；

(3)“教育”至少排除了某些传授程序，依据是它们缺乏学习者方面的自觉和自愿。[②] 这就是“合价值性、合认知性和合自愿性”。[③]

在彼得斯看来，建立条件反射和洗脑根本不能算作教育技术，因为它们不尊重人。在教育中，人是目的，而不是手段，任何教育方法都必须遵循教育的伦理原则。表扬也应该遵守上述提到的各种原则。只有当一种教育方法本身符合伦理原则时，它才可能对儿童的身心发展起到积极作用。教师必须理解学生所信奉的文化，进而有针对性地培育学生的共同信念、态度和价值观。表扬尤其应遵守教育的过程标准，即合自愿性，避免控制和服从。也就是说，受教育者参与教育活动必须是自觉自愿的，而不是被迫的。而前文提到的以表扬为主或者表扬的其他错误用法却不具有教育意义。而且这种方

---

① (瑞典)T·胡森，(德)T·N·波斯尔斯韦特主编：《教育大百科全书》(第1卷)，张斌贤等译，西南师范大学出版社，海南出版社2006年版，第559—560页。

② R. S. Peters. *Ethics and education*. Glenview, IL: Scott, Foreman and company, 1967:20.

③ 林逢祺著：《教育规准论》，台湾五南图书出版公司2004年版，第105页。

法必须以促进学生的发展为目的，不能仅是为了方便教师的管理，而忽视了学生的成长。

（二）表扬要考虑到学生的年龄特点

表扬要根据学生的年龄特点，采取不同的方式。表扬的效果与学生的年龄有关。只有当奖赏符合学生需要时，奖赏才是有效的。对于小学低年级的学生，教师表扬时应借助于一些物质奖励，如小红花、五角星等，随着他们年龄的增长，应将物质奖励逐渐过渡到以精神奖励为主。

> 一些研究表明，甚至很小的儿童也不会沉溺于可以轻易得到的直接奖赏中；而是遵循那些调节他们用以强化他们自己的那些条件的规则。同享乐主义远不相同，儿童也像成人一样向他们自己提出各种要求，并且将复杂的通常又是严格的种种可能性强加在他们自己的行为上。这些自我强加的标准，是以那些被观察到的由突出的榜样表现出来的标准为根源的，同时也是以特定个体的直接的社会化历史为基础的。①

齐格勒(E. Zigler)和肯策尔(P. Kanzer)的研究表明，年幼儿童乐于接受表面的鼓励，而年龄稍大的儿童对于教师的表扬，更看重是否实事求是、符合实际。② 对年龄小的学生，表扬要注重学生细微的进步，在表扬时还必须提及学生姓名。对低年级的学生以公开表扬为主，对高年级的学生应以私下表扬

---

① 北京师联教育科学研究所编译：《[当代]学校德育思想流派与德育论著选读》(上)，中国环境科学出版社，学苑音像出版社 2006 年版，第 198 页。

② 郭德俊主编：《动机心理学：理论与实践》，人民教育出版社 2005 年版，第 245 页。

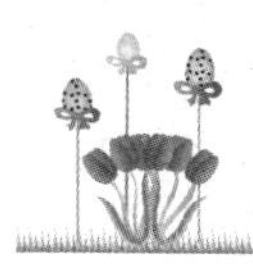

为主。这是因为，年幼儿童对自身能力的膨胀性知觉及其在作社会性比较和解释反馈上欠缺老练的特点，为低年级教师提供了一定的有利条件。首先，这些学生不会发生习得性无助的问题，因为他们不像较年长的学生那样意识到失败的潜在含义。而且，当年幼学生因努力而受到鼓励或表扬时，他们也不太会觉得尴尬，或是从中推测老师认为他们缺乏能力。这些发现意味着低年级教师在支持学生的学习、给学生反馈、表扬学生的努力和成功上完全可以更自然、更自发。①

程式化的表扬对于中学生来说，更是无效。青春期的孩子逆反心理很强，孩子开始有了自我保护意识。当“真好”、“真棒”、“好极了”之声不分时间场合泛滥于耳时，很多孩子觉得难为情。一方面，孩子对经常充斥于耳的表扬出现了“审美疲劳”，另一方面，那些虚伪的表扬在孩子们听来是一种讽刺和羞辱。他们的心灵格外敏感，生怕教师的溢美之词影响到自己的形象。他们需要有自己的私人空间，不想将自己完全暴露在教师面前。

哪种方式的表扬，学生最喜欢？②

郑同学基础比较差，很多科目每次考试都不及格，英语和数学尤其差，上这些课对他来说很痛苦，像听“天书”。有一回我上完课布置对话背诵，因为没有时间抽背，第二天就默写。他不会背，我也没责备，只说你课后多花点时间，有问题来问。

---

① J·布罗菲著：《激发学习动机》，陆怡如译，华东师范大学出版社2005年版，第198页。

② 钱虹燕：《案例——表扬的艺术》，绍兴市第一中学网，http://www.sxyz.net/jxky/ShowArticle.asp? ArticleID=4314，2009-12-02.

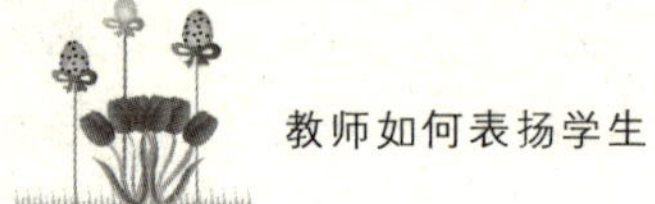

过了几天的一个傍晚，他跑到我的办公室里，高兴地对我说，“老师，我会背了！”言辞之间，是一种喜悦和自豪。我略带惊讶。他背得很艰难，还有很多破句（就是在不该停顿的地方停顿，句子也不成句子），不过终于是背完了。看着他带着孩子气的渴望你赞许几句的眼神，我想象着他背书时候的艰难，心里其实已经很满意了，甚至都有点感动。我觉得这是一个典型的例子，要好好表扬。

第二天，我当着全班同学的面，很郑重地表扬了他，借此也希望能激励其他同学，基础是可以赶上去的，关键是态度。可是我忽略了他当时的表情，和其他同学的没有恶意，却略带嘲弄的眼神。在后面一周的周记中，我读到了他的周记中这样一段话，“老师，以后千万别当着很多人的面表扬我，课间大家都开玩笑，说，你要考清华北大了，这么用功啊？本来经常一起玩的一帮朋友，现在也不怎么和他们玩，他们也会这么说。有点动摇了，被他们这么一说。”直到此时，我才明白，我的表扬反而动摇了他要好好学习的决心，挫伤了他的积极性和进取心。

教师的公开表扬旨在对集体舆论产生影响，其前提是教师在学生面前有一定的权威。只有教师博学多才，受到学生爱戴在学生面前有权威时，教师的表扬才更容易让学生所接受。如果学生看不起老师，不屑于得到教师的表扬时，甚至认为教师有意讽刺自己，表扬就没有任何意义。处于青春期的孩子为显示出自己不受教师控制，他们会在同龄人面前表现得对教师的表扬不以为然。虽然部分年龄稍长的学生也喜欢公开表扬，但更喜欢私下被人称赞。他们担心被群体孤立，受到老师的公开表扬有时会不好意思，甚至会觉得尴尬。因此，在表扬他们时要同时公开表扬几名学生。“私下的表扬避免

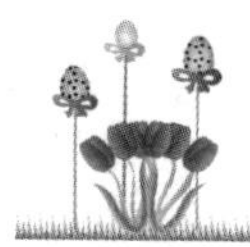

了公开表扬的一些冲突，而且能够使老师关注学生的各种行为和表现。”①教师可通过在学生的作业本、试卷上写下表扬的话，或者与家长私下沟通、家庭通知等方式来对学生进行表扬。有人还为公开表扬提出了建议，如，扫视全班，点出遵守纪律学生的名字；巡视全班，一一注意每个学生，将遵守纪律的学生的名字写在黑板上。每天为全班设立一个目标，将表现良好的学生的名字写在黑板上。②

教师还可以让表现良好的学生获得某些特权，如委任学生充当教师的助手，帮教师发本子、试卷，负责主持班级活动，给学生的作业签字，担任管理员等。但任何这些“特权”只赋予值得表扬的学生，而非无一例外的给予。同时，“特权”授予都必须采取严格的程序或一定的仪式，使获得者感到一种受到重视的感觉，产生自豪感，也使班上其他同学认同该“特权”的光荣性。

（三）表扬要考虑学生的个性特点

从性格角度来看，性格内向的学生，表扬比批评的效果要好，而对性格外向的学生，批评似乎更为有效。对傲气十足的学生要批评多于表扬，对于胆小自卑的学生，则要多表扬，少批评。总之，“不同的学生需要不同的动机策略，因为应用任何一个策略都可能提高某些学生的动机而降低另外一些的动机。比如，焦虑和依赖的学生对表扬和鼓励的反应较好，对挑战和批评则反应差；而自信和独立的学生表现出相反的模式。有的学生偏爱物质奖赏，有的偏爱象征性的符号奖赏，还有的偏爱特殊的权利”③。

---

① Edmund T. Emmer, Carolyn M. Evertson, Murray E. Worsham 著：《中学课堂管理》，王毅译，中国轻工业出版社 2004 年版，第 119 页。

② C. M. Charles 著：《建立课堂纪律》，李庆，孙麒译，中国轻工业出版社 2003 年版，第 34 页。

③ J·布罗菲著：《激发学习动机》，陆怡如译，华东师范大学出版社 2005 年版，第 190 页。

学生的性别不同，对外界评价的感受也不一样。由于心理特点的差异，女生比男生更加渴望得到老师的表扬，对批评的反感也更强烈。所以老师在教学中应该更多地表扬鼓励女生，帮助她们克服自卑心理，在各方面取得更大的进步。[①] 相反，男生承受批评的程度要强。因此，对女生而言，表扬比批评更有效，而对男生而言，批评比表扬作用可能更大一些。当然，由于每个班级的学生数额偏多，为维护纪律的需要，教师一般都喜欢听话的学生。由于女生一般比男生更听话，更少违反纪律，教师给她们的表扬也会更多。

教师应了解不同性格的学生对表扬方式的接纳程度。一般说来，性格腼腆的学生不愿意成为公众关注的重心，因而对他们采取私下谈心更为有效，而性格外向的学生总是希望成为大家注意的焦点，对他们可采取公开表扬的方式。对于调皮、破坏纪律、人缘不好的学生，公开表扬有利于恢复其声誉。意志薄弱，自制力差的学生应私下表扬，以免他出现反复，达不到教师的要求，伤害其自尊。

表扬要表达出教师的期望。在表扬学生努力的同时，也应表扬他们的学习成果。否则，其他同学会猜测老师可能认为他们不够努力。表扬不能轻易给予，太容易得到的表扬或太难得到的表扬，都不能激起学生对它们的兴趣。对于一件任务简单的事情给予表扬，会使学生认为受表扬的学生能力不高。

(四) 表扬要考虑到学生的表现

表扬和批评的效果取决于学生的经验，因而对优生和思困生的表扬应有

---

① 陈成辉：《中国教师表扬言语行为的实施研究》，广西师范大学 2003 年硕士学位论文，第 32 页。

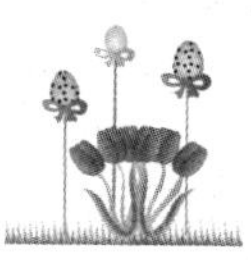

所不同。教师的批评与表扬，对学生成绩的影响受许多因素制约。教师还要注意对学生评价的隐性态度。很多教师没有注意到自己的言语、行为、情绪所传递给学生的反馈信息。例如，教师懂得在学生失败时不能骂他们笨，但在学生完成一个简单的任务时对他大加表扬，或者在全班同学都做得不错的时候单单表扬某一学生，一方面会对学生造成孤立，另一方面可能会使其他学生产生自己能力低下的印象。例如，教师对学生说："好好干！我知道你们努力做的话，是能够做好的。"对那些感到难以完成任务的学生来说，这番话是鼓励或强化；而对那些轻而易举完成学习任务的学生说来，这实际上类似于惩罚，因为教师这番话意味着他认为他们必须经过特别努力才能完成任务。如果教师只是针对学生的成绩，对学生其他良好的品质视而不见，那对于不少学困生来说，教师表面的表扬，也不会让学生感受到教师的关爱。

因此，对于一贯表现好的学生，经常表扬已不能起到教育效果，要对他们要求从严。从严要求，是尊重他们的表现，应鼓励他们不为表扬而行事，逐渐转化为内部奖赏。而对于思困生，当他们有了一些进步，虽然与别人相比微不足道，也要给予表扬和及时鼓励。优秀的教师应该有一种观念：所有的学生都能够学习，并会取得成功。"教师要坚信这样的观点——学生都是有价值的人，他们拥有积极的品质，例如可塑性、有能力。这种乐观的反馈使孩子感到有动力，并有助于他们掌握自己的命运。"①而且，所有的孩子都希望获得成功，他们都不希望成为非主流的一部分。

虽然，学生的纪律问题不等于道德问题，但二者之间还是有很大的关联。

① Joseph Ciaccio 著：《完全积极的教学——激励师生的五种策略》，郑莉等译，中国轻工业出版社 2005 年版，第 84 页。

不少思困生的道德品质较差，教师在对他们进行道德评价时必须特别加以注意。思困生是带着情感和学业障碍来到学校的。他们可能无法使自己的性格、学习方式以及天赋达到学校想要的那个标准，因为每个孩子生来就不同。但每个学生有可能而且都必须成为有道德的人。教师必须采取一切措施来帮助学生克服这些障碍，这是教育者的责任所在。如果这个孩子自我感觉良好，他就能够完全接受消极评价；如果这个学生来自非正常家庭，并且不适应学习过程，那么教师就应该只对其做积极的反应。任何否定的评论都会令这个孩子认为，这名教师与其他成年人并没有什么不同，且消极评论会破坏师生间建立积极关系的所有机会。"一个麻烦的孩子以非黑即白的方式看待人们之间的关系。成年人要么是解决问题的一部分（你满足她的需要），要么是引发问题的一部分。"①

对许多教师来说，比起关注思困生做错的方面，关注他们做得正确的方面更难。教师应知道思困生经历了很多挫折，批评不一定对他们有效。要找到在消极的环境中进行积极评价的方法。表扬时不必计较其动机，给予较多的理解和鼓励。矫治思困生的不良行为要坚持正面引导，尽量发现优点，及时予以表扬，忽视其无关紧要的缺点，帮助学生建立自信。这并非是纵容学生，而是宽容学生。动辄批评和惩罚反而会对错误行为起强化作用，无意中助长了问题行为，过度的惩罚更会导致学生为逃避惩罚而产生新的行为问题。教师不要把对象看得太坏，求全责备，应把他看成一个对象，而不是完美的天使。

在对思困生进行批评时，尽量采用避免让学生感到敌对的方法。首先，

---

① Joseph Ciaccio 著：《完全积极的教学——激励师生的五种策略》，郑莉等译，中国轻工业出版社 2005 年版，第 66—67 页。

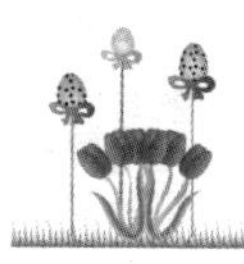

要学会把孩子和他的行为分开。对行为进行评论，但不要评论孩子本人。大人要孩子确认他的行为属于什么社会发展层次。这种做法自动把孩子和他的行为分开，让其思考和承担责任，没有窘迫感，又不会伤及自尊。这种做法的好处是教师对学生全盘接受，而不是有条件地接受。选择是培养责任感的一个关键因素。如果孩子行为错误，要认定他的行为，但不要说他不负责任。给行为，而不是给人下定义。"你认为那是负责任的事吗"或"你不值得那么做"比"你不负责任"要好。当然，让孩子来区分更为有效。

其次，可采用和谐的"我信息"(I-message)来引导学生。① 和谐沟通理论认为，传统上对学生进行的评价，教师往往通过"你信息"(You-message)攻击学生，如骂学生"蠢猪"、"懒虫"等。采用这种对抗方式对待学生，容易引起学生反感，很难解决课堂中出现的问题，有时还会使问题复杂化，甚至引起暴力行为。而采取我信息的方式，只是向学生传达一种对问题情境的感受及其对学生正当行为的要求。如，"作为教师，我对你的行为感到不尽满意"，"我对你的行为感到有些失望"等。"我信息"给教师提供了一个不用卷入"权力斗争"或不必运用强迫策略来处理管理问题的机会。

最后，对待思困生的评价可以采用汉堡包法来进行："以积极之处开始和结束，把中间位置留给批评。"②埃拉华·科伦的研究指出："平衡的反馈才有效；对犯错学生所用的策略，可以包含有指导性的建议和对学生所做积极之处的认可。"③

---

① 陈时见著：《课堂管理论》，广西师范大学出版社 2002 年版，第 129 页。

② Joseph Ciaccio 著：《完全积极的教学——激励师生的五种策略》，郑莉等译，中国轻工业出版社 2005 年版，第 67 页。

③ Joseph Ciaccio 著：《完全积极的教学——激励师生的五种策略》，郑莉等译，中国轻工业出版社 2005 年版，第 67 页。

捕捉闪光点，帮助“后进生”找回自信[①]

刚接班不久，我就发现班里的学生小王经常惹是生非，上课不注意听讲，家庭作业经常不做，学习成绩很差，学生们谁都不愿与他交往。几次和他谈话，他总是找借口，声称在初中就这样，不愿接受教师的批评教育，很是令人头疼。有一次，班内做大扫除，个头最小的他负责擦玻璃，干得非常认真而且擦得最干净。我抓住这一时机，及时在班里肯定了他积极参加劳动且不怕脏不怕累的精神，表示对他的劳动技能很是赏识，还提倡全班学生都向他学习，并在私下委婉地向他提出学习上若有这股劲，那肯定了不起。从未受过表扬、自暴自弃的他第一次得到教师的赏识，心灵受到了极大的震动。从此，他的表现大大出人意料，对待同学热情了，学习态度端正了，能及时完成作业了，成绩提高了。学生们一致评他为“进步标兵”，并推选他做卫生委员。

闸北八中的成功教育模式，就是采用鼓励性评价和表扬的方式，使得这些思困生得到转化。它通过让学生体验成功，“点燃前进的希望之火”。成功教育的成功就在于考虑到思困生的心理特点，调整一些子目标，使他们时时体验到进步，处处有成功，对他们任何点滴进步都给予肯定和表扬，发挥了评价的激励作用。教师可以从改变学生的行为入手，对思困生给予一定的物质奖励，以使他们养成良好的行为习惯。当学生表现良好时，就发给奖励券。当学生的奖励券积累到一定数量，便可以领取“奖品”，如

① 阎宝龙：《用赏识点燃希望之火——谈赏识教育在班级管理中的应用》，《天津教育》，2006 年第 5 期。

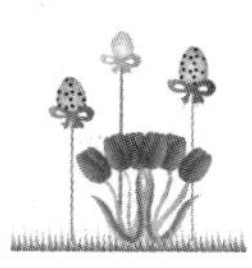

电影票、球类比赛的门票，跟教师一起吃午餐、喝饮料、吃爆米花等等。随着时间的推进，逐步提高要求，学生要获得更多的奖励券才能得到这些“奖品”。

总之，始终要让学生体会到教师对他们的关心。当学生知道教师关心他时，他会接受教师一些哪怕看起来是敌对性的言辞。能够为学生奉献而又为学生所接受的教师采取的评价方式，都可能被学生理解为积极的评价，正如一个孩子理解到慈母心之后，慈母的评价都会在孩子身上产生积极的结果。要对学生采取完全接受的做法，不要因为学生存在着这样或那样的缺点，而对其采取消极的评价，甚至置之不理。教师要有一双善于发现的眼睛，一颗宽容的心灵，就会发掘出思困生身上所具有的优点，找到合理的表扬方式去激发他们上进的信心。

表扬除了针对学生良好的学业成绩外，还应包括他们所取得的进步、努力程度、良好行为等各方面的表现。教师要站在学生的立场上，来看待学校和教师，让师生之间相互建立信任。表扬会使得学生对老师的态度更积极，让学生认识到教师对他们个人独特价值的欣赏。甚至有时教师为了维护良好的师生关系，对一些学习成绩不太优秀的学生，可以表扬一下他们非学习方面的事情。如学生理发了，教师可以称赞一下：“今天理发了，真精神。”也可以表扬一下学生的衣服：“这套裙子真漂亮，挺适合你的。”

第二节　合理的方式让表扬事半功倍

教师应选择合理的表扬方式，使表扬起到事半功倍的效果。教师可采用集体表扬，以激发学生的合作学习，还可使用间接表扬的方式，通过第三方来表扬学生。在表扬时，教师应对学生良好行为给予及时反馈，同时注意表扬的场合。教师还应针对学生在行为过程中的表现进行表扬，使学生认识到教师理解了自己、在真正关心自己。

一、集体表扬激发合作学习

随着新课程改革的进一步深入，合作学习获得了越来越多教师的赞同。但从当前教师的反馈来看，对学生个人和全班的表扬占了很大比重。在个体竞争为主的情况下，多数失败的学生容易放弃努力，而少数成绩优良的学生，却可能因分数、名次而勾心斗角。这种情况若任其发展，极易产生不道德的冲动。而在长期的个体竞争中，学生也极易形成不正常的社会行为，这不利于合作精神的培养。

皮亚杰认为，成人的管束以及儿童对成人的尊敬造成他律，只有协作才能使儿童发展平等互惠的关系。因此，对自律道德而言，协作才是道德发展的动力。他说："为了使儿童真正社会化，协作是必需的，因为只有他才能成功地把儿童从成人语言的那种神秘的力量中解放出来。"①在儿童道德教育中，成人应该是一个协作者，而不是主人，要在学校里创造一个使学生彼此相助的场所。

成就动机理论认为，当人的生理需要得到满足后，会产生三种社会性需要：成就需要，权力需要，交往需要。其中交往需要是指希望与人建立和谐且亲密的人际关系的欲望。交往需要较高的人，喜欢合作融洽的气氛，不喜欢

① 让·皮亚杰著：《儿童的道德判断》，傅统先，陆有铨译，山东教育出版社 1984 年版，第 486 页。

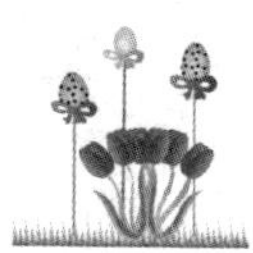

竞争。年龄相近的孩子之间有许多相似性，孩子在跟同伴相处过程中，会体验到巨大的快乐，学到很多在成人身上学不到的东西；而且这样的快乐和收获成人也无法给予。在儿童的同伴群体中，他们有了自己的社会标准，所以儿童为求得同伴的赞许，有时难免与其从成人那里学到的赞许动机相冲突，冲突的结果往往是儿童们自己的团体规范占优势。

在学校教育中提倡合作学习，不但能提高学生的学习效率，更能促进学生道德发展。合作学习能够帮助学生改进对待同学、自己以及教师的态度，它能帮助学生采纳不同的意见。儿童之间良好的同伴交往关系能够促进儿童社会性的发展。它是满足儿童寻求社会支持的途径，并能形成儿童客观公正的自我概念，使儿童正确地认识自我。尤其是良好的同伴交往使儿童获得积极的自我评价，促进他们的发展。为了建立良好的同伴关系，儿童必须遵守交往规则，学会履行自己作为一个朋友的职责和义务，站在他人角度考虑问题，并发展社会适应能力。

小组表扬可以培养学生的集体荣誉感和团结精神。共同的观念、共同的感情、共同的责任，所有这些都是我们用来滋养班级集体生活的东西。涂尔干指出："能够在儿童心中唤起团结感的方法，就是谨慎而细心地运用集体惩罚与奖赏。"①在小组奖赏中，每个学生都是集体中的一员，只有当个人完全而且纯粹是他自己行动的主宰时，严格意义上的个人责任才是有理由的。但是，集体不可能对个人的行动没有任何责任。反之，学校良好的道德气氛也是每一个人努力的结果。也就是说，每个人都对集体有贡献。向学生灌输与同伴们紧密结合起来的团结感，分享共同生活的感受的最佳手段是，"除了使

---

① 爱弥尔·涂尔干著：《道德教育》，陈光金等译，上海人民出版社 2006 年版，第 178 页。

他们感觉到每个人的价值都是全体价值的函数，感觉到我们的行动既是原因也是结果”①。重要的是使儿童清楚地认识到，在某种程度上，他在为大家工作，大家也在为他工作。团队合作之所以能够成功，更多是由于协助队友达到个体目标从而保证团队做得更好的意愿，而非去赢的动机。

教师采用集体表扬时，可灵活地划分集体，如班级、小组、男女、同排、某种特长的学生等。当集体表现出进步或一直持续努力时，教师对学生集体的鼓励和努力，可以培植班级的正向氛围。教师的这种反应不仅可以增加对学生的影响力，减少班级中的问题行为，而且会使班级气氛变得积极。

二、及时表扬让学生迅速获得反馈

在管理学中，“一分钟管理”模式受到广泛追捧，其中就包括“一分钟赞美”。即在员工有良好的表现时，管理者必须给予及时的赞赏。每个人在完成任务后都希望尽快地了解工作的结果，并根据结果调整自己的行为。斯金纳发明的教学机器强调学生在完成每一小步学习目标后，及时给予反馈。表扬是对学生行为的一种反馈。如果反馈不及时，对学生积极行为的强化就会大打折扣。教师在教学中的及时表扬，可使学生及时了解到自己行为表现，进一步努力提高成绩。以下一个故事说明了及时表扬会带来良好的效果。

金香蕉的故事②

在美国福克斯波罗公司早期，急需一项与公司性命攸关的技术改

---

① 爱弥尔·涂尔干著：《道德教育》，陈光金等译，上海人民出版社 2006 年版，第 179 页。

② 徐叔衡：《金香蕉故事与奖励学问》，全景网，http://www.p5w.net/today/200807/t1767536.htm，2008-07-11.

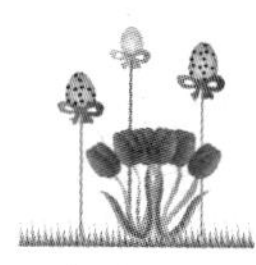

造。一天深夜，一位科学家拿了一台确能解决问题的原型机，闯进总裁的办公室。总裁看到这个主意非常妙，简直难以置信，就琢磨着怎样给予奖励。他弯下腰把办公桌的大多数抽屉都翻遍了，总算找到了一样东西，于是躬身对那位科学家说："这个给你！"他手上拿的竟是一只香蕉，而这是他当时能拿得出的唯一奖酬了。自此以后，香蕉演化成小小的"金香蕉"别针，作为该公司对科学成就的最高奖赏。区区一只香蕉，竟然可以作为奖品，而且可以取得神奇的效果，真让人大开眼界，也让人从中领悟奖励的学问。

教师在表扬时必须遵循普雷马克原理，了解学生的需要后，选择恰当的刺激物。普雷马克原理，也称为祖母法则。即用频率较高的活动来强化频率较低的活动，从而促进低频活动的发生。因为祖母经常说，"先吃了你的蔬菜，然后你就可以吃甜点"。我们经常对孩子说的"要想吃肉，请先吃青菜；如果你把饭吃完，我就带你出去玩"，也是运用了普雷马克原理。

普雷马克原理

1959 年，普雷马克做了一个实验。他让孩子们从两种活动中选择一种：其一是玩弹子游戏机，其二是吃糖果。当然一些孩子选择了前者，一些孩子选择了后者。更为有趣的是，对于更喜欢吃糖果的孩子，若将吃糖果作为强化物，便可以增加其玩弹球游戏机的频率；相反，对于更喜欢玩弹球游戏机的孩子，若以玩弹球游戏机作为强化物，便可提高其吃糖果的量。

教师在运用普雷马克原理时，需要选择正确的强化物。那么，教师首先需要了解学生，选择学生喜欢的强化物来对学生进行奖励。只有这样，教师的表扬才能为学生所接受。否则，会适得其反。当教师表扬一个学生穿着朴素时，如该生家庭条件困难，确实是因为买不起好看的衣服而穿着简单，而且也不愿意让大家了解她家庭条件的实际情况，教师的表扬就会导致学生有强烈的自卑感，使她感觉抬不起头来，她会对教师的表扬感到反感。

虽然在教育的过程中，持续地应用连续的、固定的强化会产生扇贝效应，但是，在新知识、新行为、新习惯的初始学习阶段，连续的、固定的强化是必要的，这能让学生很容易地完成要求的任务。当学生的学习或行为得到一定程度的提高后，要不断地延长强化的间隔时间，直到最后撤销强化。在延迟强化的过程中，可以变化间隔的时间，使学生不能找到变化的规律，避免他专心地等待强化。①

三、间接表扬让赞美更真诚

当学生表现出良好行为，教师不当面表扬学生，而是在其背后夸奖他，更能起到好的教育效果。教师可通过与其他学生交谈的方式，对做得好的学生进行表扬。这要求传话者与被表扬的学生有良好的关系。当面表扬时，有时学生会认为教师在哄他。但通过第三者传到学生耳中的赞美，学生一般会认为教师的赞美之词是真诚的。背后表扬，还可故意让学生无意之中听到教师的表扬。它会使学生理解教师的赞美意图，从而会更加强化自己的良好行为，发扬自己的优点。

---

① 刘儒德等著：《教育中的心理效应》，华东师范大学出版社 2006 年版，第 159 页。

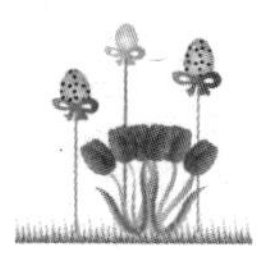

间接表扬还有另外一种方式，就是同学之间的相互表扬。请看下面一个案例：

永远的优点[①]

想起有位教师曾给学生布置这样的作业："每个人写出你熟悉的本班的10位同学的优点，并且每人的优点不少于50字。"然后，教师在班中高声朗读这些学生的"作业"。看得出，凡是被读到的学生低着头，心里都美滋滋的，教室里特别静。持续一段时间后，班级里的学生发生了悄悄的变化，同学关系更融洽了，相互之间更有礼貌了，值日卫生更主动了，教室的布置更整洁了……

鉴于此，我也在小学做过类似的实验：首先让学生给每一个同学写至少一个优点，然后公布于众；接着，每个月末，我让学生在原来所写优点的基础上再挖掘同学新的优点，同样公布于众；最后，开展"看看谁的优点最多"和"看看谁的进步最大"的活动。结果，群情活跃，人人为能被人欣赏而奋斗着、进步着。

该案例中第一位教师的做法具有教育意义，而被后者改编之后却不一定能取得好的教育效果。实际上他相当于采取了一种"以表扬为主"的做法，学生可能会相互提供虚假的表扬。因为看谁的优点最多，这个评比早已规定好了。表扬是预设的，属于一种竞争性的表扬。每月一次的时间间隔太短，不一定足够学生发生道德品质或行为上的改变，也很难判断学生之间是否为相

① 严育洪编著：《"事"说师生关系》，首都师范大学出版社2007年版，第29页。

互制造优点，不排除有作秀的可能。

除了同学之间的相互表扬外，教师还可请其他教师、家长等第三方进行表扬。教师在家长面前表扬学生，家长会感到非常惊喜，激发他们教育孩子的热情和信心。在获得了老师的认可和激励之后，家长会更加积极地引导孩子，使孩子的学习主动性得到提高。教师写好表扬信或喜报，送给家长，让家长表扬孩子。这种背后表扬的效果最好。因为通常家长只有在孩子违反了校规时才会得到通知。一个出乎意料的积极称赞的简短通知或电话，是家长和学生都想获得的。教师甚至可为家长提供积极的评语，让家长来表扬孩子。教师也可以请其他教师来表扬学生。

教室里，大家都在安心看书。

走廊上，值班的吴老师路过，我和他商量："一会我回办公室。我离开后，麻烦你，帮我表扬学生，管老师不在也能安静看书。"

吴老师笑着答应了。

回来，吴老师见了我，打了手势，意思是"夸过了"。来到教室，教室里依然很安静。我也没说什么。

早读课后，几个同学围上来了："管老师，吴老师表扬我们了，说我们班没有老师，也能安静地看书，很了不起。"

"是吗？"我装蒜，"看来，自觉这东西，不只管老师看到，所有经过我们教室的人，都能看得到啊。"①

① 管建刚著：《一线表扬学》，福建教育出版社 2014 年版，第 204—205 页。

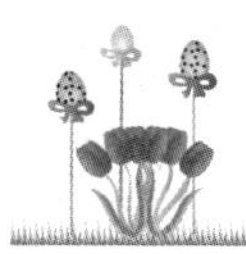

四、过程表扬使学生的善行更持久

学生的成长体现在其行为的过程之中。教师对学生行为过程的表扬，让他们体会到教师是在真正关注自己。这样，才能满足他们受到尊重的需要，使他们获得安全感。当表扬仅是针对学生行为的结果来做出评价时，它的效果却极为有限。人往往都是从小事做起，养成良好的行为习惯，逐渐成长为一个道德高尚的人。如果教师忽视被评价者在各个时期的进步状况和努力程度，就不能很好地发挥评价促进发展的功能。过程表扬，让学生知道自己好在何处，将学生的良好表现归功于自身，有利于学生进一步发展优点。对学生的个人表扬，容易让学生感觉自己能力高，有利于提高学生的自尊。仅仅只有个人表扬，而缺失过程表扬，不利于儿童应对挫折。有研究表明，个人表扬在儿童失败后，会导致儿童出现无助的反应。而过程表扬则在儿童失败后，影响较小。个人表扬使学生倾向于赞成能力固存观，过程表扬使儿童倾向于赞成能力发展观。而儿童越赞成能力固存观，失败后越可能在后续任务成绩、情绪、认知和内在动机等各方面表现出无助反应。①

表扬孩子努力还是表扬孩子聪明②

在过去 10 年里，斯坦福大学著名发展心理学家卡罗尔·德韦克和她的团队都在研究表扬对孩子的影响。他们在实验中发现，在第一轮拼图测试中被表扬努力的孩子，在第二轮测试中，90%会选择难度较大的任务，而被表扬聪明的孩子，大部分选择简单的任务。在第三轮测试中，

---

① 邴倩：《表扬、儿童的能力理论与其失败后反应的关系》，山东师范大学 2004 年硕士学位论文，第 38 页。

② 波·布朗森：《表扬的危险》，《教师博览》，2013 年第 11 期。

由于测试很难,孩子都失败了。先前得到不同夸奖的孩子们,对失败产生了差异巨大的反应。那些先前被表扬努力的孩子认为失败是因为他们不够努力。而那些被表扬聪明的孩子认为失败是因为他们不够聪明,他们在测试中一直很紧张,抓耳挠腮,做不出题就觉得沮丧。第四轮测试,这次的题目和第一轮一样简单。那些被表扬努力的孩子,在这次测试中的分数比第一次提高了30%左右。而那些被表扬聪明的孩子,这次的得分和第一次相比,却退步了大约20%。

德韦克在研究报告中写道:"当我们夸孩子聪明时,等于是在告诉他们,为了保持聪明,不要冒可能犯错的险。"那些所谓聪明的孩子,为了保持聪明害怕出丑的风险。在后面对孩子们的追踪访谈中,德韦克发现,那些认为天赋是成功关键的孩子,不自觉地看轻努力的重要性。这些孩子会这样推理:我很聪明,所以,我不用那么用功。他们甚至认为,努力很愚蠢,等于向大家承认自己不够聪明。因此,表扬孩子努力,孩子可能会更加努力;表扬孩子聪明,孩子可能会逃避困难。

对于简单任务的完成,不必给予个人表扬或过程表扬,只需对其结果进行表扬。但对于有一定难度的任务,教师不仅要进行过程表扬,还要对学生进行个人表扬,有利于学生形成积极的归因。如小学低年级语文课上,学生按照教师的要求,看图写出一段话。教师微笑地对着全班学生说:"咱们班的同学真是棒极了!大家都非常肯动脑筋。看着这一幅图,写出了这么多优美的句子,把图里面所包含的意思描绘出来了。你们真是了不起!"

教师对学生的表扬,不要集中在他们的天赋等他们无法控制的因素上面。在学生取得某一进步时,教师不仅要表扬学生所取得的进步,还应表扬

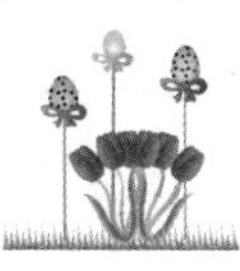

学生所付出的努力和专心。表扬孩子努力，会给他们一个可以自我掌控的感觉，而表扬孩子聪明，一旦他们失败，就会觉得自己笨而有强烈的挫败感。在表扬努力时，还应与学习结果结合起来，否则易被其他学生认为他们不够努力。表扬不能轻易给予，否则其他人会认为获得表扬的学生能力不高。表扬学生应对学习挑战的勇气，激发他们的潜能。这会让学生产生一种对行为结果可控的感觉。表扬行为的过程，还可以帮助学生建立一个积极的行为评价体系。对于不太遵守纪律的学生，在他们表现良好后，教师应给予及时的肯定，对于年龄大的孩子应进行私下的肯定，对小学生可进行公开的表扬。

教师在表扬时还应关注学生行为的动机。陈桂生先生指出，教师在使用批评或表扬时，要遵循如下原则："对于学生的违规行为，一般只按罚则就事论事地处理，足矣，一般不必追究其违规的动机。因为批评或惩罚本身已经使受罚者得到了与其违规行为相当的报应。若求之过深，将有失宽容；反之，对学生良好行为的表彰，则不仅看其行为表现，还得察其动机。因为良好行为原是学生应尽义务的表现，他理应如此。其善良动机才更值得表彰。表彰这种动机，正是弘扬德性本身。故从道德角度看来，表扬应比批评更加审慎。"①

表扬的方式可以多样，有肢体语言的表扬，口头表扬，书面的表扬等。如通过写表扬信，给家长打电话，贴海报等方式来表扬学生。也可以让学生有机会展示自己的作业，获得表扬的机会。

纸笔表扬的方式比较灵活，不占用集体的时间。教师可在学生的作业本上，对作业做得好、有进步、作业态度端正的学生，写上称赞的话，给予表扬。

---

① 陈桂生：《"以表扬为主"评议》，《当代教育科学》，2003 年第 17 期。

有时,甚至表扬也可与作业无关,而与学生在平时表现有关,使之成为平时师生交流的一个渠道。如“这几天上课发言很积极,有进步,请继续保持”。教师也可以给学生写表扬信,在黑板报或黑板上写上表扬的语句,在班级博客上表扬学生,或在家校联系本上称赞孩子,让家长和学生都能看见进步。

在学生表现好时,如进行集体作业时,学生独立作业时认真或朗读得非常投入,教师可以走过去和他说说悄悄话,轻轻地表扬他。这种谈心式的表扬,能让学生体会到教师对自己的关心,有助于师生之间建立良好的信任。

周老师用肢体语言表扬学生[①]

课堂上,周巧琼老师很会表扬学生,除了口头表扬外,同时还兼用肢体语言表扬学生。如学生回答问题准确到位或学生读书读得很好时,她会走下讲台,不吝啬地伸出热情的双手和学生握手、拥抱,让孩子们感受到成功的喜悦。这样一来,学生变得回答问题更加积极,日益形成了良好的课堂学习氛围。周老师还善于照顾班上基础比较差的学生,对成绩不好的学生,更是常面带微笑,用爱给他们织成一片成长的天空,以便学生以更好的表现投入学习。而且周老师肢体语言的运用总是恰到好处,口头表达清晰易懂,又很幽默,师生互动效果非常好,上课时候教师和学生之间默契度也很高。用学生们自己的话来说就是:“在周老师的课上,几乎每个同学都很专心地听他讲课,没人会想到睡觉。真的,我们想到的只是紧跟着周老师的节奏学习!”

① 魏志红:《教师课堂表扬行为研究》,福建师范大学 2011 年硕士学位论文,第 17 页。

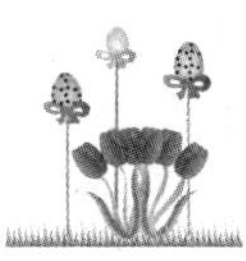

当然，表扬还应关注学生对一些良好学习策略的掌握，了解学习的意义和价值。这样更能激发他们的学习动机。

第三节　使用描述性的语言表扬学生

教师使用批评和表扬能让学生变得更好的主要原因在于使学生认识到了自身行为的实质所在。它一方面是评价诊断功能的实现，体现了评价的价值引导功能，另一方面，还为学生提供了自身行为的信息。这需要教师在评价时不能只指明对错、善恶，还必须使用描述性的语言告诉学生对错以及善恶的原因。描述性语言必须表达出细节，让学生知道自己的行为为什么是恰当的。

一、学生需要积极反馈

表扬的关键在于你要记住你想在你的表扬里传递给学生的东西。表扬的主要功能是为学生提供积极的反馈，使他们了解到自己行为的信息，进而激励他们进一步地将其慢慢转换为内部动机。扑克和电脑游戏大受学生欢迎，其中一个重要的原因就在于它们能够提供即时的反馈。教师要提供给学生一些有教育价值、促进思考的反馈，而不仅仅是一种评估性的反馈；要让学生把注意力放在欣赏自己现有的成功上，以及如何在此基础上做出继续努力，而不是放在与同学相比较上。

但在实践中，教师的反馈往往过于平淡无奇，或缺乏明确的信息。它表现在，即使学生错了，只要不是严重的违规行为和特别显著的积极行为，教

师既不指错，也不纠错。每个学生都应该得到积极和明确的反馈，而不仅是对优秀学生或熟悉的学生提供反馈。事实上，那些社会经济状况差或成绩差、行为习惯差的学生更需要积极的反馈，但他们得到的反馈恰恰最少。

积极的反馈可帮助学生正确评价自己的思考和解决问题的能力。教师可以采用的一个重要的沟通技能就是给学生提供具体的、清晰的、详尽的反馈，从而帮助学生对自己的行为结果承担责任，使学生为自己掌握良好的行为规范负责，并更好地认清自己控制学校环境的能力。千篇一律的道德评价词只会使得学生对教师的评价逐渐麻木。缺乏对学生行为事实描述的表扬，不会为行为主体提供更多行为的反馈信息，也难以起到反馈的效果。

美国心理学家佩奇(E. B. Page)曾对 74 个班的中学生、共 2 000 多人做了一项大规模的实验。他把每班学生分成 3 组，给予不同的评价。第一组给予甲、乙、丙、丁一类的等级，而无评语；第二组除标明等级外，还给予有顺应的评语，即根据学生的答案的特点给予相应的矫正，或相称的评语；第三组给以特殊的评语，如得甲等的，评以“优秀，保持下去!”，凡得乙等的，评以“良

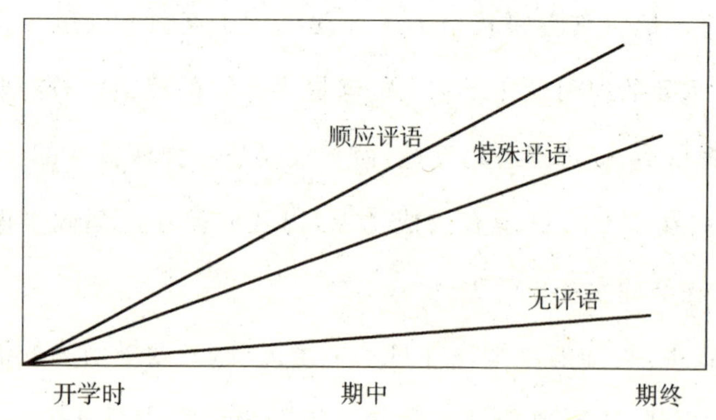

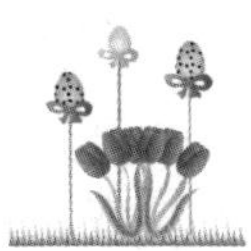

好，继续前进！”，凡得丙等的，评以“试试看，再提高点吧！”结果表明，三种不同的评语对学生后来学习的影响有明显的差异。①

有效的反馈为学生提供了重要的信息，使学生知道自己离实现目标还有多远，或者自己的行为已达到的目标，应采取什么步骤使自己精益求精。教师在表扬时，要让学生知道自己好在哪里，从而树立前进的方向，为继续努力提供动力。有效的反馈同样让学生了解：教师相信每个学生都能成为一个有道德的人，学生的自我努力和自制是影响其行为的一个主要方面，而不是为自己逃避责任的行为去寻找借口。

反馈的质量非常重要，因为反馈的好坏可以影响到学生对自己作为学习者的看法。如果学生不能认识到自己的进步以及道德行为的意义，即使他们因为努力得到了表扬，即使他们的努力超过了他人，学生也不会觉得自己取得了进步，并努力不断进步。当然，并非所有的反馈都能促进学生的成长。劈头盖脸的批评会使学生产生抵触情绪，降低学生的成就动机。

二、描述性语言能为学生提供积极的反馈

（一）评价语言须传达教师的情感

语言是教师道德评价的载体，教师对学生所用的表扬的语言也影响到表扬功能的实现。教师的道德评价语言具有对道德主体的一种评价功能，这一功能的实现有赖于教师正确地使用评价语言，也离不开对评价语言特征的把握。在美国伦理学家弗兰克纳看来，道德语言与其他语言的本质不同在于它的评价性意义。他指出：“伦理判断也不只是情感、意愿或决定的表达。它们

① 李伯黍，燕国材主编：《教育心理学》，华东师范大学出版社2010年版，第159页。

不仅仅表示或说明说话者的态度，它们还作出评价、指示、推荐、规定、劝告，等等；它们宣称它们所做的都是有合理根据的，或者是有理由的，但仅仅感情与命令的表达则不是这样的。”①一般说来，以评价为内容的道德判断，其意义往往较多地与态度的传达相联系。道德评价词语具有情感意义，这个观点获得了许多情感主义伦理学家的赞同。如艾耶尔就认为：“伦理的词不仅用作表达情感。这些词也可以用来唤起情感，并由于唤起情感而刺激行动。”“因此，说真话是你的责任”这个句子就可以既被看作某种关于真实性的伦理情感的表达，也可以被看作表达命令“说真话”。② 又如斯蒂文森分析了道德判断的任务，他指出：“‘这是善的’这个判断，除了‘善’这个术语有一种赞扬的情感意义，使之可以表达说话者的赞成并倾向于引起听众的赞成外，它就只还有这样的意义，即指出‘这具有 X、Y、Z……等等性质或关系’。”③从教师评价语言的情感态度上来看，教师的评价一方面体现了教师对学生道德行为的爱憎态度，另一方面也体现了教师对学生成长的态度。教师会为学生良好的道德行为感到由衷的高兴，对其不道德的行为感到气愤。当教师目睹某种不文明的行为之后，往往会对该行为者说“你不应当这样做”。这一陈述表达了主体的态度：所谓“不应当这样做”也表达出“我不赞成你这样做”的含义。它传达了教师对该行为的态度和立场。但是，道德语言使一个语词的情感意义具有赞扬的特征，与其所赞成的描述意义结合在一起。教师在进行道德评价时，情感的表达不能离开对学生行为的具体描述。如在空洞的表扬中，只有教师的感受，而没有向学生提供其正确行为的原因，学生并不能了解自己行

---

① 弗兰克纳著：《善的求索——道德哲学导论》，黄伟合等译，辽宁人民出版社 1987 年版，第 226 页。
② 艾耶尔著：《语言、真理与逻辑》，尹大贻译，上海译文出版社 2006 年版，第 88 页。
③ 斯蒂文森著：《伦理学与语言》，姚新中等译，中国社会科学文献出版社 1991 年版，第 234 页。

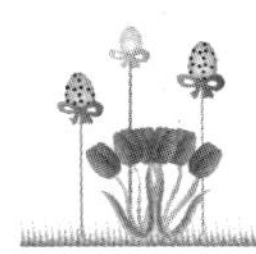

为的意义。表扬必须表达出教师的感受。教师在表扬时面无表情，视其为一种例行公事，就起不到激励作用，甚至教师自身也会感到乏味。当然，教师也切忌显得过于激动，导致学生认为教师过于矫揉造作，不真实，反而对受表扬者带来心理压力。

（二）道德评价语言的评价性依赖其描述性

教师的道德评价语言作为一种道德语言，既具有“描述性意义”，也具有“评价性意义”；前者使它不同于纯粹的“祈使语气”，后者又使它蕴涵某种祈使意味而与纯粹的“陈述语句”相异。所以，在某种意义上，道德语言既能陈述事实，也能规定或引导人的行为，指导人们作出各种行为选择和原则决定。[①] 而且，它的评价功能依赖于描述性功能。黑尔指出：“尽管‘好的’一词的评价性意义是第一位的，但决不会完全没有第二位的描述性意义。甚至于在我们为了建立一种新标准而在评价意义上使用‘好的’这个词时，它仍然具有一种描述性意义。”[②]也就是说，道德语言的描述性和评价性密不可分。道德评价语言不单是评价的，也是描述的，且两方面相互渗透互相作用。某一语句通过“价值词”表达着人们对某一对象的主体评价，又给听者提供某种事实性描述的信息。以“你偷钱是错的”为例，作为对行为的评价，这一规定语言的意义，是与其描述性意义相联系的；否则它就没有意义。因为我们总不能毫无理由地说出某种规定语言或道德语言，而理由必须以事实为基础。例如，说学生的某种行为是好的，不能凭空而论，必须要有事实根据，而且那些评价词本身就包含了对事实的陈述。

同时，道德语言的描述性愈大，它的评价功能就愈强。在黑尔看来，由

---

① 黑尔著：《道德语言》，万俊人译，商务印书馆 1999 年版，译序第 3 页。

② 黑尔著：《道德语言》，万俊人译，商务印书馆 1999 年版，第 116 页。

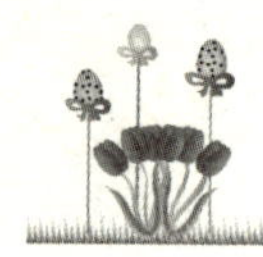

于某一道德标准是在人类世代更迭的过程中形成和固定下来的。人们在依据它们进行判断、指导或自我修养时，往往因为它们的“既定性”而将它们视为事实性或描述性的，而且某一标准或原则保持越持久，越有连贯性和一致性，其所显示的描述力量就愈大，也就愈有权威性的评价力量；反之亦然。[①] 一般说来，评价标准越固定，越为人们所接受，所传达的信息就越多。

（三）积极反馈隐含的价值判断需要以事实描述为基础

关于事实与价值关系的讨论，是自休谟以来西方哲学界和伦理学界广泛争论的一个问题。在休谟看来，以往的两类判断，一是事实判断，二是价值判断，这两者之间是没有关联的。当韦伯提出价值判断不能从理性上被肯定以后，许多学者认为，事实与价值是两个截然不同的范畴。把价值与事实相关联，在他们看来是犯了“自然主义的谬误”。元伦理学将事实与价值进行这种区分是正确的，但将二者完全分离是错误的。它可能意味着把事实与价值不加干涉地进行考虑，即从逻辑判断、推理等理性思维不可推出道德原则，而且可能将价值仅仅等同于个人情感的表达，这可能导致在伦理学中取消价值客观性的存在。如情感主义伦理学家斯蒂文森认为：“态度上的一致和分歧是伦理学的本质特征。”[②]在他看来，道德冲突产生于态度分歧。但是，斯蒂文森没有看到，道德评价中的情感意义依赖于评价词的描述性内容，而且道德语言这种情感不能脱离当时的社会生活现实和文化传统，不然这种情感的传达就不可能得到被评价者的认同。“人类的实践活动及其需要是评价活动得以进行的最后依据。事实与价值的关联恰恰是实践的需要，因此，恰

① 黑尔著：《道德语言》，万俊人译，商务印书馆1999年版，译序第5页。
② 斯蒂文森著：《伦理学与语言》，姚新中等译，中国社会科学文献出版社1991年版，第22页。

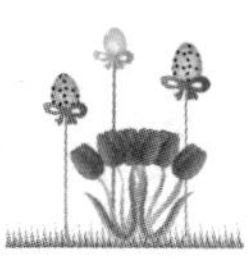

恰不是实践活动证明了事实与价值的绝对区分，恰是实践活动证明了两者的不可分割性。”①

元伦理学家关于事实与价值截然二分的观点，越来越遭到许多当代学者的批评。新自然主义者菲力普·福特(Philippa Foot)提出，从事实性前提可以得出评价性结论。约翰·瑟尔(John Searle)等人认为，抽掉了价值的事实性前提，我们必然陷入价值相对主义或价值虚无主义。当我们说“好”这样一个价值词语时，也必定不只是某种主观情感的表达，同时也表述了某种事实。普特南指出：“人们称一个行为是善的，最通常的理由也毫无疑问就是它能引起的效果。其中之一也许就是，它最终促进了能自然地予以好评的状态或境况，这里，正是性质的本质再次解释为何性状描述最终具有‘前’感情色彩。”②“好”既然涉及后果问题，它就不只是主观情感的表达了。描述词能用来赞许和责备，而评价词也能用来描述和说明。当我们说“小张是一个很粗心的人”时，它无疑是描述事实的，但这里同样也包含着一种责备。特定的文化为“善”提供了合理的可接受标准，从而在文化内部，“善”具有了某种和物理事实同样的客观事实性。在我们的文化背景下，恐怕谁也不能否认“帮助贫困的人的行为是善的”是一个客观的陈述，一个不争的伦理事实。形容词和副词是表达价值的词汇，但这些词同时是用来陈述事实的，或者首先是陈述事实的，如“非常”、“粗心”、“几乎”、“都”、“只”等。像“粗心”这种词汇是我们日用而不觉的，但这种描述本身甚或这个词的出现本身可能就是一个价值语境中的现象，所以要把事实与价值截然分开的确非常困难。当然，福特等人将事实与价值等同也是错误的，因为有时相同的事实，并不能得出相同的价值

① 龚群著：《道德哲学的思考》，河南人民出版社 2003 年版，第 79—80 页。

② 普特南著：《理性、真理与历史》，童世骏等译，上海译文出版社 2005 年版，第 232 页。

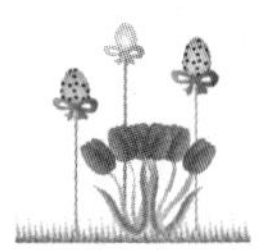

判断。在弗兰克纳看来，应采取一种综合的观点，他认为只要在论证时重视其合理性与正当性，可以从事实陈述得出价值判断。他说："……有些从实然推论到应然是正当的、合理的，即使他们不使用推论之规则及无隐藏的应然命题，此乃因如应该及良好的，在语言学上均表示相同且适当的内容。"[1]道德评价中事实与价值的分离，不利于道德教育。良好的道德评价要求对事实进行许多描述，缺少事实的判断成为一种主观的判断，就会变为空洞的说教。价值判断必须建立在一定事实的基础上。价值与事实不是截然分开的，它们之间存在着某种关联。在道德评价中，事实与价值的相互依赖体现在：教师一方面要求对学生做出价值引导，另一方面要提供学生好的事实。即说"好"，但要告诉学生好在哪里。而选择哪些事实对学生进行表扬，则是由教师的价值观所决定的。

三、教师使用描述性评价语言的方法

（一）使用具体的描述性语言

教师的道德评价语言既具有描述性的含义，也具有劝导性的含义。它是一种义务陈述，也表达了教师的情感。因此，描述性的评价语言应包括具体道德行为情境的描述，以及提供解释和说明的教师感受。首先，评价语言要准确、得体。描述性语言要描述具体。个人赞扬必须是针对某个要强化的具体行为。道德评价中描述性的语言提供了解释和说明，为学生的行为提供了积极的反馈。这种行为为什么好？好在何处？如果学生知道自己在哪里做得好，他们在获得表扬后，就有可能继续保持下去。与其对小学生说"你很坚

---

① 陈照雄著：《弗兰基纳之道德教育思想》，台湾五南图书出版公司1993年版，第86页。

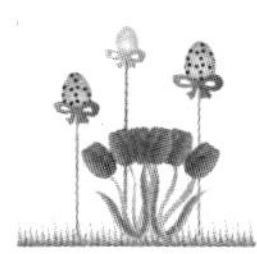

强”，不如说“你摔倒了后，自己爬起来，即使受了伤也不哭，我为你感到自豪”。这就为行为者提供了行动的反馈信息。教师在使用描述性的语言时应考虑这一特征。

在成功教育的实践中，“在实施鼓励性评价时，鼓励和表扬除了对结果加以肯定外，还要正确地说明原因，使学生认识到鼓励和表扬不是教师有意‘奉送’的，而是自己努力的结果，是恰如其分的鼓励”①。

某学校的辛老师注意到潘同学放在桌上的化学笔记本写得很好，就想应该怎么样鼓励他一下。下课期间，辛老师故意露出欣赏的表情，看他在楼前散步，上课时就在全班很高兴地说：“今天发现一个爱因斯坦，你们猜是谁?”没有人猜到，辛老师宣布是潘同学时，潘同学本人也大吃一惊。辛老师接着叫全班同学看看潘同学所做的化学笔记说：“有谁做得比他好呢？我已经观察他很久了，他每节下课都在楼前散步思考。”

潘同学从此变了个人，毕业后成功地考上了中学，后来又考上了一所名牌大学的化学系，并以第一名的成绩毕业。毕业典礼那天辛老师去这所大学查资料。潘同学一看到辛老师就大喊：“老师，我毕业了，我永远记得你给我的鼓励。”②

表扬时要关注学生行为的细节，在用词上要多加斟酌。评价要准确，不能作夸大事实的描述。既要肯定学生的优点，也要提醒学生的不足。对于学

① 陈德华著：《成功教育的理论与实践》，上海教育出版社2002年版，第115页。
② 千高原编著：《赞美他人的艺术》，中国纺织出版社2003年版，第57—58页。

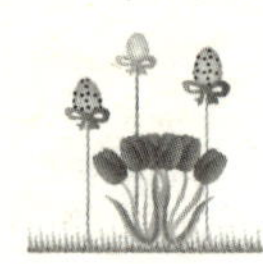

生的一般错误行为，要尽量使用较为委婉的描述语言，避免挫伤学生的自尊心，引起对立情绪，影响教育效果。教师在批评学生时，有时并不需要直接否定学生的回答，可以通过描述性的语言，呈现教师修改后的答案。这可以有效缓解学生被直接否定的尴尬，让学生明白自己的错误或者不恰当之处。教师可以使用平等的口气"我认为"等用来避免对别人产生伤害的语言，说出了正确的答案，但让学生觉得教师没有把正确的答案强加给学生，而是让他们明白自己的不足之处。学生对这种方式比较容易接受。它还促使学生开动脑筋，寻找更加合适的答案。这样，教师既讲了正确的行为，同时又表达了自己对不正确行为的态度。因此，学生能够明白了什么样的行为，才是应该做的。

其次，教师的评价语言应丰富。用语切忌夸张，以免让学生视为教师不真诚的表现。教师拥有丰富的语言词汇，在评价时就会左右逢源，形容得当，关键时能一语中的，画龙点睛。语言要精炼，用简明的语言，表达丰富的内容。当然，教师在描述好的行为时，可采用一些生动形象的语词进行描述，使学生深受感动。Allan 认为，学生们尤其喜欢得到教师的好评，应抓住任何机会，向每个学生说一些积极鼓励的话语。教师的评论要"简短、诚恳、坦率、简洁和有特点"[①]。他提供了一些给予学生肯定的词语[②]：

肯定性的词语

有能力解决冲突、乐于献身、警惕性强、可靠、有雄心、有决心、有分

---

① Allan L. Beane 著：《没有威吓的教室——113 种有效的策略与技巧》，陈如平译，中国轻工业出版社 2003 年版，第 108 页。

② Allan L. Beane 著：《没有威吓的教室——113 种有效的策略与技巧》，陈如平译，中国轻工业出版社 2003 年版，第 108—111 页。

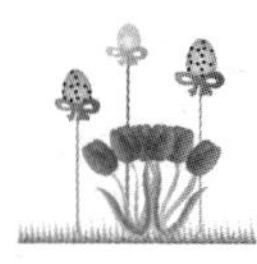

析能力、精力充沛、懂得欣赏人、待人热情、说话清楚、做事高效、做事果断、具有同情心、敏感、有活力、通情达理、热心、平静、品德高尚、细心、做事公正、关照人、对人信任、谨慎、精力集中、很快乐、待人友好、有信心、爱开玩笑、有责任心、慷慨大方、坚持不懈、有绅士风度、能合作、天生聪明、能鼓舞士气、有献身精神、有礼貌、能确立目标、具有创新精神、是个好榜样、是个好随从、理解力强、是个好听众、有毅力、热爱运动、是个计划高手、学习勤奋、快乐、有自知之明、礼貌、身体健康、态度积极、乐于助人、做事谨慎、为人诚实、是个解决问题的能手、珍惜荣誉、做事非常专业、对未来充满希望、守时、为人谦虚、做事快捷、幽默、推理能力强、想象力丰富、懂得放松、独立性强、可信赖、勤奋刻苦、可尊敬、机敏、做事有弹性、有革新能力、知识丰富、能鼓舞人心、反应快速、聪明过人、安全意识强、兴趣广泛、自尊心高、直觉强、自律性强、发明力超群、自我激励、耐心、明智、知识面广、灵敏、领袖人物、服务意识强、招人喜欢、懂得分享、喜欢他人、诚挚、充满生机、有精力、逻辑性强、性情稳定、可爱、强壮、忠实、成功感强、考虑事情周到、注重策略技巧、有协调能力、心地仁慈、愉快、有思想、做事有动力、忍耐力强、整洁、做事漂亮、能理解人、观念开放、不自私、乐观开朗、坚忍不拔、做事有计划、多才多艺、乐于干事情、善于协调、灵活机智、英明。

最后，描述词的运用要适合不同学生的年龄特征。有研究表明，小学生对不同评价词接受程度不同，表现在：(1)教师评价的语言形式对小学生的社会认知有重要影响。名词评价被认知为更强、更稳定和更适应。(2)小学生对教师评价的语言形式不同偏好。被表扬时，他们更喜欢抽象、名词形式的评价;而被批评时,他们不喜欢抽象、名词形式的评价。[1] 这要求教师在对学生进行评价前进行细致入微的观察,只有这样才能给予学生准确而客观的描述。教师要认真观察,瞬间抓住学生闪光之处,进行提炼概括,要用丰富的词汇,多变的句式,抑扬顿挫的语言表达情感,来点燃学生的情感,让评价充满活力。评价反馈要把握时机,内容要具体。一般说来,教师及时的表扬和鼓励能激发学生的热情。不能对学生进行简单的优劣、好坏的判断。要能准确地指出赞扬的是什么,需要改正的是什么。明确的反馈,能为学生扬长补短提供实实在在的指导。对学生的不正当行为,教师要明白地指出,并给予相应的处罚,教其如何改正;对于正确的行为,教师要给予奖励和表扬,对其行为进行强化。评价避免占用太多的教学时间。中小学都安排有班会课,一些教师会用它来对学生进行专门的评价,时间长了学生感觉到乏味,起不到教育的效果。因此,要将评价渗透到教育教学的各个环节,潜移默化地促进学生的发展。注意不要总是重复相同的话,学生喜欢富于变化和具有新意的鼓励和赞赏。教师常用"好极了","不错","很好"和"真不错"来夸奖学生的学习和行为。不幸的是,这种大而化之的称赞没有给学生指出,究竟行为的哪一方面值得赞赏。因此,描述受到称赞的行为极为重要。

社会强化[2]

表扬的字眼和短语

好　　　　很有趣

① 张积家,徐明慧:《小学生对不同语言形式教师评价的认知和偏好》,《华东师范大学学报》(教育科学版),2007 年第 4 期。

② Vernon F. Jones, Louise S. Jones 著:《全面课堂管理——创建一个共同的班集体》,方彤等译,中国轻工业出版社 2002 年版,第 333 页。

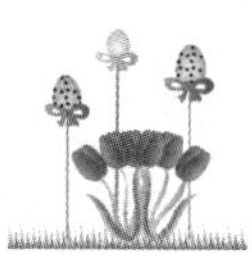

正确	太好了
优秀	哇
很巧妙	保持好的表现
干得好	棒极了
好主意	漂亮
看得出你花了不少功夫	感谢你的帮助
你很用功	你已经找到诀窍了
你应该把这给你爸爸看	现在你已经想出来了
给你奶奶看的画	太有趣了
你真好	这个主意不错
谢谢你，我很喜欢	进展顺利
了不起	你攻破难关了
我喜欢	多整洁的作业
正是	我喜欢你开头的方式
表情	**交往**
微笑	一起做事
眨眼	坐在一起
反复点头	一起吃午饭
露出感兴趣的样子	一起做游戏
大笑	握手

(二) 使用描述性强的评价词进行价值判断

前文提及，道德语言的评价性与描述性密切相关，而且评价词描述性越强，评价效果越好，或者说就更能让学生理解自己道德行为的意义。因此，教师评价语言要使用描述性强的评价词。描述性强的价值词，能让学生清楚地理解自己行动的对错，理解行动的意义，为他们形成正确的道德信念提供帮助。教师使用的语言要列出学生行为好的特征，让学生能够理解教师判断事物的标准。如果使用不同的或者是相反的语言来描述某种道德行为的特征，就不利于学生日后做出正确的选择。在普特南看来，有许多“浓厚伦理概念”(thick ethical concepts)具有很强的描述性特征。所谓浓厚伦理概念就是那些被认为最能体现伦理价值的概念。它的伦理色彩浓厚，评价意向明显。① 普特南的意思是，有些描述术语本身隐含着评价性的内容，有些价值判断同时也是一种事实描述。浓厚伦理概念就是这种既能作为一般性评价，又能被理解为一种事实陈述的概念。他提出的一些浓厚伦理概念包括高尚、勇敢、慷慨、笨拙、强壮、粗鲁、节制、残酷，富有同情心等。它们都是一些评价性强的语言，教师在道德评价中要有效地使用这些概念。如当同学甲帮助了生病的同学乙，老师在表扬时就不能只说：“同学甲帮助了同学乙，值得表扬。”被表扬的学生，不一定能对自己的行为充满自豪感。其他旁听的同学，也不会领略到该道德行为的崇高意义。教师应在对其行为进行描述之后，赞扬其富有同情心，这便有利于培养学生的同情心。教师的评价语言不应只是简单地判断学生的对错，而应适时地为学生把关定向、释疑解难，引领学生走出迷茫，促进学生深入思考。

（三）表达出教师的感受

教师的道德评价传达着教师的感受，而且只有包含了教师感受的评价语言才能对学生的评价起到积极作用。“我们会对道德的善感动，却极少有人会对技术上的好或者其他类型的好感到激动。”②教师的评价语言往往带有情

---

① 丛杭青，程晓东：《论普特南对事实与价值二分法的批判》，《自然辩证法研究》，2007 年第 4 期。
② 黑尔著：《道德语言》，万俊人译，商务印书馆 1999 年版，第 134 页。

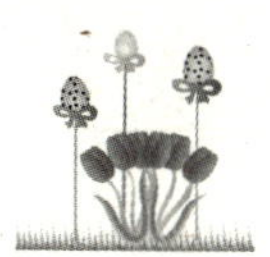

感色彩，这是因为教师使用它的境况，都是教师常常深有感触的那些境况。感受表达出教师对学生道德行为的态度，也体现了教师对学生的爱。正因如此，表扬才能起到激励作用。带有情感色彩的交流拉近了人与人之间的距离，并感染着周围的人和事物。一个人对周围道德现象的喜怒哀乐，同情或怜悯，自然流露出一个人的道德品质和伦理情怀。

语言作为一种感人的力量，它特别离不开言辞的热烈和诚恳。因此，教师一定要努力把透彻心扉的灵感和思想，贯彻到自己的话语中去，从而打动学生的心灵，使学生产生强烈的共鸣，使学生感到温馨。教师语言中的感情色彩，来源于教师的道德信念，来源于教师对教育事业的无限热爱，以及对学生的赤诚之爱。

感人心者莫乎情——南风效应[①]

> 法国作家拉封丹曾写过这么一则寓言，讲的是南风和北风比赛威力，比赛的项目就是看谁能把行人身上的大衣脱掉。北风首先发威，一上来就拼命地刮，凛凛寒风刺骨，其结果，行人为了抵御北风的侵袭，把大衣越裹越紧；南风则徐徐吹动，顿时风和日丽，行人因此觉得春暖上身，始而解衣敞怀继而脱掉大衣，南风获得了胜利。

前文提及的苏霍姆林斯基“一朵玫瑰花”的表扬，以及陶行知“四颗糖”的故事，也是在对学生的教育中充分地利用了情感的力量。

此外，评价语言功能的实现还与教师的非言语行为相关联。教师在评价

① 刘儒德等著：《教育中的心理效应》，华东师范大学出版社 2006 年版，第 102 页。

时伴随的身体言语如微笑、点头、手势等，作为一种无声的语言影响着学生对评价结果的理解。身体言语包括眼神交流、点头和手势、调整语音音调、假想的一种注意的姿态和微笑。这些面部表情应像语言一样，表达出教师的赞美和关注。当这种无声语言由不同方式表现时，就显得特别重要。对于小学生，教师可拍拍他的头或肩，或者让全班学生为他鼓掌，使他体会到成功的乐趣。

第四节 学生应怎样正确地看待表扬

教师还应引导学生正确地看待表扬，不完全以表扬作为自己行动的动机。教师要引导他们反思自身行为的意义，关注行为本身所具有的价值。学生在这一过程中应形成积极的归因方式，将行为的成功归功于自己的努力和付出。教师要让学生学会自我赞美与自我欣赏，逐渐达到慎独。

一、反省自身行为的意义

(一) 关注行为意义有利于培育内部动机

教师表扬时让学生理解道德行为背后的意义，是培育内部动机的需要。表扬虽然是一种外部动机，但运用得当仍然可以提升学生的内部动机。蒂西认为，当外部奖赏只是传达“一个人胜任该项工作”这样的信息，而不能使人觉得这些外部奖赏是别人为了控制自己的行为时，外部奖赏可以增强内部动机。[①]

① 李洪玉，何一粟著：《学习动力》，湖北教育出版社 1999 年版，第 51 页。

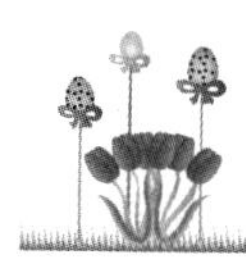

艾尔菲指出，有两条普遍的原则可以来衡量所有表扬的标准，即“自决权”与“内在驱动力”。[①] 第一条原则是指，在给出表扬时要注意：每一个表扬都要能帮助个人感到能控制自己的生活；鼓励其对自己的良好表现做出自己的判断；有助于或至少保留了他选择人生的能力；没有企图通过使他思考是否达到我们的标准而操纵他的行为。第二条原则是指，表扬时给出的评语是否为被表扬者创造条件，使其进一步积极投入所从事的活动，或者评语把任务变成了他们为赢得赞许才做的事情。

教师要避免道德评价手段的潜在危险，必须把学生对外部奖励和惩罚的依赖性降到最低限度，因为这些因素往往使学生看不到责任行为的真正原因。马斯洛指出，课堂学习往往以教师满意从而得到奖励为目标。那么，“由于课堂学习的中心在行为而不在思想，学生学习的也正是如何行动，同时保持他自己的思想不变”[②]。也就是说，由于外界的压力，学生只是外显的行为被迫发生改变，而他们的思想水平没有得到任何提高。这种态度的极端表达就是，“为了这门课得到一个好的分数，我将做教师要我做的任何事情，但如果它想要改变我，门都没有”[③]。弗洛姆则从现代人如何获得自由，发挥自己个性的角度要求人理解自身行为的目标。他认为，不了解行为的目标，这种行为与演员的行为没有什么不同。“一个演员在舞台上，可以卖力地扮演他被指派的角色。然而，无论他演得多么卖力，他只不过是扮演一个别人交给他的角色而已。人们难以认清我们的希望，不是真正地属于我们自己的，而

① 艾尔菲·艾思著：《奖励的惩罚》，程寅，艾斐译，生活·读书·新知三联书店 2006 年版，第 93 页。

② 马斯洛著：《人性能达的境界》，林方译，云南人民出版社 1987 年版，第 181 页。

③ Robert Paul Churchill. What is the ethics of teaching. In: Thomas Magnell (ed.), *Values and education*, Amsterdam/Atlanta, GA: Rodopi Publisher, 1998: 50.

是外界加诸我们的。"[1]他借用意大利剧作家皮兰·得娄(Luigi Pirandello，1867－1936)的话说："我没有身份，根本没有我自己，我不过是他人希望我是什么的一种反映：我是'如同你所希望'的。"[2]这只可能使自己丧失自我，更谈不上道德品质的提高。自我的丧失使得人们更迫切地想要与别人一样，这样可避免别人的不赞同和孤立。靠着符合他人的期望，靠着和他人没有什么不同，个人得到了安全感。但是，个人付出的代价也是巨大的，放弃了自发能力和个人特性，其结果是生命受到挫折。在弗洛姆看来，对于现代人来说，这种逃避自由的意义是值得怀疑的。"个人牺牲了个人的自我的完整性，所得到的不过是不堪一击的安全感。因为他忍受不了孤独的滋味，他宁愿失去自我。"[3]要实现真正的自由，只有通过"自我的实现"和"发挥自己的个性"。这意味着只有培育内部动机才能避免这种自我的丧失。

(二) 鼓励学生认识行为的内在意义

表扬时应帮助学生逐渐形成自律的道德。学生在养成良好品格的过程中，会萌生一种日益坚定的内部信念，按照何为正确的道德判断去行动。学校应努力培养这样一种核心价值观的内部信念。

教师应使学生意识到，为别人提供帮助时，仅仅是因为他们需要帮助，而不应考虑自己的所得。道德行为的做出是因为他们把自己当作一个充满关爱、乐于助人的人，从助人中得到乐趣。例如，当学生顺利完成了劳动任务时，教师的表扬要指明这有利于学生成为一个自食其力的人，一个有责任感的人。学生在做成一件事情后，其内心会充满喜悦和满足，然后深化为自尊

---

① 弗洛姆著：《弗洛姆文集》，冯川主编，改革出版社 1997 年版，第 100—101 页。
② 弗洛姆著：《弗洛姆文集》，冯川主编，改革出版社 1997 年版，第 101 页。
③ 弗洛姆著：《弗洛姆文集》，冯川主编，改革出版社 1997 年版，第 103 页。

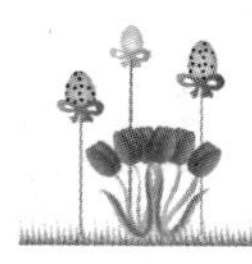

心和对能力的自信心。教师表扬时应提供鼓励和积极的评语，鼓励他们超越昨天或上周的表现而不要跟同学相比；应该引导孩子回顾自己所获得的成功，帮助孩子反思在这一过程中形成的对自身的认识，以此来鼓励孩子们认识到自身行为的内在意义，并逐渐形成内在行为的奖励制度。这样才能帮助孩子获得自我控制的方法，获得一份对自身能力的信任，以及对自身责任感的崇敬之心，为自身的良好行为感到骄傲，从而有助于其努力做一个有道德的人。学生理解了道德行为的内在意义，意味着外部奖赏的作用降低。在对以往经常行为不良的学生进行表扬时，要注意帮助他们欣赏通过自身努力而带来的力量感和自我实现。即使是小学生，也希望自己能成为道德高尚、受人尊敬的人，而不想成为粗俗、消极被动而被人忽略的人。

（三）引导学生关注道德义务的履行

1. 引导学生去体会成功的意义

教师要引导学生欣赏自己不得不做的事情的价值，从而追寻道德的意义，成为一个有道德的人。通过表扬使学生欣赏自己的进步，从而提高自我效能感，让学生自己感受到高峰体验。在马斯洛看来，教育有一个目标就是“使命的发现”。教育的目标之一应该是教人懂得生活是可贵的。假如生活中没有欢乐，就不值得生活。也就是说，教育要逐渐发展学生进行内在的奖励，引导他们发现自我，而不依靠外在的奖励。在他看来，“达到自我实现的人有良好的心理健康状态；他的基本需要已经得到满足，那么，是什么动机驱使他变成如此忙碌而胜任的人呢？一个原因是，所有的自我实现者都有一个他们信仰的事业，一个他们为之献身的使命。”[①]当我们为参与某项挑战所吸

---

① 马斯洛著：《人性能达的境界》，林方译，云南人民出版社 1987 年版，第 193 页。

引时，能不管成败地专注于活动本身。我们至少在那一刻能沉浸于迎接挑战，优化我们的反应策略，发展自身技能，享受一种控制和成功的感觉，这就是一种高峰体验。实际上，孩子们一开始就希望理解这个世界。教师要创造一种环境，让他们感觉不到被控制，思考自己所做的一切的价值，孩子们就会表现出很高的积极性，并对挑战充满希望。教师要促使孩子们自我激励，让学生思考真正意义的回报是什么。

一个良好表扬的案例：美丽的奖励①

吉姆主动把所有房间的地板擦得干干净净，他的妈妈不仅表扬了他，说自己是多么爱他，还奖励了他两元钱。这种做法是斯特娜夫人所不赞同的，她认为对孩子的鼓励和赞赏应该把注意力放在孩子的行为上，而不应该把孩子本身的好坏与所做的事情联系起来，更不能以此表示是否爱他。同时，她更不会让孩子为了报酬而劳动。有一天，维尼夫雷特在母亲不在家时将花园收拾得干干净净。斯特娜夫人回来发现后，夸赞了花园因为维尼夫雷特的劳动而变得美丽了，接着故意说两天前还跟她爸爸商量是不是将这个花园拆除，现在改变主意了。小维尼夫雷特高兴极了，这时，她又向妈妈提出奖励，她说吉姆擦洗了地板他母亲还奖励他两元钱呢。斯特娜夫人说："维尼夫雷特，你认为还会有比得到美丽的花园更好的奖励吗?"小维尼夫雷特立马就领悟过来："妈妈，我懂了。得到美就是最好的奖励。"

① M·S·斯特娜著：《斯特娜的自然教育》，张艳华译，京华出版社2001年版，第251—253页。

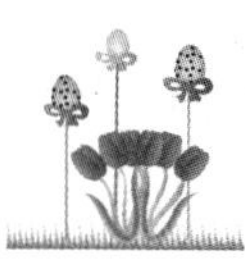

该案例堪称表扬的典范。首先，维尼夫雷特的母亲关注了孩子行为的具体细节。母亲在表扬孩子的额外劳动时，是“牵着孩子的手，和她一起在花园里”欣赏孩子劳动带来的美丽。其次，她对孩子行为的意义表达了欣赏，最后，她还让孩子注意到了正确地看待表扬。帮助孩子从对劳动成功的欣赏中体会到劳动成果的美丽和劳动本身的欢乐。这让孩子养成热爱劳动的习惯。孩子明白了，“得到美就是最好的奖励”。

“有自信的儿童不需要别人来评价自己的好坏。”①学生的行为只是表面现象，关键的是他为什么会做出这种行为。因此，教师要引导学生体会成功的意义，而不关心外在的表扬如何。学生在做成一件事情后，其内心会充满喜悦和满足，然后深化为自尊心和对能力的自信心。教师应该引导学生回顾自己所获得的成功，帮助他们反思在这一过程中形成的认识，以此来鼓励他们认识到自身行为的内在意义，并逐渐形成内在行为的奖励制度。这样才能帮助学生获得自我控制的方法，获得一份对自身能力的信任，对自身责任感的崇敬之心，从而为自身的良好行为感到骄傲，帮助其努力做一个有道德的人。教师应鼓励他们超越昨天或上周的表现而不要跟同学相比。让学生为别人提供帮助时仅仅考虑到是因为他们需要帮助，而不考虑自己的所得。他们做出道德的行为是因为他们把自己当作一个充满关爱、乐于助人的人，从助人中得到乐趣。

当然，教师要告诉学生，做好事是因为它是对的，坦言做出道德行为有时并不是有趣的，但它是成为一个高尚的人所必须的。教师不应仅仅去发现学生高兴的是什么，最感兴趣的是什么以及按照这些去管理他们，而应该发现

---

① M·S·斯特娜著：《斯特娜的自然教育》，张艳华译，京华出版社2001年版，第232页。

怎样引导学生对适合于他们的正规事物的兴趣；不是在学生不遵守规则时予以迁就、原谅，而应当引导他们重视规则，去履行自己的责任。赫尔巴特认为，“道德只有在个人的意志中才有它的地位”，因此，“德育绝不是要发展某种外表的行为模式，而是要在学生心灵中培养起明智及其适宜的意志来”①。范源濂也反对将赏罚等同于教育。他认为应该使道德规则深入到学生的心里才能起到教育效果。他说：“从来学校之实施训练，多寄其作用于赏罚，夫赏罚是非不可用者，然苟不善用之，则往往有不见其益而反见其害者矣。诚以赏罚之本意，非仅加受者以外部之笼络束缚也。使赏之罚之，其力不足以深入受者之心，而使其有所鼓舞有所畏惧，则赏罚之用穷而其害且立见矣。故赏罚非不用于训练，惟徒用赏罚而以为有当于训练，则未为可矣。”②

2. 表扬必须有利于学生正确地理解规则

规则本质上是为了人的幸福生活服务，使人过上一种有序的生活。对规则的遵守是学生成为一个有道德的人的必经阶段。但有些少年儿童很难理解规则的重要意义。有的甚至带着道德怀疑主义的目光来看待规则。奥兹门等人认为：“规则是有约束力的，是规范化的真正源泉，也是履行义务的强制力量。因此，规则也就决定着人们会选择哪一种游戏，因为选择了哪一种游戏就必须要遵守这一游戏的游戏规则。一个人必须去做游戏所要求他做的事情，就像作为一个俱乐部的成员应该遵守俱乐部的规则一样。然而，道德怀疑论者会这样问：为什么我不能选择不参加任何一个游戏，也就不用遵守任何规则，不用让自己承担任何义务呢？不幸的是，对怀疑论者而言，不参加任何游戏这一选择本身就是不合法的，也就是说，这根本就不能算

① 赫尔巴特著：《普通教育学·教育学讲授纲要》，李其龙译，浙江教育出版社 2002 年版，第 42 页。
② 陈元晖主编：《中国近代教育史资料汇编·教育思想》，上海教育出版社 2007 年版，第 748 页。

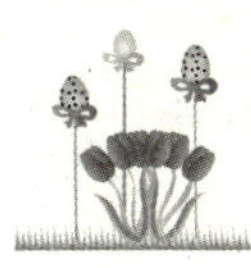

作一种选择。只要人类存在，就必须参加某些游戏。”怀疑论者提出的“我为什么应该是道德的”之疑问，在利奥塔看来，“这已经是在进行游戏了，这种游戏是交流游戏。同样，怀疑论者已经遵守了某些规则，接受了某些需要履行的义务”①。“我们可以回答说他或她已经成为了一名游戏者，所以必须遵守游戏规则。他或她可能也参与了许多其他的游戏，那么也应该遵守这些游戏的规则。这些游戏在传统上是道德的。作为一名游戏者，因此应该遵守这一游戏的规则，即公正游戏的规则。这就是为什么人们不能参与某些行动，如杀人和恐怖行动。换一种说法，不成为游戏者就等于这个人不存在。”②因此，道德怀疑论者对待规则的态度在理论上是站不住脚的，在实践中不利于学生的道德发展。教师在表扬和批评时，要让学生正确理解规则背后的意义，增加学生对规则的遵守意识。

在中小学中，规则往往体现为学校纪律。纪律意味着教给学生在社会中与人相处的一系列行为标准。教师应该帮助学生接受这些行为标准，并培养他们对行为及感情实行自我控制。如果教育过于严格，不允许儿童有个人的思考和选择，也不允许他们学习如何负责地对决策提出自己的疑问并开展讨论，这种教育更可能会培养出这样一种人：缺乏灵活性，具有反抗态度，拒绝遵从，不论要遵从的内容是多么合理和必要。“最好的教育方式应使个体看到遵从和不遵从双方面的价值，并判断在什么时候哪一种是适合的以及哪一种不适合。”③

---

① Howard A. Ozmon，Samuel M. Craver 著：《教育的哲学基础》，石中英等译，中国轻工业出版社 2006 年版，第 362 页。

② Howard A. Ozmon，Samuel M. Craver 著：《教育的哲学基础》，石中英等译，中国轻工业出版社 2006 年版，第 363 页。

③ 戴维·冯塔纳著：《教师心理学》，王新超译，北京大学出版社 2000 年版，第 348 页。

批评或惩罚在学生对规则的掌握中也具有重要意义。制定规则的目的不是为了抓住学生的错误，对他们进行惩罚；相反，就规则在学生和其他人身上所发生的作用来考虑，规则为学生检查自己的行为提供指导或参照。所以，当有违反既定规则的行为发生时，教师应该和学生一起讨论如何处理。在处理那些捣蛋行为时，教师必须帮助学生探查他们的动机和该行为会产生的后果。过分地强调处罚通常会掩盖动机和态度方面的问题，会使孩子不去注意该行为产生的直接负面后果。这种处罚的压力会影响人们对一些问题做更进一步的思考。例如，这种行为会给他人造成什么样的影响？如果这种行为持续下去，会怎么样？

同样，"以表扬为主"的教育最多也只能使学生养成服从的习惯，并不一定能使其达到较高的道德水平。这是因为遵守规则和道德行为是两个不同层面的问题。当教师通过表扬来培养学生的利他行为时，学生会将他们行为的原因归于外部，认为他们是不得不做某事，并不认为自己乐于助人。相反，教师应让学生自己选择从事活动的类型，学生在选择的过程中会思考活动的意义，在从事活动时他们就会体会到自己变得更有能力和获得了更重要的东西。[①] 因此，教师在表扬时，不能仅停留在他的行为对规则的模范遵守上，还要指出学生道德行为的意义。

3. 表扬应引导学生敬仰道德原则

学生对道德原则的敬仰而非外在的表扬能够使他们克服困难，去履行自己的道德责任。我们经常提倡学生向某人学习，尊重某人，注重榜样在道德行为中的引导作用。但这不并是对某一具体人的尊重和敬仰，甚至可以说，

① Janice Cohn. *Praising child too much can undermine intent*. The Washington Times, 1999-08-01: Part D.

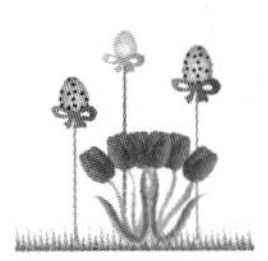

是对道德原则本身的尊重和敬仰。因而对我们来说，应当激发起像他那样遵循道德律的方式行动，而不是简单地模仿他人的具体行为，从而获得外在的表扬。

二、形成积极的归因方式

（一）归因影响学生的行为动机

归因就是对事件发生的因果关系做出的解释和看法。研究表明，归因影响情感，而情感反应又进而对后继行为具有巨大的促动作用。① 归因理论认为，在活动中和活动之后产生的归因，很有可能影响人们随后在该情境或其他类似情境中的动机。格莱德勒（Gredler）认为："归因理论关注个体在获得具体成就相关结果后的思考、情绪和预期。这个理论同样适用于利他行为中的归因。"②归因理论关注人们对某一任务的表现水平的归因，以及这种归因对将来表现的预期影响。

海德是这一领域的开拓者。他认为，在日常的生活中，人们会像社会科学家一样对周围的事件进行分析、理解和推断。比如教师对学生进行表扬后，学生会考虑到，自己为什么得到教师的表扬，是教师觉得自己努力了，抑或是因为事情太简单，甚至还是因为教师为了讨好自己？

真正对教育领域产生巨大影响的是当代美国著名心理学家韦纳（B. Weiner）的成就归因理论。在韦纳的归因理论中，情绪是作为促动后继行为的中介因素而引起作用的，它的重要功能之一是它成为后继行为的动因。

---

① 张爱卿著：《动机论——迈向21世纪的动机心理学研究》，华中师范大学出版社1999年版，第218页。

② Margaret E. Gredler著：《学习与教学——从理论到实践》，张奇等译，中国轻工业出版社2007年版，第336页。

如，一个体验到心灰意冷和无助感的人将失去追求成就的意愿。相反，一个感到欣慰的人会更愿意表现出感激的行为：觉得自己是有能力的人，更有信心去追求成就。在一件事情结束之后，人们会对其成功或失败的结果进行评价，并会对行为的结果进行归因。不同的归因又引起一系列不同的情绪。这就是说，我们有何感受依赖于我们如何思考，反过来，我们想什么，又部分依赖于我们有何感受，有何种情感体验。同时，正如我们想什么会影响到我们做什么一样，做什么反过来影响我们的思维过程。韦纳认为，对失败或成功的大多数解释，都涉及以下三个方面：(1)内部的还是外部的起因；(2)稳定的还是暂时的起因；(3)可控制的还是无法控制的起因。它同认知失调理论一样，其基本假设是：人们都试图维护良好的自我形象，因此，当发生好事时，他们很可能把它归因于自己的努力或能力；当发生坏事时，则认为这是由于一些他们无法控制的因素造成的。韦纳还认为，归因行为对后继行为有重大影响。归因不是一个独立的过程，它是行为后果与后继行为的中介认识过程。对行为后果所作的归因，会影响到对下次结果的预期及情感反应，而预期及情感反应又成为后继行为的动因。如果一个人所觉察到的成功或失败的原因是稳定的，在同样的条件下，他对今后成功（或失败）的期望会增加（降低）。如果觉察到的原因是不稳定的，他就会对今后重复出现类似的结果产生怀疑，对今后成功（或失败）的期望降低。韦纳对这一发现进行了深入研究，后概括提升为一条重要的心理原则——期望原则：在一次结果之后，成功期望的改变是由观察到的事件的原因的稳定性所决定的。

成功的期望和稳定性归因是相互影响的。对行为结果的稳定性归因可导致对经历过的结果再出现的期望。把一个消极的结果归结于稳定的原因，

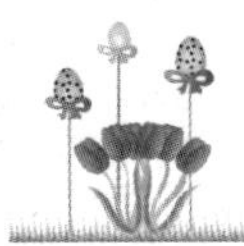

如缺乏能力，个体就会感到无望，并将减弱随后的行为。而如果把成功归于稳定性的因素，如能力，个体将会预期将来和过去同样成功，就会满怀希望。这样，通过对先前行为结果的归因，就能使个体对随后行为的期望产生一定的变化，从而促使未来行为的发生。成功的高期望，当由一次成功伴随时，将导致对稳定因素如天资和品质的归因；而失败的高期望，当由一次失败伴随时，也导致对稳定因素的归因，而伴随失败的成功高期望和伴随成功的成功低期望，导致归因于像运气和努力这样不稳定的归因。这就是说，在期望和结果一致，或一个期望被证实时，引起稳定的归因，反之，期望和结果不一致时，引起不稳定归因。韦纳和库克的研究表明，学生往往在把自己的成功归于努力，而不把自己的失败归于缺乏努力的情况下，进行最大的自我奖赏。① 韦纳认为，把成功归于自己（例如，个性，能力，努力）比把成功归于外部原因（如任务容易、运气好）可导致较高的自尊（自豪）。如在一次考试中当把“优”等成绩归于能力或努力工作时，比之把它归于某个教师给所有的学生“优”等成绩这种情况，学生的自尊得到提高。而把失败归因于自己比把它归于外部因素导致较低的自尊。如把失败归因于缺乏能力，比把失败归因于运气不好更易产生较低的自尊。② 这也预示着行为者对未来成功的感受，如无望或满怀希望。

学生在处于一个竞争性情境和非竞争性情境中，他们对自己的成败会有不一样的解释。在非竞争奖赏结构中，儿童对自己的成就状况倾向于进行能力方面的归因，成功时归因于能力强，失败时归因于能力弱，在竞争奖赏结构

① 张爱卿著：《动机论——迈向 21 世纪的动机心理学研究》，华中师范大学出版社 1999 年版，第 226 页。

② 张爱卿著：《动机论——迈向 21 世纪的动机心理学研究》，华中师范大学出版社 1999 年版，第 221 页。

中，儿童倾向于进行能力以外的归因，如成功归因于努力或运气好，失败是因为没有努力、运气差或任务难等。[①]

一般说来，当学生取得成功时，差等生往往把成功归于运气或任务简单，而优等生则把成功归于努力和能力。按照学生对待成功与失败的原因有不同的理解，归因控制分为内部的（如个人能力与努力）和外部的（如任务的难度和运气）。有些学生把行为结果归因为内部控制力，有些学生会把行为结果归为外部控制力。有研究表明，学习问题学生和中等生更容易相信成功由外部因素决定。[②]

学生积极的归因有利于他们提高自我效能。教师要培养学生具有能力是可变的信念，应帮助学生保持相对准确但却是较高水平的期望和效能，避免让学生产生无能的错觉。通过给学生布置有相当挑战性但难度又合理的任务和作业，让他们在这些任务上取得成功来提升学生的自我效能信念往往比说教更有说服力。

（二）表扬影响了学生对行为的归因

教师的行为对学生的归因影响较大。研究表明，由于努力而成功的学生会受到极大的表扬和鼓励，由于不努力而失败的学生则会受到严厉的批评或惩罚。因此，教师的表扬或惩罚成为学生推断自己努力程度的一个线索。并且，在成人及年长儿童看来，能力和努力是相互补偿的，一个人付出的努力越多，他的能力就被知觉为越低；反之亦然。[③] 那么，一般说来，当学生得到了表扬，他就会进行高努力的归因，而高努力的归因就会削弱能力归因。当学生

---

① 郭德俊主编：《动机心理学：理论与实践》，人民教育出版社2005年版，第170页。

② Cecil D. Mercer，Ann R. Mercer 著：《学习问题学生的教学》，胡晓毅，谭明华译，中国轻工业出版社2005年版，第202页。

③ 郭德俊主编：《动机心理学：理论与实践》，人民教育出版社2005年版，第131页。

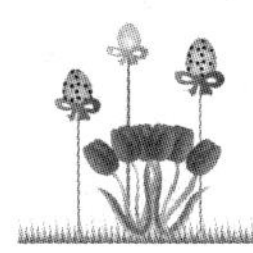

失败时，他就会得到教师的批评，如果得到教师的批评，他不会进行低能力归因。如果失败后教师不批评，他就会进行低能力的归因。所以，学生失败后教师不批评学生未见得保护了学生的自尊，反而可能降低学生的自信；教师未见得要对学生的每次成功都做出表扬，有时不表扬反而会增加学生的自信。帕森斯等人的实验研究证实了这一结论。他们的研究表明，教师批评的频率与学生自我概念成正相关，而表扬与自我概念之间不相关。他们进而认为，那种认为教师应尽量避免批评、而应多作表扬的观点，忽视了情境在揭示信息的含义中的决定作用。一个好的批评能起到表扬所能带来的积极效果；过多的或不加区分的表扬是毫无意义的；另外，不与教师对学生的期望相一致的那种不诚实的表扬会对学生产生不良影响。①

教师的表扬如使学生注意到其行为的可控因素，就会使学生形成一种原因内控观。如将其归因于努力程度，而非能力、运气或任务难度。否则，学生会感到很难控制结果，即使他们将来全力以赴也不会成功。表扬和批评至少与下面两个因素有关：一是特定的成败情境（包括与他人情况的比较、过去的成败经验）；二是个体的自我系统的特点，如自尊、能力自我知觉等，并且在这些因素之间可能存在交互作用。例如，一个能力自我知觉较低、自尊水平较高的学生，如果在失败后没有受到教师的批评，他极有可能进行低能力归因；而一个自我知觉能力较高、中等水平自尊的学生，即使失败后没有受到教师的批评，他也可能并不进行低能力归因。② 尤其是不请自来的表扬，会成为低能力归因的前因。如果一个人在一项简单的任务上获得成功被表扬，或者在简单的任务上失败没有被批评，那么别人就会认为他的能力低；如果一个人在困难任务上成功受表

① 郭德俊主编：《动机心理学：理论与实践》，人民教育出版社 2005 年版，第 132 页。
② 郭德俊主编：《动机心理学：理论与实践》，人民教育出版社 2005 年版，第 133 页。

扬，或者在困难任务上失败受批评，那么别人就会认为他的能力高。因此，在教学过程中，教师对学生的表扬和批评会引起学生的不同认识和反应，从而导致其对自己行为结果的归因也不相同。教师的表扬不一定引起学生的高能力知觉，批评也不一定引起学生的低能力知觉，有时恰恰相反。陈桂生先生认为："表扬或奖励是否有效，取决于有没有触动受表扬/奖励的人的荣誉感。"[①]教师常用表扬，会导致学生对表扬感到厌倦和疲劳，难以触动他们的心灵。

因此，教师对学生做出评价时，要适当考虑任务难度和大多数学生的表现等信息，谨慎使用表扬和批评这种强化手段。教师如果"以表扬为主"，可能让学生认为自己能力低下，也就是说，教师善意的行为有时会产生意料之外的甚至是相反的效果。

（三）老师要对学生进行积极的归因训练

教师如果给学生反馈时强调努力程度，对学生进行归因训练，可以成功地帮助学生改变对某些事件的看法，培养学生的毅力。如在评价时让学生评价自己的努力程度，把失败归为无效的行为策略，或者归因于自己道德选择能力不足、道德知识不足，并教学生利用新的行为策略的方法去体验成功。总的说来，成功努力归因对成就状况有直接的积极影响；成功能力归因会提高学习效能感并进而间接促进成就状况；失败能力归因会降低学习效能感，并间接降低成就状况。[②] 比如学生在帮助别人时未能成功，或者不去做一些学校规章制度规定的事情。这时就不能将学生归因于学生的能力，否则就会干扰他未来的积极性，因为能力归因是稳定的和不可控的，不管是否努力，都将失败。相反，努力缺乏、有效策略的缺乏、经验的缺乏，都是不稳定并且在

① 陈桂生：《教育过程中运用表扬与批评的常理常规》，《全球教育展望》，2011 年第 6 期。
② 郭德俊主编：《动机心理学：理论与实践》，人民教育出版社 2005 年版，第 152 页。

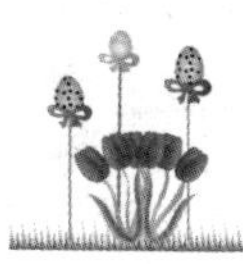

意志控制之下的归因，如果将失败原因归结于这些因素则会对学生后续的学习抱有成功的希望，进而付出努力。因此，我们应该引导学生对失败进行非能力归因，使他们以为失败不再是不可克服的、不能控制的障碍。研究证明，重新训练学生对失败进行非能力归因使他们在任务坚持和成绩中提高。①

积极的归因方式有利于学生动机的激发、自信心的培养，而真实的原因有时会挫伤学生继续做出良好行为的积极性。教师在表扬时，将学生的成功归因于足够的自身能力和适当的努力是最好的。将成功归因于内部的、可控的原因使学生相信他们在类似的情境中会取得成功。甚至将失败的原因归于可控的内部原因，如努力不够，也使得学生认为自己需要更加努力，在将来的活动中导致更多的坚忍和努力。但如果归因于自己能力过于缺乏可能会影响到学生行为的信心。因此，对其失败的归因避免在集体中进行。要在平时的评价中进行正确的引导，因为教师的评价往往起着暗示的作用，给学生提供了归因的线索和凭借。为此，教师在评价中，应引导学生把成功归因于自己的能力和努力，而把失败归因于努力（包括对学习方法的掌握和运用）不够。通过归因训练使得那些“习得性无助”的学生形成适当的归因方式，帮助他们提高自信心增强学习动机。

教师在表扬时，要引导学生归因于他们良好的道德品质，如富有同情心，而不是偶尔的无心之举，或是为了得到他人的称赞。在学生做错了事情时，不要归因于学生道德品质上的问题，而要归因于其不努力，不细心。面对学生的错误，教师不应予以严厉的批评、责怪和惩罚，而是帮助学生分析错误出现的原因、如何纠正错误以及怎样避免类似错误的再次出现。这有助于那些

① 郭德俊主编：《动机心理学：理论与实践》，人民教育出版社2005年版，第164页。

具有“自我价值动机”的学生减轻因为害怕出错而影响自我形象的心理压力，使他们的学习动机朝着良好的方向发展。这样，学生们才会在成功时肯定自己，对未来的事情充满信心；失败时则维护自尊，并不丧失对未来行事的热心而继续努力，从而避免自暴自弃，形成习得性无助，比如把自己当作坏孩子，失去了对自己的约束。

三、进行自我赞美

（一）自我表扬推动学生前行

马斯洛认为，人本主义教育的目的，“在根本上就是人的‘自我实现’，是丰满人性的形成，是人种能够达到的或个人能够达到的最高度的发展。说得浅显一些，就是帮助人达到他能够达到的最佳状态”①。成功的教师就是让学生学会自我认同，而不是来自外界。斯宾塞认为自我教育是推动孩子一生成长的力量。他说：“从人类获取知识的方式看，最主要的获取方式是自我教育，而且取得了最好的效果，孩子的知识获取与能力培养也应参照这一方式。这一点，在许多靠个人奋斗而成功的人身上已不断得到证实。”②斯宾塞的格言是，“好坏由别人评价，善恶则自在心中。”③

班杜拉承认外部强化对人的发展可以起到作用，也主张通过榜样、目标设定，特别是自我强化等手段激励人们努力进取。他认为当人已经社会化，他就不再依赖外在的奖惩来调节自己，这要求教育者要重视人们内部模式的建立。班杜拉强调人具有自我调节、自我控制的能力。人对面临的刺激，进

---

① 马斯洛著：《人性能达的境界》，林方译，云南人民出版社 1987 年版，第 169 页。

② 赫伯特·斯宾塞著：《斯宾塞的快乐教育》，颜真译，海峡文艺出版社 2002 年版，第 95 页。

③ 赫伯特·斯宾塞著：《斯宾塞的快乐教育》，颜真译，海峡文艺出版社 2002 年版，第 169 页。

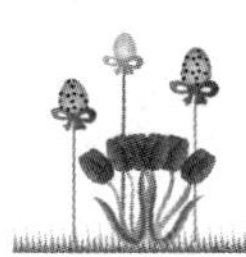

行选择、综合和变换，根据自己产生的刺激和结果能够反过来影响本身的行为。行为并非仅仅形成于直接的或替代的环境结果。如果人的行为只受直接经验的和观察到的外部结果决定，那么，它将完全受环境的支配。班杜拉指出："行为通常是在没有即时的外部强化的条件下进行的，有些行为受预期结果的维持，而绝大部分则是在自我强化的控制之下。在这一过程中，人们自己设立了一些行为的标准，然后以自我奖赏和自我惩罚的方式对自己的行动进行反应。"①自我调节的强化以它的动机功能来增强行为操作。人通过对自己行为是否达到一定水平所作的自我评价的反应，诱导自己的行为以达到自我规定的标准。人们可以为自己树立行为标准，从而不必一定用即时的外部强化来控制行为。这些标准，有助于解释个人在复杂环境中的一致性行为。班杜拉假设，人们能观察他们自己的行为，并根据自己的标准进行判断，并由此强化或惩罚自己。我们都有过这样的经验，我们有时知道自己干得不错并因此而自我欣赏，无视别人说了些什么，同样有时我们也知道自己做得并不是最好。在班杜拉看来，儿童的行为由外塑而渐内发，这既是个体逐渐成熟的结果，更是教育引导的结果。不仅要用各种标准来规范儿童的行为，更重要的是引导学生认同、采纳这些标准，并对自己的行为进行调节，成长为具有自我调控能力的人。

自我表扬也有利于提高学生自我教育的能力。自我教育在学生发展中具有重要作用。苏霍姆林斯基说："我深信，促进自我教育的教育才是真正的教育。"②一个学生，"只有当他学会了不仅仔细地研究周围世界，而且仔细地

---

① 北京师联教育科学研究所编译：《[当代]学校德育思想流派与德育论著选读》(上)，中国环境科学出版社，学苑音像出版社 2006 年版，第 151 页。

② 苏霍姆林斯基著：《少年的教育和自我教育》，姜励群译，北京出版社 1984 年版，第 100 页。

研究自己本身的时候，只有当他不仅努力地认识周围的事物和现象，而且努力认识自己的内心世界的时候；只有当他的精神力量用来使自己变得更好、更完善的时候，他才是一个真正的人"①。自我教育与教育是辩证统一的。一方面，学生是在一定的教育影响下成长发展的，自我教育是教育的结果，也是进一步进行教育的条件和内部动力；另一方面，没有自我教育的教育是不存在的。因为学生并不是完全被动地接受外部的灌输，而是主动积极地加以取舍。学生思想品德的形成，最终只能取决于学生自我意识水平和自我教育能力。学生的自我教育有助于让他们形成自己的道德信念。苏霍姆林斯基说："道德准则，只有当它们被学生自己去追求、获得和亲身体验过的时候，只有当它们变成学生独立的个人信念的时候，才能真正成为学生的精神财富。"②因此，思想品德教育的实质就是，教育者"参与"学生的自我意识，唤起学生自我教育的自觉性，推动和促进学生自觉地内省与反思过程的进展与升华。学校应为学生的自我教育服务，培养和发展学生自我教育的能力，应是学校教育工作的出发点和归宿，也是衡量教育成败的依据。

在米歇尔(Mischel)看来，人具有自我调节的能力，教育的目的就是激发这种能力。影响道德行为和自我调节的因素在于"反应的各种后果的期望、主观价值和自我调节系统"③。人们不必实行各种具体的行为，便可以了解它

---

① 北京师联教育科学研究所编译：《苏霍姆林斯基学校德育和管理思想与论著选读：〈青年一代的道德思想教育〉,〈和青年校长的谈话〉》，中国环境科学出版社，学苑音像出版社 2006 年版，第 30 页。

② 北京师联教育科学研究所编译：《苏霍姆林斯基学校德育和管理思想与论著选读：〈青年一代的道德思想教育〉,〈和青年校长的谈话〉》，中国环境科学出版社，学苑音像出版社 2006 年版，第 31 页。

③ 北京师联教育科学研究所编译：《[当代]学校德育思想流派与德育论著选读》(上)，中国环境科学出版社，学苑音像出版社 2006 年版，第 196 页。

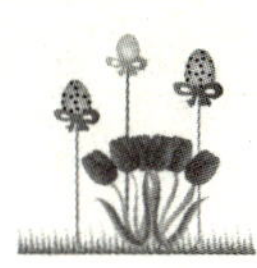

们的各种后果，榜样作用的暗示和替代性操作以及直接操作的后果都可以影响后继的行为。人们不需要非得亲自救一个溺水儿童，才能懂得这种救助行为的积极后果。他指出："社会化的一个主要目的是使个人从外部控制和奖赏中脱离出来，以使他的行为逐渐变成由内在的奖赏——也即与亲社会行为本身紧密联系着的满足感来指导和支持。因此，审慎地运用激励，并仅仅限定在发起和维护所想望的（desired）亲社会行为的范围内，这一点是至关重要的。"①

（二）学生要善于发现自己的优点

教师表扬时鼓励学生思考自己的想法，追求自我表扬，无需得到他人的认可，避免让学生养成依赖他人的习惯。激励学生进行自我评价，而非依赖于他人的评价。要尽量赢得学生的合作，这需要教师以相互尊重、相互平等的态度来解决他们所面临的问题。教师要寻找每个行为后面的积极意图。②学生通过发现自己的优点，给予积极的自我暗示，也能不断促进自己走向成功。教师应该激励学生去发现自己的优点。成功学家拿破仑·希尔认为，自我欣赏或自我赞美，其本质正是对自我成功的一种最直接的暗示。如果一个奋斗者不断告诉自己"我是最优秀的，我一定会成功"，那么他就会像得到神助一般，必将取得成功。能常常赞美自己的人，实质上正是他敢于向命运宣告"我是不可战胜的！"这种对自我的赞美，正是一颗深深地植根于自己灵魂中的种子，最后一定会在现实生活中结出无数颗能展现生命之美的果实。Alan提出了让学生自我肯定的方法，并让学生参考教师肯定学生时所用的词

---

① 北京师联教育科学研究所编译：《[当代]学校德育思想流派与德育论著选读》（上），中国环境科学出版社，学苑音像出版社2006年版，第196页。

② Edmund T. Emmer, Carolyn M. Evertson, Murray E. Worsham著：《中学课堂管理》，王毅译，中国轻工业出版社2004年版，第123页。

汇。从以下问题开始：

> 你喜欢自己什么？你擅长什么？最擅长什么？你积极的性格是什么？你愿意让别人知道你哪些好的事情？什么使你感到自豪？①

他还指出，学生之间表扬，使人人感到被接受、被欣赏和有价值。可让学生相互之间写下肯定的句子，教师在合适的时间，大声朗读给全班学生听，鼓励学生之间相互欣赏和注意彼此积极的品质。或通过各种活动，鼓励学生相互之间说激励的话语，如对于学生的良好表现和其他优秀事迹，请全班学生给予欢呼式的赞美。

教师可通过表扬与自我表扬的主题班会，让学生相互了解，相互学习对方的优点，更好地取长补短。以下是一位小学教师采取的办法，包括每节课的自我评价、期中阶段性的自我评价和期末整体性的自我评价，教师再根据学生表现的具体情况进行表扬。

每节课的自我评价②

评价项目	评价结果	获得奖励
听讲情况如何？	特别好	一个红苹果
	比昨天有进步	一个绿苹果
课上发言情况如何？	发言积极、准确	一个红苹果
	敢于发言	一个绿苹果

① Allan L. Beane 著：《没有威吓的教室——113 种有效的策略与技巧》，陈如平译，中国轻工业出版社 2003 年版，第 111 页。

② 杜明钰：《让自我评价成为学生发展的动力》，《新课程》（小学），2014 年第 5 期。

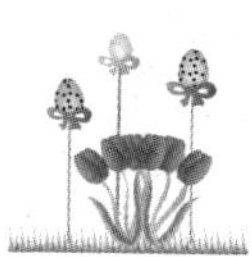

续 表

评价项目	评价结果	获得奖励
与同学合作交流情况如何?	得到他人赞扬	一个红苹果
	觉得自己有进步	一个绿苹果
本节课遇到了什么困难?是如何解决的?	发现问题并解决	一个红苹果
	能发现问题	一个绿苹果

以上表格可以利用每节课末的两分钟进行填写。每周收一次,进行批改,对较好的学生及进步大的学生进行表扬和展示,对出现的问题及时查找原因并改正。

教师的这种做法旨在使学生充分认识到自己的优点,养成自我表扬的习惯,并将该良好习惯保持下去。教师应指导学生在自学中的自我评价、与他人合作学习中的自我评价,帮助学生正确地认识自我,不断地反思自我,超越自我。同时,教师可为学生的某种不良行为制订改进计划,为学生不良行为的矫正拟定细小的步骤,在学生完成每一个步骤的过程中,给予奖励和表扬,达到矫正学生不良行为的目的。

布罗菲提出了有效表扬的标准,这些标准值得教师在表扬时借鉴。

有效表扬的指导①

有效表扬	无效表扬
1. 是有针对性的	1. 是随机给出的
2. 指出成就中的特别之处	2. 限于整体的积极反应
3. 表现出自发性、多样性和其他可信的特点;表明了对学生成就的清楚关注	3. 表现出千篇一律,意味着这是以最少注意换来的条件反应
4. 奖赏与具体的表现标准挂钩(当然也可包括努力标准)	4. 仅仅是表扬,很少考虑到表现过程或结果
5. 给学生提供有关其能力或成就价值的信息	5. 根本不提供信息或只是给出有关其身份的信息

① J·布罗菲著:《激发学习动机》,陆怡如译,华东师范大学出版社 2005 年版,第 94 页。

续 表

有效表扬	无效表扬
6. 引导学生更好地欣赏自身与任务相关的行为，思考问题解决	6. 引导学生与其他同学作比较，思考竞争
7. 基于学生以前的成就来描述其当前成就	7. 基于同伴的成就来描述学生的成就
8. 认同学生有价值的努力或在困难任务上的成功	8. 在给出表扬时不管所花的努力或成就的意义
9. 将成功归因于能力和努力，意味着期待将来的成功	9. 将成功只是归因于能力或外部因素，如运气或任务难度
10. 培养内向型归因(学生相信他们在任务上的努力是因为他们喜欢人物或想要发展与任务相关的技能)	10. 培养外向型归因(学生认为他们努力是因为外部因素——取悦老师、赢得竞争或奖赏等)
11. 让学生关注其与任务相关的行为	11. 让学生关注作为可以操纵他们的权威的老师
12. 培养学生在完成行为后欣赏其与任务相关的行为	12. 闯入正在进行的行为，干扰学生对任务相关行为的注意

第五章　做反思性的激励者

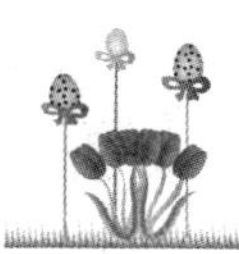

教师在表扬时应运用自己的教学机智，通过发现学生身上难以觉察到的闪光点，抓住教育的契机，来激发儿童学习和成长的积极性。但没有永远正确的表扬策略，因此，教师要规避表扬潜在的危险，必须采取一种反思的态度来运用表扬。表扬的技巧不是一朝一夕就能掌握的，它需要长期积累。在这一过程中，最为重要的是，教师要养成一种反思和批判精神，对自身选择的表扬方式进行批判性地思考，在教育实践中寻找最优的问题解决思路。教师在使用表扬前、表扬过程中，以及表扬后都需反思，以选择最适合学生的表扬方式。

第一节 反思，使表扬更恰当

反思在教师专业发展过程中具有重要作用。反思是问题解决的一种方式,可帮助教师采取恰当的评价手段,规避评价手段潜在的危险。当教师采取一种反思的态度来使用表扬时,能不断纠正表扬过程中教师行为的偏差,进而提升表扬的效果。在这一过程中,也促进了教师的专业发展。

一、反思有利于促进问题的解决

美国教育哲学家杜威认为,反思是问题解决的一种特殊形式,是“对于任何信念或假设性的知识,按照其所依据的基础和进一步导出的结论,去进行主动的、持续的和周密的思考”[①]。美国学者舍恩(D. Schon)使反思成为人们关注的热点。他看到技术理性模式,不足以解释各种各样实践情境中专家解决疑难问题的技艺。他认为,需要揭示隐含在艺术的、直觉的过程中的实践认识论。[②] 与杜威强调个人的理性选择不同,他更强调教育者的个人实践知识。“如果不进行反思,生活在当今,就是生活在过去的牢笼里。”[③]

反思源于对问题的思考。问题是一种存疑的、困惑的情景。“教育问题来源于教育情境之中。教师职业的特性决定其职业实践永远处于一种生成性的状态之中,教育情境也处于一种复杂多变的非线性的状态之中。”[④]杜威认为,这种反思行为起源于教师在教学实践中遇到的困难、疑惑或不能马上解决的事情。但只停留在这个层面上,还不能称之为教师的反思性行为。只有在困难、疑惑的驱动下,对自身的教学观念和教学实践进行不辞劳苦地探索、研究

① 杜威著:《我们怎样思维·经验与教育》,姜文闵译,人民教育出版社 2005 年版,第 16 页。

② D·A·Schon. *The reflective practitioner: How professionals think in action*. New York: Basic Books, 1983: 69.

③ Stephen D. Brookfield 著:《批判反思型教师 ABC》,张伟译,中国轻工业出版社 2002 年版,第 67 页。

④ 王捷:《中小学反思型教师的培养研究》,四川师范大学 2009 年硕士学位论文,第 15 页。

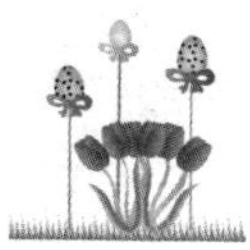

和改进才是反思性行为。他认为，反思是一种比逻辑的理性的问题解决更为复杂的过程，反思涉及直觉、情绪和激情。三种态度：虚心、专心或专一的兴趣、考虑到后果的责任心是反思性行为的有机组成部分。[①] 因此，教师的反思必须直面所面临的问题。教师的反思要求教师具有自主意识，对自己常规的评价行为进行审视。教师要敢于打破常规，反思自己惯常行为中的不合理之处，并加以矫正。教师需要具有创新意识，创造性地使用各种表扬手段。

在实际生活中，没有一劳永逸的问题解决方式。当人们按照任何一种方式去解决问题时，发现总能找到一些相反的证据，来证明这种方法的不合理性。通过反思，教师成为解决自己实践过程中的问题的专家，为自己的实践提出最佳解决方案。教师不再迷信权威，努力去思考自身所面临问题的解决思路。它是教师获得自我发展的最佳方式。反思型教师总是将自己的教育实践看成是永无止境的反思过程。当我们运用一种理论和思维方式来对学生的行为做出反应时，用于反思的理论促使我们从另外一种理论和思维方式来思考问题。它也是教师对问题解决的一种思维方式。它要求教师以一种开放的态度来看待问题，不再把原理看作是永恒不变的真理。反思为我们看待教育理论与教育实践的关系提供了一个新的视角。教育理论为教育实践的反思提供了思维方式，而丰富的实践又为反思提供了内容。教师在对实践的不断反思中，形成自己个人化的理论，而这种增长的知识才是真知识。反思型教师不愿墨守成规，总是愿意创造性地去解决问题，找到更适合教育实践的新思路和新方法。在道德评价中，教师一方面要结合具体的教育场景，对自己所赖以做出评价的道德教育理论进行理性选择；另一方面，教育者要

---

① 杜威著：《我们怎样思维·经验与教育》，姜文闵译，人民教育出版社 2005 年版，第 36 页。

提升总结自己个人的实践知识，以改进道德评价方式。

二、有效的表扬有赖教师素质的提高

随着当前教师专业化运动的兴起，改变以往重视能力本位的师资培养模式，提倡教师成为反思性实践者。教师必须掌握反思的方法，使自己的道德评价手段更具有教育意义。教师的反思也体现了教师具有较强的道德感和责任意识。反思能提高教师的道德品质，又能促进教师发展，促使教师找到一种最佳的问题解决思路。教师通过对自己人生价值和意义的反省，将教师职业视为自己获得幸福的途径，就会不断地提高自身的职业道德。

教育者在进行道德评价的过程中，其素质也影响着评价方法效果的实现。但它实质上是由道德教育目的所决定的。美国伦理学家弗兰克纳(W. K. Frankena)认为："不论要对某事物是从总体上作出好的评价，还是在任何其他一种意义上作出好的判断，我们必须首先确定它的内在价值是什么，它的后果的内在价值或者观赏它的经验的内在价值是什么，以及它对本质好的生活起多大的促进作用。因此，我们的任务就是要确定本质好与恶的尺度或标准。那么说事物或者确切地说，活动、经验以及生活作为目的或本质上是好的、可欲求的或者有价值的，其根据是什么呢？"[1]雷国鼎先生认为："教育乃人类行为继续改变以满足其最高要求的历程。"教育的目的，即"指导人类改造其行为以实现人生最高的理想。"[2]在爱因斯坦看来，学校"应当发展青年人中那些有益于公共福利的品质和才能。……学校的目标应当是培养具有

① 弗兰克纳著：《善的求索——道德哲学导论》，黄伟合等译，辽宁人民出版社 1987 年版，第 175 页。
② 王文科等编著：《教育概论》，五南图书出版社 2004 年版，第 91 页。

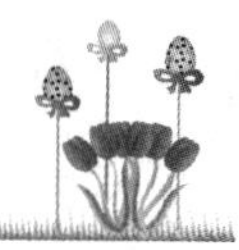

独立行动和独立思考的个人，不过他们要把为社会服务看作是自己人生的最高目的"[①]。由于人的个性和特点的差异，受教育者的特点制约着道德教育方法的发生、设计和应用；而且受教育者可以反作用于教育者，使其自觉或不自觉地受到他的思想、心理、情感、意志、价值观念的影响。由此看来，道德教育方法是教育者和受教育者相互作用的中介，它影响着二者之间的关系，从而影响到教育目的的实现。因此，在道德教育过程中要注重因人而异、因材施教和有针对性地展开教育，在教育方法上突出表现其针对性和多样性。表扬也必须由学生的年龄、个性特点来决定。

在具体的教育场景中，一些教师在遇到"两难"困境时，由于缺少反思，而采用最简单、最容易的方法来解决，结果导致了对被评价者的伤害。当前，教师对学生批评不当或惩罚过度，导致出现严重后果的事件屡见报端。出现这些恶性事件的主要原因，在于教师对学生的诸多批评和惩罚具有极大的随意性。当学生犯了错误，教师思考的不是如何对学生进行评价使之起到教育效果，而是如何使学生心生畏惧，心服口服，维护自己的权威形象。这使得学生的问题不但没有消除，反而产生了更大的问题。不恰当的表扬和奖励成了学生追求的目标，而道德修炼却被学生抛至脑后。

令人遗憾的是，许多教师并没有意识到自己的行为，对学生的发展造成了不良后果，或者说教师没有意识到自己做错了什么。教师的行为往往是习惯性的，或是效仿他人或根据冲动做出，而没有意识到该做的正确事情，或者去做他们明确想做的事情。此外，教师盲目地接受一些教育理论，或者僵化地按照学校规章制度来对学生进行评价，有时也难以促进学生的发展。

---

① 爱因斯坦著：《爱因斯坦文集》(第三卷)，许良英等编译，商务印书馆 1979 年，第 143 页。

由此,道德评价中的反思是指教师立足于自我之外,考察自己在教育教学过程中对学生做出的道德评价,对自己作出评价的观念、行为以及由此产生的结果,进行审视和分析的过程。反思不是漫无目的的思考,也不是做出多次思考,都没有结果,耽误良好的教育契机。道德评价中的反思更具有重要的价值,它"要求对直接或间接与课堂相关的道德、伦理的以及其他类型的常规标准进行质疑"①。教师应反思表扬时所体现出来的教育价值观,是否遵循了伦理原则,以提高表扬的效果。

三、恰当的表扬需要教师深思熟虑

每一种评价手段,都有其优点,也有其潜在的危险。一般说来,评价手段无所谓好坏,只是必须根据不同的教育对象,在不同的教育场景中采取相应的评价方法。许多教育者出于对人性的片面认识,偏爱某种道德评价手段,如"三天不打,上房揭瓦","好孩子是夸出来的"等。教师只有通过对自己评价行为的批判性反思,才能发现其中存在的问题,形成另外一种替代性的策略。而且,表扬作为一种外在强化手段,其主要理论基础是行为主义心理学。而行为主义的理论,有其内在的缺点,例如,它把人对外部强化的反应等同于动物对外界刺激的反应。反思可帮助教师随时审视自己采用的道德评价手段,是否规避了这些潜在危险,即是否影响到学生对道德行为的内在动机。

总之,反思"使我们从单纯冲动和单纯的一成不变的行动中解脱出来。从正面来说,思维能够指导我们的行动,使之具有预见,并按照目的去计划行

---

① Timothy G. Reagan, Charles W. Case, John W. Brubacher 著:《成为反思型教师》,沈文钦译,中国轻工业出版社 2005 年版,第 29 页。

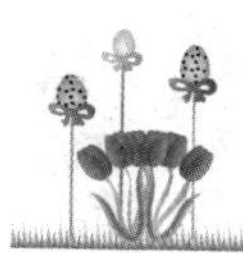

动，或者说，我们行动之前便明确了行动的目的。”①一句话，它有利于教师形成关于表扬的基本认识。

由于表扬运用不当会导致潜在的危险，因而教师运用表扬时应慎重。理解表扬的本质的意义在于，表扬的方式比表扬本身更为重要。如果学生有理由相信，教师的表扬是随意的，或是例行公事的，甚至是虚假的，那么表扬将失去信用，失去全部的道德意义。必须让学生感到，教师的表扬是经过深思熟虑的，是发自内心的，是冷静判断、深刻反思的结果。这种片刻的停顿，不是单纯为了让儿童产生教师是采取审慎做法的感觉，更为重要的是让教师避免做出草率的决定。教师必须完全清楚表扬的理由，而非是出于一时的冲动。当然，过度的冷静和冷漠的效果可能更差。对学生良好的行为视而不见，也会让学生失去前进的动力。

当代一些道德教育理论没能帮助解决教师在教育实践中遇到的问题。由于各种道德理论异彩纷呈，理论家们争论不休，使得教师无所适从。英国教育哲学家彼得斯指出：“现代教师一如找不到暂时安息的场所，找不到可以求助的权威；因为，权威们意见不一，凭什么证明一方比另一方更需要注意呢？令人不快的真相是，现代教师别无选择，必须自己去思考这些问题。”②杜威也认为，教师要在反思与惯例、思想和行动之间达到平衡。教师要避免的两种行为是：一是自大，盲目拒绝普遍接受为真理的东西；二是奴性，盲目接受这些真理。在杜威看来，对我们接受的真理未加质疑便采取行动，这就是盲目；一直对所有的事情进行质疑，这便是自大。③ 由此看来，缺少反思的教

---

① 杜威著：《我们怎样思维·经验与教育》，姜文闵译，人民教育出版社 2005 年版，第 23 页。

② R. S. Peters. *Ethics and Education*. Glenview, IL: Scott, Forsman and company, 1967: 23.

③ 靳玉乐著：《反思教学》，四川教育出版社 2006 年版，第 7 页。

师，很难做出正确的道德评价。

教师应对自己的行为保持敏感性，应意识到自己的行为会影响学生。教师要对潜藏着的支配性观念持一种批判的态度。这些观念往往是我们“习而不察”的。它们影响着我们的教育观念，支配着我们的教育行为，指导着我们对学生的评价。教师不仅应反思自己表扬的方式，还应反思自己使用表扬时所潜藏的教育价值观。即教师是否基于平等、民主和公正的教育理念。教师应深入学生的内心世界，理解学生的个性特点，找到合理的并为学生所接受的表扬方式。

第二节 教师的反思有法可循

教师应对自身的发展负责，不断提高自己的反思能力。教师反思的方法是多种多样的，如案例分析、观察、寻求同事帮助、行动研究，等等。教师应通过在与表扬相关的理论学习中反思、在表扬的实践运用中反思、写作反思日记，来不断提高表扬的策略。

一、从理论学习中汲取智慧

前文提及，理论在反思中具有重要作用。对表扬的反思需要教师掌握一定的理论知识，也就是说，教师的反思必须以一定的理论为框架。教师表扬水平的提高，也需要其具有较强的理论水平。理论为教师的反思提供了新的视角。没有理论的支撑，教师的反思只能是低水平的重复，比较肤浅，无法深入，难以将反思的结果上升到理论高度。由于以往教师教育中培训不足，导

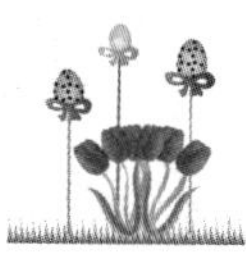

致教师缺少伦理学的相关知识，缺少对道德本质和道德评价本质的理解，不能理解伦理学的思维方式，比如结果论与非结果论的方式。

教师在理论学习中，首先要对理论本身进行反思，了解每一种道德评价理论背后的理论假设。比如在结果论的思维方式中，对于一种行为是否合乎道德，主要是以道德行为的结果作为评价标准的。该原则主张，“无论何时我们都面临选择，最好的和最正当的决定，都是给最大多数人造成最大的利益的决定。因而，利益最大化的原则根据我们行动的结果，来评判我们行为的道德性。”[①]结果论的思维方式提醒我们，如果通过判断某种行为的后果来评价其道德性，就必须考虑它对个人的后果，考虑它给每个人的幸福带来的所有后果。但这种结果论也存在着一些问题。如在英国教育哲学家彼得斯看来，结果论的主要表现形式自然主义，“适当处理了道德话语的客观性；大部分形式的自然主义通过联系人的天性或人的需要而适当处理了其指导的功能；但它没有处理好其自治”[②]。教师在对学生进行道德评价之前，在考虑给予学生提供道德评价解释的理由时，必须注意到结果论的这些优缺点。与结果论思维方式迥异的非结果论的思维方式、情感主义的思维方式等，同样有着各自的优劣之处。根据对这些理论的反思，教师确立自己进行道德评价的一般策略。其次，教师要反思不同年龄阶段、不同性格、性别的学生对待表扬或批评的态度。在学习道德评价理论时，反思外部动机的激发策略，是否适合学生的年龄。最后，要对自己原有的道德信念，尤其是对道德评价的信念进行反思。

教师应对自己教育生活的意义，进行批判性反思。教师只有树立了平等

---

① K. Strike & J. Soltis. *The Ethics of Teaching* . New York: Teachers College Press, 2004: 11.

② R. S. Peters, *Ethics and Education*. Glenview, IL: Scott, Forsman and company, 1967:29.

的学生观，具有公正、仁慈的教育情怀，才有可能积极关注自己的表扬行为对学生的发展是否产生了积极影响，而不是只关注表扬在管理方面的功能。教师反思时，要进行自我评价，思考自己真正需要什么。新课程改革背景下，多数教师在外界的压力下，不再死抱着自己原有的批评惩罚为主的教育方法不变，对学生采取一些奖励和表扬的方式。但他们缺少对学生的深入了解，也不愿意去花精力提高评价能力，导致表扬起不到任何教育效果。这需要教师在教育过程中充满耐心，具有宽容学生的心态。如果缺少了真挚的情感、对学生的细致观察，以及深思熟虑，表扬只会成为例行公事。教师评价水平的提高，需要教师在实践中反思表扬可能带来的潜在危险，进而提高教育的效果。

教师的评价应遵守伦理规范，不偏袒或歧视学生。教师要考虑到学生的个性差异，深入了解学生，才能使表扬起到良好的效果。反思自己所使用的理论和一些既定事实背后的潜在危险。教师所采取的理论，多数是其自身所接受的，不言自明的，但教师需要反思其潜在的不平等和对人性的压抑程度。

教育伦理规范往往是教师进行道德评价的依据。规范能使教学第一线的教师有章可循，但它却不可能帮助教师直接解决现实场景中出现的问题。因为学校制订的规范，并非包罗万象。每一项规范都有其特定的客观环境，存在着诸多影响评价者行为选择的特殊因素。所以从一定意义上讲，教育伦理规范只是对评价行为的一种理性约束，它不能指出在一个特定的评价环境中应该选择的行为。比如，对于“平等对待学生”这一伦理原则，如何在道德评价的实践中得到保证，教育者应该注意什么，其原则本身并没有给予具体说明。在有些情境中，教师并非有意要做违背伦理原则的事情，而是由于他们缺乏反思，不能理解伦理规范本身所包含的深刻意蕴，没有意识到所采取的行为会带来不良的后果。经过认真考虑后，教师可能会重新选择道德评价

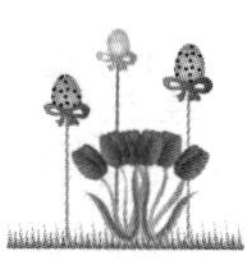

的方式。教师通过反思评价手段利弊，随时改进对学生的评价，使评价真正能够促进学生的健康成长。

反思要求教师站在旁观者的角度，对自身行为进行评价，考察自己在教育教学过程做出的道德评价，对自己所做出评价的观念、行为以及由此产生的结果，进行审视和分析。教师应反思自己的行为是否具有一致性。维吉尼亚和梅格指出了奖励的三个原则："积极乐观、一致性、务实。"[①]教师在给学生提供奖励时，必须做到持之以恒，并且慎重，这样才能引起学生的重视。

教育情境的复杂性，使得教育理论只有转化为实践智慧，才有可能对实际的教育过程起到作用。教师的实践智慧主要来自日常反思。在传统的教学场景中，教师的实践智慧主要来自教师的经验。传统教师的决策更多是一种反应而不是一种反思，更多是直觉而不是理性，更多是例行公事而不是自觉意识。而在现今的教育场景下，教师仅仅依靠经验已不足以解决教育问题。同样，教师也不能完全依赖理论来解决问题。因为在具体的教育场景中，教师做出的评价是即时性的，教育理论不可能提供现成的指导。相反，理论可能降低决策的复杂性，使教师思想僵化。它总是引导我们按照同样的方式行事，即使这种行动无效或适得其反。这意味着，教师并不是掌握了理论，就提高了道德评价水平。教师在具体行动中照搬理论，不一定能有什么效果。卡伦(Karen)等人将教师的理论分为"所倡导的理论"和"所使用的理论"。"所倡导的理论"是指"那些能够表述出来的、我们所思考和相信的事情。"[②]而

① 弗吉尼亚·M·希勒，梅格·F·SChneider著：《奖励出好孩子——适合正面家教的即用图表与活动》，代雪曦译，重庆大学出版社2013年版，第19页。

② Karen F. Osterman，Robert B. Kottkamp著：《教育者的反思实践——通过专业发展促进学生学习》，郑丹丹译，中国轻工业出版社2007年版，第10页。

真正影响教师行为的是"所使用的理论"。反思作为教育理论转为实践智慧的桥梁,也可成为"所倡导的理论"和"所使用的理论"的中介。教师行为改变的关键在于理解并评价这些使用的理论。实际上,理论在很大程度上是一些假设,反思性实践即"通过揭示、探究并最终改变这些基本假设,以实现深入、有效的改革"[①]。它能够"帮助教师从压抑性的、常规性的行为中解放出来;允许教师以一种深思熟虑、目的明确的方式去行动"[②]。在理论学习中,教师应养成批判性思维的习惯,甚至应对学校道德教育的目的进行批判性的反思。

二、从实际情境中得到启发

理论学习中的反思,还必须与教育实践结合起来。所学习的理论只有与教师的经验结合起来,才有被教师理解和接受并进行实践的可能。这有利于教师正确理解道德规范本身的道德意义,不生硬地去执行规范导致学生的发展受到损害。

反思是教师的一种经验学习。从根本上讲,这种经验学习是教师个体的事情,是教师个体不断检验自己教育教学观念与行为的意识活动。在这种意识活动中,教师必须充分地占有资料,增加对学生的理解,才能使针对学生的道德评价活动起到作用,反思才有效果。理解的最好方式是对话和倾听。倾听包括聆听学生的思想和感受。教师要倾听学生生活中究竟发生了些什么事情,结合学生的生活实际进行反思,这有利于教师更明确实际的教育场景,做出正确的评价。教师要加强与学生的交流,让学生对教师产生信任。因为

① Karen F. Osterman, Robert B. Kottkamp 著:《教育者的反思实践——通过专业发展促进学生学习》,郑丹丹译,中国轻工业出版社 2007 年版,第 14 页。

② Timothy G. Reagan, Charles W. Case, John W. Brubacher 著:《成为反思型教师》,沈文钦译,中国轻工业出版社 2005 年版,第 34 页。

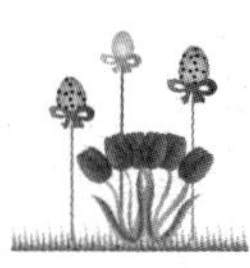

只有信任才会使教师的道德评价对学生产生作用。通过师生间对话和理解，更加纯熟地运用适合学生特点的表扬方式。在道德评价中，教师应反思自己是否做到了：尊重学生的人格；维护学生的利益；满足学生的不同需要；避免对学生的伤害；公正地对待每一个人。对问题的清晰了解，其实就预示着问题的解决。通过观察（收集资料）与分析，我们对行为产生了更为综合的理解：我们做了什么、为什么做、结果如何。拓展对话，加深理解，才能对那些可以预料到的防御性反应做好准备。教师应客观地看待学生个体的反应，认识到个体反应的合理性。这样一来，激烈的情感很快就会消散，再次为继续对话搭建好舞台。另外，反思要求教师全身心投入，不仅仅是作为专业工作者，而且作为有思想、有感情、有同情心、有责任心的人。教师要试着去观察、理解学生，以一种平等的心态去看待他们。了解学生外在行为表现下内在真实的价值诉求。而不是采取一种情绪化的评价方式，应换位思考，站在学生的立场上，真心体悟学生的生活，了解学生在学习上的困难，体会他们作为一个成长者的困惑，感受他生长的力量，欣赏他们获得的点滴进步。应对学生有一个整体的认识，而不是一些画面的拼凑。这样，教师的感受就会丰富，表扬也会充满情感，向学生表达出教师的关怀，以及对他们的信任与接纳。教师在表扬过程中，应反思自己与学生的关系是否和谐，是否将学生作为独立的精神个体，表扬时是否深思熟虑，是否体现了以发展的眼光看待学生，是否体现了对学生平等的关怀、友善和尊重。表扬应是为了促进学生的发展，而不仅仅是为了追求管理的效率。

新课程改革要求教师改变自己的学生观，学生的情感、态度、价值观也应纳入教师评价的范围。教师应关注学生多方面的发展，在评价时不仅仅只关注学生的成绩。教师也要反思自己的教育目的观、评价观和学生观。人是价值的追求者，教师应反思表扬是否引导学生对完满人生意义的追求。

教师对不同学生会有不同的期望，但这些期望是否合理？过高的期望会给学生造成压力，过低的期望则会使学生没有成就感。教师需要反思自己得出这种期望的依据，使得自己的观念变得清晰起来。

教师应反思课堂管理。当教师营造一个积极的课堂气氛时，学生的行为也会变得积极起来。如在美国实施的中小学生“积极行为支持项目”(又称为“积极行为干涉与支持项目”，Positive Behavioral Intervention and Support，PBIS 也被称为 PBS)认为，在一个积极的环境中，学生的良好行为会得到鼓励，而消极行为则会被抑制。该项目强调清晰的行为期待，通过积极强化培养学生良好的纪律，为所有学生提供统一的、持续的关于理想社会行为的教学。[①] 如教给学生适当的行为，并为学生树立榜样，鼓励学生遵守。

三、从个人反思日记中审察得失

反思越来越与教师的专业发展联系在一起。美国心理学家波斯纳(Posner)提出了教师成长的公式，即教师的成长＝经验＋反思。这就说明，教师对实践的反思，在教师专业发展中扮演着积极而重要的角色。在越来越多的教师培训中，写反思日记成了一个重要的方法。教师被要求在一天结束后写下他们的教育实践过程，通过反思得出结论。这些实践可能会成为教师的重复的实践，为避免无效表扬策略的重复，对它们的反思也有必要。反思日记实际上是教师的一种个人叙事，其叙事目的是教师将所获得的经验置于具体情境之中，更为清晰地了解所发生的事情。这种做法可以被用在教师对

① 李先军：《美国中小学生“积极行为支持项目”实施综述》，《外国中小学教育》，2015 年第 2 期。

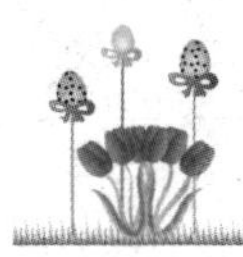

学生的道德评价中。在反思日记中，教师要反思当天对学生做出的评价，思考评价中存在的问题，努力加以解决。这是一种评价后的反思。教师要叙述自己对学生做出的评价，并展开分析，以期挖掘其中内隐的价值观念和假设，并批判性地思考自己做出评价的前提假设。这样的做法有助于教师以更深入的、完全不同的方式探究自己的行为。比如做出道德评价时的态度、有没有不好的心情影响自己的判断，或者自己是否对问题调查清楚。教师还可设想另外一种评价方式，或一种评价方式的不同使用方式。只有通过分析，才能对自己的评价行为有明确的认识。反思的问题如下：我想要达到什么目的？还有什么备选方法吗？采取了什么样的行动？行动产生了什么样的结果？预期目的达到了吗？为什么预期达到了，或者为什么没有达到？教师要仔细审视自己的假设，以及对日常事件的解释，根据收集到的资料做出评判，最后解释自己被经验化的那些深层次的信念，这是反思实践中真正独一无二的一个方面。教师应观察学生得到表扬后的表现，甚至与学生进行交流，了解他们对教师所采用方法的看法，然后，根据学生的反应，不断调整表扬的策略。同时也应反思自己作为学生的经历中最喜欢老师的何种表扬，对老师的哪些做法最为困惑。

最理想的是，反思不再作为一个独立的活动，而成为一种日常的工作方式。在道德评价的反思中，教师成为名副其实的研究者，它体现在教师的评价行为成了自身研究的对象。教师设法研究自己的班级、思考问题的对策，提出假设，并检验假设等等，这构成了一个完整的研究过程。教师从评价之前的反思开始，转向评价中反思，然后是对评价的反思——最后不可避免地使教师为评价反思，进入一个循环往复的过程之中。教师成为一个反思性实践者，这个过程在本质上没有终点，它是永不停息地致力于教师的成长、改变、发展与进步的过程。当然，由于学生的道德成长受到多方面因素影响，反思不是也不可能是万能的解决问题的方式。因此，反思，不管它们有多少优点，也不能确保我们做出的决定和判断永远正确。评价要能最终起到作用，还在于教师要对学生有强烈的责任感和爱心。

如管建刚就通过反思同事的经历，发现表扬有时需要匿名。

> 开会，同事担心校长表扬她，一表扬，压力来了。有点压力是好事，压力过头可不好玩。同事怕身边的人孤立她，一有什么事儿，好像都该她站出来。哦，表扬也要匿名啊，只描述那事，不说那主角。主角一听，哦，夸我呢。我称之为“匿名性表扬”。①

管建刚学习陶行知奖励学生糖果的事例，在办公室里放一些糖果、笔记本、橡皮擦和透明胶，来奖励学生。他反思得出了“奖励性表扬”、“创造性表扬”等多种表扬方式。他通过奖励风景照、合影、各种“特权”来表扬学生。对按时完成作业、整洁、认真订正的学生分别给予及时表扬。

教师通过日常的行动研究来进行反思，优化表扬策略。通过思考如何促进个别学生发展的问题，尤其是学生消极行为的产生，分析问题产生的原因，选择和设计促进学生积极行为的激励策略，实施策略，再反思策略，最终改进策略，如此循环，让学生得到持续发展。反思不是实践知识的累积，它是教师审慎思考的过程。它不是教师漫无目的地遐想，而是教师一种对实践进行理性批判思考的过程。教师的反思不应是形式化，应付性的，也不仅局限于技

① 管建刚著：《一线表扬学》，福建教育出版社 2014 年版，绪论第 13 页。

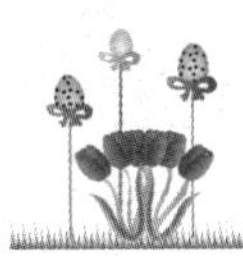

术层面，还应对教育在人类社会发展的作用方面去反思，分析表扬带来的效果是压迫的，还是解放的，是控制的，还是激励的。教师通过观看自己的教学录像，发现自己在表扬学生过程中的表现，如教师身体语言协调程度，是否面带微笑，或者自己的表演是否过于夸张到一种不适宜的程度。教师应分析背后的原因，并进行调整，使表扬行为变得理性。

教师应通过案例来进行反思。教师可编写表扬案例。案例，有的是一个典型发生的事例，有的是一个有问题的存有疑难情景的事例。教师通过对这些案例的编写，进一步清理自己在案例中所使用表扬的依据，形成个人化的表扬策略。美国学者朱迪思·舒尔曼指出："对当代教师教育教学法的改进来说，案例法是最激动人心、最具潜力的资源。"①一些著名的表扬案例所蕴含的教育思路堪称教育的典范。教师记录下自己的表扬案例，或分享表扬成功的经典案例，分析其中所体现出来的教育原理，在问题的情景中获得开阔的视野，加深对问题的理解，提高分析问题和解决问题的能力。

当然，教师的反思需要一定的外部条件，如学校管理者应为教师创造一种宽松的学习氛围，鼓励创新。为了避免自己的反思误入歧途，还应引入同事的批判性研究，寻求与同事之间的合作。同事的视角可以为教师在评价学生时提供一个新的视角，帮助理清思路，找到问题的解决办法。在班级各科任教师之间，班主任之间学生行为管理会议上，对学生行为进行诊断，寻求合适的表扬策略。

---

① Judith H. Shulman 主编：《教师教育中的案例教学法》，郅庭瑾等译，华东师范大学出版社 2007 年版，绪论第 5 页。

结束语

本书的核心工作是探讨表扬这一常用的教育方法在教育中的优点和不足，使教师学会正确地使用表扬，合理规避错误表扬带来的潜在威胁。在学校的实践中，将提高学生道德品质寄希望于表扬的做法并不鲜见。当前美国流行的中小学生“积极行为支持项目”就旨在通过对学生良好行为的表扬和奖励，引导学生养成积极的行为。

表扬虽确实有它的适用之处，但也有其适用范围。过分迷信表扬，就会导致“方法至上”的后果——对方法的顶礼膜拜。一次，女儿从学校回来，要我帮她拍照。原来，她们学校要求全校学生去学雷锋做好事，但必须对做好事的过程进行拍摄记录，上交照片后全校评奖，获奖同学的照片将贴在学校的橱窗里展览。老师要求做好事的照片须在一周后上交。我听后哑然无语。这正是“方法至上”的表现。正如美国教育家诺丁斯(Nel Noddings)所说，“众多哲学家、科学家、伦理学家从笛卡尔时代起，就试图为人类找到一种一成不变、完美无缺的方法。他们似乎忘记了，人类是被各种客观条件所制约的，是活生生的、需要自己思考和决定的动物。方法变成最重要的东西”①。

表扬在教育中的运用，需关注教育目的的实现。现代教育已然脱离了培养“道德的人”这一目标。20世纪伟大的诗人艾略特对现代教育评论道：“个人要求更多的教育，不是为了智慧，而是为了维持下去，国家要求更多的教育，是为了要胜过其他国家，一个阶层要求更多的教育，是为了要胜过其他阶层，或者至少不被其他阶层所胜过，因此教育一方面同技术效力相联系，另一方面同国家的地位相联系……要不是教育意味着更多的金钱，或更大的支配人的权力或更高的社会地位，或至少一份稳当而体面的工作，那么费心获得教育的人便寥寥无几了。”②

表扬使学生不是从道德对人存在的意义，而是从道德有何用出发来看待道德。道德是应该有用的，但道德教育不应该使学生注重外在功利的获得，而应该让他们学会自我修养，达到自律，成为一个有道德的人。“道德的人”的内涵是什么？成为有道德的人的最终的目的是为了学生的幸福。但幸福可作为目标，却不能作为标准。③ 既然表扬本身可能影响学生良好道德品质的形成，那以它为主就更有问题了。不可否认的是，在年幼儿童习惯的养成、纪律教育、法律教育、在课堂管理甚至知识学习等方面，表扬是一个必要且有效的手段。这就需要教师在不能摒弃这一手段的同时认识到它的潜在危害。

① 内尔·诺丁斯著：《学会关心——教育的另一种模式》，于天龙译，教育科学出版社2003年版，第14页。

② 艾略特著：《什么是经典作品》，《艾略特诗学文集》，王恩衷编译，国际文化出版公司1989年版，第204页。

③ 安·兰德著：《自私的德性》，焦晓菊译，华夏出版社2007年版，第19页。

教师应引导学生进行自我强化，让学生亲身体验做出道德行为之后的愉快感、自豪感、欣慰感，以此转化为产生道德行为的持久的内部动力。教师的最终目的是把学生培养成成熟、自立和自我激励的个体。只有使学生的道德内化和学生个体道德需要结合起来，学生的道德才会得到发展。道德教育要让学生学会自我评价，强调内部奖赏，为学生提供自我评价和自我反思的机会，相信学生作为受教育者具有对自己行为的反思意识和反思能力，促进学生自我评价、自我反思、自我教育、自我激励、自我调整、自我完善、自我提高，达到师生共同参与、共同合作、共同提高。对学生的道德发展来说，这个过程比外部压力具有更大的激励作用。这需要教师创新道德教育方法，增加活动的吸引力，提高学生的兴趣。

当代道德教育方法的创新，需要我们从中国传统的道德教育中吸取营养。中国传统道德注重内求的方式，其前提要求证明的是人是否具有内在的价值之源。所谓内在的价值之源是指人是否具有与生俱来的价值自觉的能力。乔姆斯基在心理语言学的研究中发现，语言结构的复杂性和小孩子很快能够自然地掌握语法无关。由此，他推断人必然拥有与生俱来的语言能力。在这个基础上，他重新提出了人有“先天观念”的问题。他批评斯金纳的心理学的实验结果绝大部分都不适用于解释人的行为。

中国道德教育传统方法强调让学生不断地进行自我评价，尤其是品德评价备受重视。“见贤思齐焉，见不贤而内省也。”(《论语·里仁》)立功、立德、立言是中国自古相传的三不朽信仰，也是中国人“永生”保证。这一信仰一直到今天仍活在许多中国人的心中。中国人相信价值之内源在于一己之心而外通于他人及天地万物，所以翻来覆去地强调“反省”、“自反”、“反求诸己”、“反身而诚”之类的功夫，这就是一般所谓的“修身”或“修养”。《孟子》和《中庸》都说过"诚者天之道，诚之者人之道"的话。所以"反身而诚"不是"独善其身"的自私或成为佛家所谓的"自了汉"。自我修养的最后目的仍是自我求取在人伦秩序与宇宙秩序的和谐。这是中国思想的重大特色之一。[①] 朱子在宋儒中最正视读书明理，但他一再说"读书只是第二义的事"，最要紧还是读圣贤书之后，更进一步"切记体察"，"向自家身上讨道理"。总之，中国人基本相信人心中具有一种价值自觉的能力。中国人由于深信价值之源在于人内心，对于自我的解剖曾形成了一个长远而深厚的传统：上起孔孟老庄，中经禅宗，下至宋明理学，都是以自我的认识和控制为努力的主要目的。中国传统社会中的个人比较具有心理的平衡和稳定，不能完全以外缘条件来解释。至少中国人特别注重自我的修养，是一个值得注意的文化特色。这当然不是说中国人个个都在精神修养方面有所成就。但两千多年来中国社会能维持大体的安定，终不能说与它独特的道德传统毫无关系。现代西方人遇到自我精神危机时往往向外求救，而心理分析又有偏于放纵本能的流弊，"自由"、"解放"反成为放纵的借口。从这一点来说，中国的修养传统正是一种值得珍贵和必须重新发掘的精神资源。[②] 因此，教师在教育教学的过程中应教给学生自我修养的方法，使他们在接受教育的过程中，不断地走向自我完善。

学生对表扬的追求也容易使他们失去对知识学习本身的兴趣。教师需要培养学生对知识本身充满浓厚的学习兴趣。对知识学习的兴趣才是学生努力学习的内在源泉。2008 年 1 月 10 日，来自瑞典的诺贝尔奖评审团一行三人在复旦大学为大学生们作报告。在随后与大学生的现场互动中，这些评

---

① 余英时著：《从价值系统看中国文化的现代意义》，参见胡晓明，傅杰主编：《释中国》(第一卷)，上海文艺出版社 1998 年版，第 430 页。

② 余英时著：《从价值系统看中国文化的现代意义》，参见胡晓明，傅杰主编：《释中国》(第一卷)，上海文艺出版社 1998 年版，第 436 页。

审团的"考官"们表示，诺贝尔奖评选的标准是科技创新和为人类进步的贡献，但是做学问不应该以诺贝尔奖为唯一的奋斗目标，因为一直以来，获奖科学家的科研都应该源自对"未知"的兴趣和热爱，而不应该以金钱和名誉为研究目标，"一开始就以得奖为目的，未免有些急功近利，反而会影响科研本身的进展"①。诺贝尔物理奖得主、著名美籍华裔科学家李政道教授也指出："诺贝尔奖是对科学贡献的褒奖，而科学家本人并不能因为追求诺贝尔奖去做学问。"②同理，把表扬当作目的，是舍本逐末。激励学生对学习本身产生兴趣才是表扬真正的目的。

总之，表扬的运用方法是由教师所应达到的教育目的所决定的。本书对表扬的探讨，希望能在某种程度上帮助教师反思教育过程中表扬策略的优点或不足，选择最佳的教育策略，最终实现教育的目标。

---

① 《诺贝尔奖评审团：科研不能以得奖为目的》，新华网，http://edu.xhby.net/system/2008/01/11/010184421.shtml.

② 《科研和生命一样重要——访诺贝尔奖获得者李政道》，搜狐网，http://news.sohu.com/37/07/news146840737.shtml.

后记

本书是以笔者的博士学位论文为基础，经过数年的修改和增补而成。博士论文的主旨，是从教育伦理学的角度，探讨为何表扬在学校道德教育中容易失效的问题；而本书旨在说明，为避免表扬所带来的负面效应，应如何采用合适的表扬策略，使教师的表扬能对学生的道德发展真正起到积极的作用。还须说明的一点是，为了使本书具有可读性，书中适当增加了一些案例。

笔者在书中一再重申的观点是，表扬需要教师具有一双善于发现的慧眼，一种包容宽厚的心态，以及从容不迫的意识。虽然表扬会受到学生普遍的欢迎，但并非所有的表扬都是有效的。当表扬失去效用时，教师便应该寻找其背后的真正原因。从本质上看，学生不愿忍受任何形式的控制，他们总是希望独立地作出自己的决定。有鉴于此，教师应多与学生交流，了解他们的需要和困难，为他们的行为提出有针对性的改进策略和明确的目标。在他

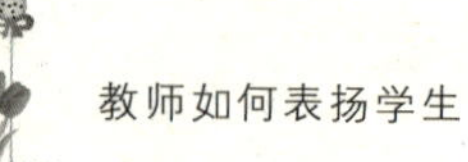

们完成目标的过程中，教师再适时地加以表扬和鼓励。

本书完成时的心态，也如同我在度过人生若干重大关口时的心态一样，感恩之心总是那般强烈。

首先，非常感谢我的博士论文导师陆有铨教授。先生以睿智的眼光，注意到这一看似普通，实则重要的论题的价值所在，因而坚定了我的研究信心。还应感谢杨汉麟老师、杨小微老师、黄向阳老师、喻本伐老师等人，他们对我的学术成长，也曾给予了多方面的帮助和提携。

再须感谢论文评阅人及答辩委员会成员。他们是曲阜师范大学校长戚万学教授、华中师范大学教育学院杜时忠教授、上海社科院杨雄研究员、华东师范大学教育学部马和民教授、聊城大学副校长李剑萍教授、台南大学姜添辉教授、浙江大学魏贤超教授、南京师范大学杨启亮教授。正是他们的宽容和包涵，使我略显粗糙的论文得以通过；尤其是他们深刻的见解以及精彩的点评，更使我受益匪浅。

还须感谢在上海学习期间为我提供过帮助的学友。他们是陆门弟子鞠玉翠、丁念金、陈建华、王丽琴、潘希武、曹晶、冉玉霞、吴洪伟、魏筠等；共同攻读博士的学友王澍、华桦、谭维智、徐佳、杨光海、易森林、王佳佳、林海亮、孙虎、尹伟、董吉贺、王俏华、李伟、王凯、朱丽、郝丽平、陆道坤、汪世界、刘庆元等。正是他们的关心和帮助，使我生活在充满了关爱和乐趣的氛围之中，成为我走出困境的精神支撑。

复须感谢华东师范大学出版社教心分社的诸位编辑。他们在本书由论文到专著的完成过程中，不仅提供了诸多宝贵的建议，而且还在时间上提供了足够的弹性，从而使本书得以面世。

最后理当感谢的，当然是我的妻子和女儿。他们均来到上海“陪读”。妻

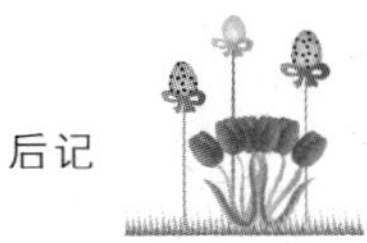

子靠打工以维系家庭日用，女儿则须耐受借读环境的不适。当今的“天高地广”，更思来时的“难关共渡”。

本书在写作过程中，还参考了国内外大量的相关研究成果。由于篇幅的限制，未能在参考文献上一一列出，在此予以特别说明。

华中师范大学田家炳大楼教育学院

2015 年 12 月 6 日

图书在版编目(CIP)数据

教师如何表扬学生：道德教育中表扬流行现象的反思/李先军著. —上海:华东师范大学出版社,2016.5
(教师如何做丛书)
ISBN 978-7-5675-4996-8

Ⅰ.①教… Ⅱ.①李… Ⅲ.①中小学—教育研究
Ⅳ.①G632.0

中国版本图书馆 CIP 数据核字(2016)第 099093 号

"教师如何做"丛书
教师如何表扬学生
道德教育中表扬流行现象的反思

著　　者　李先军
策划编辑　刘荣飞
项目编辑　王冰如
审读编辑　明　新
责任校对　赖芳斌
装帧设计　崔　楚

出版发行　华东师范大学出版社
社　　址　上海市中山北路 3663 号　邮编 200062
网　　址　www.ecnupress.com.cn
电　　话　021-60821666　行政传真 021-62572105
客服电话　021-62865537　门市(邮购)电话 021-62869887
地　　址　上海市中山北路 3663 号华东师范大学校内先锋路口
网　　店　http://hdsdcbs.tmall.com

印 刷 者　常熟市文化印刷有限公司
开　　本　787×1092　16 开
印　　张　17.75
字　　数　200 千字
版　　次　2016 年 5 月第 1 版
印　　次　2016 年 5 月第 1 次
书　　号　ISBN 978-7-5675-4996-8/G·9306
定　　价　36.00 元

出 版 人　王　焰